아동발달을 위한

중국어 놀이 교육

– 아동 중국어 교육의 이론과 실제 –

김미순 · 서빛나래

창지사

작가의 말

이 책은 만 3세~5세의 유아, 만 6~11세의 초등학생들에게 중국어를 어떻게 가르치는 것이 좋을지 이론부터 적용까지 하나하나 친절하게 소개한 가이드북입니다.

중국어는 유창하지만 아이들을 가르치는 건 망설여지는 분,
학생들에게 중국어를 가르친 경험은 있으나 어린 학생을 가르치기 막막한 분,
내 아이와 즐겁게 놀며 중국어를 가르치고 싶은 부모님,
배움의 끈을 놓지 않고 교사로서 더욱 성장하고 싶은 선생님,
이런 분들을 위해 이 책을 쓰게 되었습니다.

이 책의 목적은 아동의 바른 성장에 도움을 주는 데 있습니다. 중국어를 가르치다 보면 "아이들에게 중국어까지 가르쳐야 하느냐?"는 질타 섞인 질문을 받게 됩니다. 성인들에게 중국어를 가르치는 것처럼 아이들에게도 단순히 외국어 하나를 더 익히게 하기 위한 교육이라면 이러한 질타를 받을 수밖에 없습니다. 출생 후 만 11세까지는 신체적, 정신적 발달이 활발하게 이루어지는 시기여서 다양한 체험과 학습이 필요합니다. 그래서 이 시기에 이루어지는 중국어 교육은 아동 발달을 순조롭게 이루어지게 하기 위한 목적으로 접근할 필요가 있습니다.

이러한 목적을 위해 교수자가 알아야 할 이론들을 정리하고, 중국어 교육에 적용하여 아동의 인지 발달, 언어 발달, 신체 및 운동 발달에 도움이 될 수 있는 다채로운 중국어 교수 · 학습 활동을 설계하였습니다. 그리고 실제 수업 현장에서 직접 활동을 진행한 후, 그 효과를 검증한 활동들만 선정하여 이 책에 수록하였습니다. 또한 교육부의 유아와 초등 교육과정에 의거하여 교육 현장

에서 직접 활용할 수 있도록 1년 분량의 중국어 수업을 설계하고, 활동을 활용한 교수 · 학습지도안을 제시하였습니다. 이 교수 · 학습지도안에는 교과 간의 연계, 매 차시의 수업 절차, 교사 발문, 교구 제작 방법, 유의사항까지 상세히 기술하였습니다.

이 책을 처음부터 끝까지 정독하여 활용하신다면 교수자와 학습자 모두에게 행복한 시간을 선사할 것입니다. 이 책이 많은 분에게 애용되어 향후 아동 중국어 교육이 아이의 건전한 성장을 지향점으로 하는 교육으로 정착되기를 바랍니다.

이 자리를 빌어 좋은 책을 위해 수년간 기다려주신 창지사 나기영 부대표님, 편집에 심혈을 기울여 주신 편집부, 교구 제작에 필요한 그림을 흔쾌히 도맡아 준 '기프트 발전소' 김 진 대표님, 세심한 피드백을 주신 지인들과 한국외국어대학교 학생들에게 감사의 말씀을 전합니다.

2022년 10월

저자 일동

이 책의 구성과 활용

이 책은 PART Ⅰ 과 PART Ⅱ 로 구성되었습니다.

▪ PART Ⅰ 은 이론편입니다. 이론편은 크게 네 부분으로 구성되었습니다.

- 제1강 : 아동 중국어 교육에 관한 기본 개념
- 제2강 : 아동에 대한 이해
- 제3강~제5강 : 아동 중국어 교육에 관한 이론
- 제6강 : 아동 중국어 평가에 관한 이론

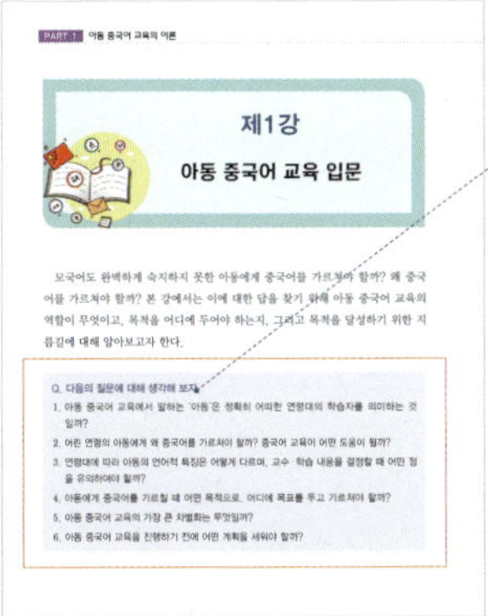

PART 1 아동 중국어 교육의 이론

제1강

아동 중국어 교육 입문

모국어도 완벽하게 숙지하지 못한 아동에게 중국어를 가르쳐야 할까? 왜 중국어를 가르쳐야 할까? 본 강에서는 이에 대한 답을 찾기 위해 아동 중국어 교육의 역할이 무엇이고, 목적을 어디에 두어야 하는지, 그리고 목적을 달성하기 위한 지름길에 대해 알아보고자 한다.

Q. 다음의 질문에 대해 생각해 보자.

1. 아동 중국어 교육에서 말하는 '아동'은 정확히 어떠한 연령대의 학습자를 의미하는 것일까?
2. 어린 연령의 아동에게 왜 중국어를 가르쳐야 할까? 중국어 교육이 어떤 도움이 될까?
3. 연령대에 따라 아동의 언어적 특징은 어떻게 다르며, 교수·학습 내용을 결정할 때 어떤 점을 유의하여야 할까?
4. 아동에게 중국어를 가르칠 때 어떤 목적으로, 어디에 목표를 두고 가르쳐야 할까?
5. 아동 중국어 교육의 가장 큰 차별화는 무엇일까?
6. 아동 중국어 교육을 진행하기 전에 어떤 계획을 세워야 할까?

Q. 다음의 질문에 대해 생각해 보자.

각 강을 시작하기 전에 먼저 질문을 제시하였습니다.
독자들이 자신의 선행지식을 확인하고, 중점 내용에 대해 생각해 볼 수 있도록 하였습니다.

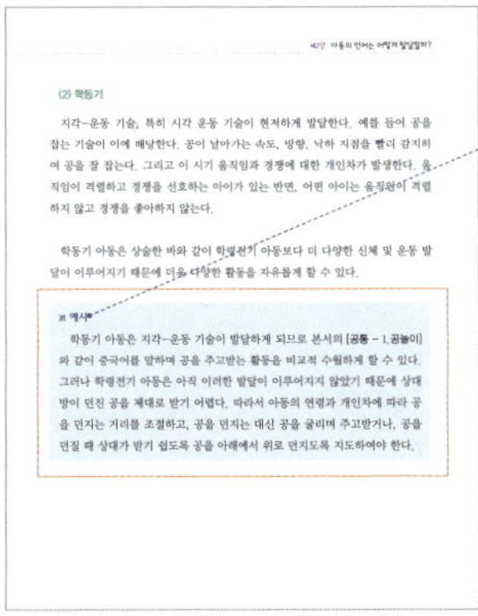

제2강 아동의 언어는 어떻게 발달할까?

(2) 학동기

지각-운동 기술, 특히 시각 운동 기술이 현저하게 발달한다. 예를 들어 공을 잡는 기술이 이에 해당한다. 공이 날아가는 속도, 방향, 낙하 지점을 빨리 감지하여 공을 잘 잡는다. 그리고 이 시기 움직임과 경쟁에 대한 개인차가 발생한다. 움직임이 격렬하고 경쟁을 선호하는 아이가 있는 반면, 어떤 아이는 움직임이 격렬하지 않고 경쟁을 좋아하지 않는다.

학동기 아동은 상술한 바와 같이 학령전기 아동보다 더 다양한 신체 및 운동 발달이 이루어지기 때문에 더욱 다양한 활동을 자유롭게 할 수 있다.

※ 예시

학동기 아동은 지각-운동 기술이 발달하게 되므로 본서의 [공통 - 1.공놀이]와 같이 중국어를 말하며 공을 주고받는 활동을 비교적 수월하게 할 수 있다. 그러나 학령전기 아동은 아직 이러한 발달이 이루어지지 않았기 때문에 상대방이 던진 공을 제대로 받기 어렵다. 따라서 아동의 연령과 개인차에 따라 공을 던지는 거리를 조절하고, 공을 던지는 대신 공을 굴리며 주고받거나, 공을 던질 때 상대가 받기 쉽도록 공을 아래에서 위로 던지도록 지도하여야 한다.

※ 예시

중국어 교육 이론을 소개한 후, 실제 교육 현장에 이론을 어떻게 적용할 수 있는지 실제편에 제시한 활동을 예시로 들었습니다.
본서의 활동이 이론에 입각하여 세심하게 설계되었음을 확인할 수 있습니다.

■ PART Ⅱ는 실제편입니다. 실제편은 크게 세 부분으로 나눌 수 있습니다.

- 제7강 : 교수요목(연간 지도계획, 12개의 주제 및 주제별 어휘, 회화, 활동명)
- 제8강 : 중국어 수업의 첫 시간에 진행 가능한 활동
- 제9강~제10강 : 12개의 공통 활동과 24개의 주제별 활동

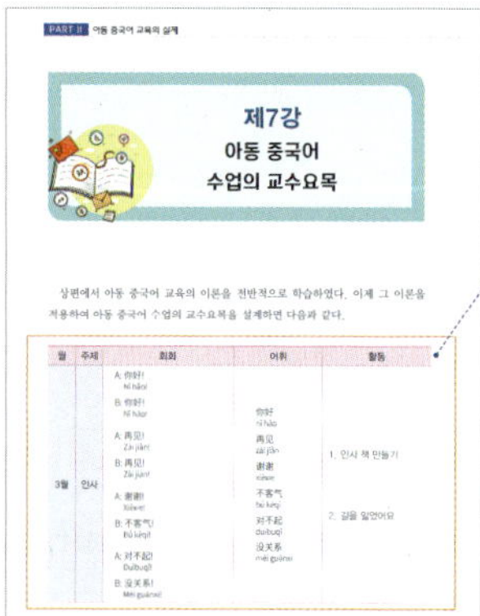

교수요목

월별로 핵심 주제 및 주제별 어휘와 회화, 이를 학습하기 위한 활동을 제시하였습니다.
중국어 수업의 연간 지도 계획을 한 눈에 파악할 수 있습니다.
월별 주제는 현장 상황이나 교수자의 재량에 따라 융통성 있게 조정할 수 있습니다. 예 4월 – 가족, 5월 – 과일

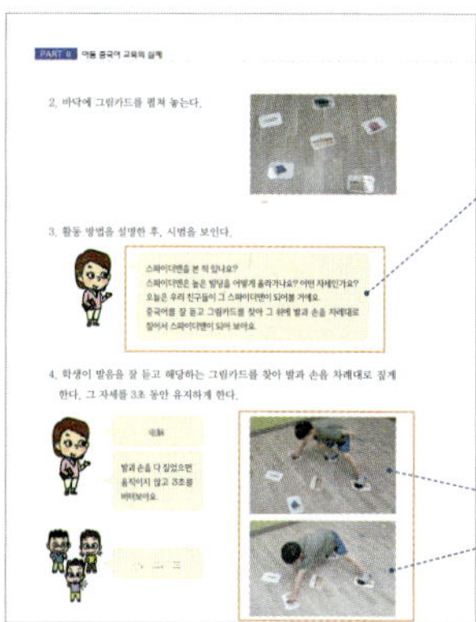

교수자와 아동의 말풍선

수업 절차를 도입, 전개, 정리 세 부분을 나누어 각 단계에 실제 사례를 반영한 말풍선을 제시하였습니다.
초임 교사의 경우 수업에서 어떻게 대화를 이끌어가야 할지 막막할 수 있습니다. 말풍선을 참고하면 중국어 수업을 수월하게 진행할 수 있습니다.

활동 사진

수업 절차에 따라 실제 활동 장면을 찍은 사진을 실어 수업 현장을 생생하게 보여줄 수 있도록 하였습니다.
활동 사진을 통해 교구의 제시방법, 아동의 자리 배치 등을 한 눈에 파악할 수 있고 각 활동에 대한 이해를 높일 수 있습니다.

활동 TIP

실제 현장에서 수업하며 느꼈던 경험을 바탕으로 각 활동에 도움이 되는 정보를 '활동 전, 활동 중, 활동 후, 응용'으로 나누어 TIP으로 제시하였습니다.
활동을 진행할 때 유의해야 할 상황, 아동의 연령에 따라 활동을 응용하는 방법을 터득할 수 있습니다.

활동 자료 만들기

각 활동에 필요한 교구 제작 방법을 상세하게 기술하고 그 과정을 사진으로 찍어 제시하였습니다.
제작 절차에 따라 사진을 참고하며 교구를 만들면 자신만의 교구를 손쉽게 만들 수 있습니다.

공통 활동과 주제별 활동의 활용

공통 활동은 모든 월별 주제에 적용할 수 있는 활동으로 수업을 계획할 때 1차시와 2차시에 활용할 수 있으며 총 12가지 활동을 제시하였습니다. 공통 활동은 특정 주제에 대한 제약이 없으므로 교수자가 원하는 주제에 원하는 공통 활동을 적용 및 응용할 수 있습니다.

주제별 활동은 각 주제의 회화를 효과적으로 학습할 수 있도록 그 주제에 적합한 활동을 구성한 것으로 3차시와 4차시에 활용할 수 있으며 주제별 2가지씩 총 24가지 활동을 제시하였습니다.

교수자가 하나의 주제에 대해 4차시 수업을 하고자 할 때 12가지 공통 활동 중에서 2가지를 선정하여 1,2차시 수업을 구성하고, 주제별 활동에서 해당 주제의 2가지 활동으로 3,4차시 수업을 구성하여 월 4차시 수업을 계획할 수 있습니다.

▸▸▸ 하나의 주제를 4차시(4번의 수업)에 걸쳐 진행

▸ **1차시~2차시** : 언어지식(어휘, 의사소통표현)을 가르치는 수업

(12가지 공통 활동 중 교수자 임의로 한 차시에 한 가지 활동을 채택하여 진행)

▸ **3차시~4차시** : 언어지식을 활용한 회화를 가르치는 수업

(주제별로 제공한 2가지 활동을 그대로 진행)

과일 주제를 예를 들면 다음과 같다.

주제	차시 계획	
과일	1차시	공통 활동 – 1. 공놀이
	2차시	공통 활동 – 9. 줄 잇기
	3차시	주제별 활동 – 과일 1. 무슨 과일일까?
	4차시	주제별 활동 – 과일 2. 빨간 망토와 늑대

차례

PART Ⅰ

아동 중국어 교육의 이론

제1강

아동 중국어 교육 입문

모국어도 완벽하게 숙지하지 못한 아동에게 중국어를 가르쳐야 할까? 왜 중국어를 가르쳐야 할까? 본 강에서는 이에 대한 답을 찾기 위해 아동 중국어 교육의 역할이 무엇이고, 목적을 어디에 두어야 하는지, 그리고 목적을 달성하기 위한 지름길에 대해 알아보고자 한다.

Q. 다음의 질문에 대해 생각해 보자.

1. 아동 중국어 교육에서 말하는 '아동'은 정확히 어떠한 연령대의 학습자를 의미하는 것일까?
2. 어린 연령의 아동에게 왜 중국어를 가르쳐야 할까? 중국어 교육이 어떤 도움이 될까?
3. 연령대에 따라 아동의 언어적 특징은 어떻게 다르며, 교수·학습 내용을 결정할 때 어떤 점을 유의하여야 할까?
4. 아동에게 중국어를 가르칠 때 어떤 목적으로, 어디에 목표를 두고 가르쳐야 할까?
5. 아동 중국어 교육의 가장 큰 차별화는 무엇일까?
6. 아동 중국어 교육을 진행하기 전에 어떤 계획을 세워야 할까?

1. 아동 중국어 교육의 정의

정의	아동을 대상으로 한 중국어 교육
넓은 의미	'0~11세' 학습자를 대상으로 한 중국어 교육
좁은 의미	'3-11세' 학습자를 대상으로 한 중국어 교육
	→ 3~5세 유아 + 6~11세 초등학생 (학령전기 아동 중국어 교육 + 학동기 아동 중국어 교육)

아동 중국어 교육은 '아동을 대상으로 한 중국어 교육'을 일컫는다. 아동발달학의 관점에서 보면 '아동'은 만 11세 이하의 연령대를 지칭한다(이하 만 나이로 지칭). 따라서 아동 중국어 교육은 '11세 이하의 아동을 대상으로 하는 중국어 교육'이라고 정의 내릴 수 있다. 아동은 일반적으로 3세부터 정식 교육 기관에서 교육을 받는다. 3~5세는 유아 교육 기관(유치원, 어린이집)에서, 6~11세는 초등학교에서 교육을 받는다. 그러므로 국내 학계나 교육계에서는 아동 중국어 교육을 '3~11세'로 연령을 제한하는 경우가 많다. 이에 '아동 중국어 교육'의 넓은 의미는 '11세 미만의 아동을 대상으로 하는 중국어 교육', 좁은 의미는 '3~11세 아동을 대상으로 하는 중국어 교육'으로 이해하자.

3~11세 연령은 아동발달학에 근거하면 '학령전기(preschool age)'와 '학동기(school age)'로 구분할 수 있다. 따라서 좁은 의미의 아동 중국어 교육은 3~5세 유아를 대상으로 하는 '학령전기 아동 중국어 교육'과 6~11세 초등학생을 대상으로 하는 '학동기 아동 중국어 교육'으로 나눌 수 있다.

2. 아동 중국어 교육의 역할

발달	성장 + 성숙 + 경험 인간과 환경의 만남(예: 교육)
아동 발달	태내기~학동기까지의 발달
아동 중국어 교육	아동과 중국어의 만남 (= 학령전기 및 학동기 아동이 중국어를 경험하는 과정)
아동 중국어 교육의 역할	아동이 중국어를 경험할 수 있도록 기회 제공

아동은 신체, 운동, 성격, 정서, 언어, 인지 방면 등에서 변화가 가장 현저하게 일어난다. 따라서 인간 발달학에서 아동 발달은 매우 중요한 연구 대상으로 여겨 왔다. 특히 아동 발달에서는 '초기 경험(early experience)'이 이루어지는데 이러한 경험은 일생에 걸쳐 영향을 미친다. '경험'은 곧 인간과 환경의 만남이다. 그러므로 '아동 중국어 교육'은 아동과 중국어의 만남 과정, 즉 중국어를 경험하는 과정이라고 설명할 수 있다. 아동 중국어 교육의 역할은 바로 아동에게 중국어를 경험하는 과정, 기회를 제공하는 것이다. 이러한 기회를 통해 아동이 중국과 중국어에 대한 흥미와 관심을 가지게 되고 이러한 긍정적인 경험은 올바른 세계관, 폭넓은 세계관을 가지게 되는 계기가 될 수 있다. 또한 아동이 성장하여 향후 중국어 능력을 필요로 할 때 보다 수월하게 중국어 학습을 다시 재개할 수 있는 토대를 마련할 수 있다.

아동발달학의 관점에서 '아동 중국어 교육'을 풀이하면 학령전기 아동과 학동기 아동이 성장하고 성숙하는 과정에서 '중국어'라는 경험을 통해 이루어지는 발달이다. 아동 중국어 교육은 명칭에 걸맞게 아동이 성장, 성숙하는 과정에서 '중국어'를 통해 좋은 경험을 쌓아서 전인적인 발달이 순조롭게 이루어질 수 있도록 그 역할을 다해야 한다.

3. 아동 중국어 교육의 목적 및 목표

아동 중국어 교육	아동 교육 + 중국어 교육
	→ 아동 발달을 위한 중국어 교육
아동 중국어 교육의 목적	아동 발달
아동 중국어 교육의 목표	중국에 대한 이해 + 중국어 의사소통능력 배양

아동 중국어 교육은 아동 교육과 중국어 교육이 모두 고려되어야 한다. 다만 아동 교육이라는 큰 테두리 안에서 중국어 교육이 진행되어야 한다. 아동 중국어 교육은 순조로운 아동 발달을 위한 교육의 일환이기 때문이다. 아동 중국어 교육은 학습자의 연령상 특성을 고려하면 '아동을 위한 중국어 교육', 즉 '아동 발달을 위한 중국어 교육'이라고 정의 내릴 수 있다. 좁은 의미로는 '학령전기와 학동기 아동의 발달을 위한 중국어 교육'이라고 풀이할 수 있다. 그러므로 아동 중국어 교육을 실시하는 궁극적인 목적은 아동 발달에 있다.

아동 중국어 교육의 목표는 중국에 대해 이해하고 중국어 의사소통능력을 배양하여 중국 사람과의 교류 능력과 폭넓은 세계관을 배양하는 데 있다. 어린 학습자를 대상으로 하는 교육이므로 중국어 의사소통능력은 음성 언어의 훈련에 중점을 두어 듣기와 말하기 능력을 향상시킬 필요가 있다. 그러나 중국어 수업을 할 때 중국어에 대한 초기 경험을 통해 순조로운 아동 발달을 이루는 것이 아동 중국어 교육의 목적이라는 것을 항시 염두에 두어야 한다.

4. 아동 중국어 교육의 접근법

아동 중국어 교육	아동에 의한 중국어 교육
	→ 아동 주체의 중국어 교육
아동 중국어 교육의 첩경	→ 아동 중심의 중국어 교육
	→ 놀이를 통한 중국어 교육

아동 중국어 교육이 '아동 발달'이라는 목적에 도달하기 위해서는 아동에 의한 중국어 교육, 즉 아동 주체의 중국어 교육을 진행하여야 한다. 교육의 주체는 아동이며 교사는 아동이 자치적으로 참여하도록 유도하여야 한다. 교사는 아동이 '자기 주도식 학습'을 할 수 있도록 유도하여야 한다.

이러한 교육을 진행하기 위해서는 놀이를 통한 중국어 교육을 진행하여야 하는데 놀이는 아동의 자유 놀이와 교사의 계획된 활동을 포함한다. 여기에서 잊지 말아야 할 것은 아동 중국어 교육의 목적은 아동 발달이라는 점이다. 아동 중국어 교육에서 '아동 발달'과 '놀이'는 가장 중요한 핵심어라 할 수 있다. 아동 중국어 교육은 아동 중심, 놀이 중심, 통합 중심으로 귀결할 수 있다. 이를 통해 아동의 전인적 발달을 이룰 수 있다.

따라서 아동 중국어 교육의 역할을 충실히 이행하고 목적을 달성하기 위해서는 결과 중심의 교육을 지양하고 과정 중심의 교육을 지향해야 한다. 중국어 교육은 일반적으로 중국어 능력을 배양하는 결과 중심의 교육이다. 그러나 아동 중국어 교육은 과정을 통해 중국어에 대한 좋은 경험을 쌓는 것이 매우 중요하다. 특히 아동 발달이 순조롭게 이루어질 수 있는 과정을 제공하는 것이 그 핵심이라 하겠다. 이는 곧 아동 중국어 교육의 교육관이라고 할 수 있다.

5. 아동 중국어 교육의 교수 설계

아동의 언어는	어떻게 발달할까?
나(교사)는	무엇을 가르칠까? → 어떻게 가르칠까? → 어떤 수단으로 가르칠까? → 어떻게 평가할까?

교사는 중국어 수업을 하기 전에 아동의 언어가 어떻게 발달하는지 이해하고 이에 따라 수업 계획을 세워야 한다. 교사는 학습자에 대해 명확히 이해하고 이를 기반으로 무엇을 어떻게 가르치고 평가할지 면밀하게 교육 계획을 세워야 하는데 이를 '교수 설계'라 한다. 교수 설계는 아래의 다섯 단계로 나누어 진행할 수 있다.

첫째, 아동의 언어는 어떻게 발달할까?

학습자 분석은 교수 설계의 첫 단계이다. 교사는 아동의 인지, 언어, 신체 및 운동이 어떻게 발달하는지 이해할 필요가 있다. 아동 발달을 고려하여야 아동에게 적합한 교육 내용과 방법, 평가 방법을 결정할 수 있기 때문이다. 이를 위하여 교사는 아동 발달과 언어 학습 이론에 대한 이해가 선행되어야 한다.

둘째, 무엇을 가르칠까?

아동에게 어떤 내용을, 어느 정도 수준까지 가르칠 것인지 결정하여야 한다. 예를 들어 오늘 인사에 대한 표현을 가르칠 계획이라면 만났을 때 인사(你好！)만 가르칠 것인지, 헤어질 때 인사(再见！)도 가르칠 것인지 교수 내용을 선정하여야 한다. 더 나아가 다양한 만남의 인사 중 '你好!'만 가르칠지, '初次见面!'도 가르칠 것인지 중국어 수준을 설정하여야 한다. 단어를 가르칠 때도 단어의 개수뿐만 아니라 어떤 수준의 단어를 가르칠지 결정하여야 한다.

셋째, 어떻게 가르칠까?

아동이 언어를 배울 때 어떠한 특성이 있는지 이해하였으며 어떤 내용을 가르칠지 결정하였다면 이러한 지식을 바탕으로 가르치는 방법을 결정하여야 한다. 언어 교수법, 수업 진행 방식 등에 대한 이해가 선행되어야 한다.

넷째, 어떤 수단으로 가르칠까?

중국어 교수·학습 방법을 고민하였다면 다음은 어떠한 교수·학습 매체를 활용하여 가르칠 것인지 결정하여야 한다. 이를 위하여 수업에 적합한 교구를 사용하기 위해 어떠한 교구를 수업에 활용할 수 있는지, 수업에 필요한 교구를 어떻게 제작하는지 등에 대한 이해가 뒷받침되어야 한다.

다섯째, 어떻게 평가할까?

중국어 교수·학습을 진행한 후 평가를 진행하여야 한다. 평가를 통해 아동이 배운 내용을 얼마나 이해하고 습득하였는지 점검하고, 교육의 미흡한 점을 발견할 수 있다. 평가 후, 아동이 제대로 습득하지 못한 부분은 추가 학습을 진행하고, 만약 교육 방법에 문제가 있다면 이를 개선할 필요가 있다. 다만 아동이 평가를 의식하여 심리적인 부담감을 가지지 않도록 활동을 통해 평가를 진행하는 것이 바람직하다.

제2강
아동의 언어는 어떻게 발달할까?

본 강에서는 아동의 언어가 어떻게 발달하는지 이해하여 아동 중국어 교육의 내용, 방법, 평가를 설정하기 위한 토대를 갖추고자 한다. 이를 위하여 우선 아동이 중국어를 학습하기에 적합한 연령인지 알아보자. 다음으로 아동이 연령대에 따라 인지적, 언어적, 신체 및 운동적 발달이 어떻게 순차적으로 이루어지는지 살펴보자. 그리고 이러한 발달 특징을 아동 중국어 교육에 어떻게 적용하여야 하는지 알아보자. 마지막으로 인간이 언어(제1언어, 제2언어)를 습득하는 과정에 대해 알아보고, 이러한 언어 학습 이론이 아동 중국어 교육에 어떤 영향을 미칠 수 있는지 알아보자.

Q. 다음의 질문에 대해 생각해 보자.

1. 언어 학습의 최적기는 언제일까? 그 이유는 무엇일까?
2. 연령대에 따라 아동의 인지적 특징은 어떻게 다르며, 중국어 교육에 어떻게 적용해야 할까?
3. 연령대에 따라 아동의 언어적 특징은 어떻게 다르며, 교수·학습 내용을 결정할 때 어떤 점을 유의하여야 할까?
4. 연령대에 따라 아동의 신체 및 운동적 특징은 어떻게 다를까? 수업, 특히 놀이를 진행할 때 연령대에 따라 어떤 점을 유의하여야 할까?
5. 언어 학습 이론은 무슨 이론들이 있으며, 이 중 어떤 이론을 아동 중국어 교육에 적용할 수 있을까?

1. 언어 학습의 최적기

제2언어를 배우기에 적절한 시기를 언급한 학설이 있다. 이러한 학설들을 이해하고, 아동이 중국어를 학습하기에 유리한 연령대인지 생각해보자.

1) 반구 편중화 가설

인간의 뇌는 갓 태어났을 때 좌우로 분화하지 않은 온전한 상태이다. 그러나 나이가 들면서 점차 분리되는데 대개 2세부터 시작되어 12세에 끝난다고 한다. 뇌의 분화가 시작되면서 뇌의 한쪽 부위가 특정 기능을 담당하게 되는데 이를 '측면화(lateralize)' 현상이라고 일컫는다. 좌반구(left hemisphere)는 주로 언어기능을 담당하게 된다. 언어적 표현, 논리적 사고, 수학적 사고, 추상적 사고, 도덕적 판단을 담당한다. 반면 우반구는 감각적 경험이나 정서적 표현과 관련된 일들을 담당하게 된다. 예를 들어 공간을 식별하는 능력, 시각적 경험을 되살리는 능력, 음색을 판단하는 능력, 미술에 관계된 능력, 공상이나 가상 세계를 구상하는 능력, 정서적 기질을 조절하는 능력 등과 관련된다.

12세 이후에는 좌반구와 우반구의 분화가 완전히 이루어져서 분석적이고 지적인 기능을 통제하는 좌반구가 정서적 기능을 통제하는 우반구보다 더 우세해진다. 좌반구의 우세로 인해 제2언어 습득이라는 과제를 너무 지나치게 분석 하던지, 지나치게 지적으로만 집중하는 경향이 생길 수 있다. 이러한 현상으로 인해 언어의 습득이 늦어질 수 있다.

2) 결정적 시기 가설(Critical Period Hypothesis: CPH)

미국의 언어학자 Eric Lenneberg(1967)는 언어를 쉽게 습득할 수 있는 결정적 시기가 있다고 주장하였다. 그의 학설에 의하면 결정적 시기가 지나면 제1언어(모국어, L_1)를 완전하게 습득하기 어려우며, 제2언어(외국어, L_2)도 결정적 시기가 지나면 원어민만큼 유창하게 구사하기 어렵다.

Lenneberg는 언어 발달의 결정적 시기를 2세에서 사춘기 사이로 설명하였다. 2세 이전에는 발달 요인으로 인해 언어 획득이 불가능하고, 사춘기 이후는 언어 기능의 '측면화(lateralization)' 현상으로 인해 뇌의 유연성이 상실되어 자연스러운 언어의 습득이 불가능하다는 것이다.

학계에서는 이러한 결정적 가설에 대한 이견도 있다. 학자들은 다음과 같은 측면에서 결정적 가설에 대해 이의를 제기한다.

첫째, 언어의 결정적 시기는 각기 다른 언어 구조(형태소, 음운 구조, 통사 구조, 의미 구조 등)에 따라 달리 나타날 수 있다.

둘째, 측면화 과정을 촉진하는 요소를 성숙 요인만으로 국한하였지만 환경적인 경험도 무시할 수 없다. 초기 단계에는 풍부한 문화적 경험에 의해 촉진된다. 학습자 간의 상당한 차이는 성숙 요인만으로 설명하기 어렵고, 환경적인 요인도 작용했다고 설명할 수 없다.

아동이 성인보다 외국어 학습에 능하다는 것은 쉽게 관찰할 수 있는 현상이지만 이러한 현상을 결정적 시기 가설보다 심리학적, 사회학적 요인을 고려하여 살펴볼 필요가 있다고 주장한다.

3) 뇌세포의 생성과 사망 속도

사람은 12세 이전에 매일 약 1억 개의 대뇌세포를 만든다. 이 때 뇌세포의 생성 속도는 사망 속도보다 빠르다. 그런데 12세 이후에는 매일 약 1억 개의 대뇌세포가 사망한다. 비록 새로운 세포가 생성되기는 하지만 생성 속도가 사망 속도보다 느리다. 그러므로 아동은 청소년기나 성인에 비해 놀라울 정도의 학습능력을 보유하게 된다. 이러한 관점에서 제2언어를 배우는 최적기를 12세 이전으로 본다.

상술한 여러 학설에 의하면 절대적이라고 말할 수는 없으나, 대체로 12세 이전이 언어를 배우기 좋은 시기로 볼 수 있다. 이 시기는 아동 발달 단계의 학령전기와 학동기에 해당한다. 그리고 그리고 피아제(Piaget)의 인지 발달 단계로 보면 '전조작기와 조작기' 단계에 해당한다. 이 시기의 아동 발달에 대해 자세히 알아보자.

2. 아동 발달

단계		기간
1	태내기	수정~출생
2	신생아기	출생~2주
3	영아기	생후 2주~15개월
4	보행기	생후 15개월~30개월
5	학령전기	생후 30개월~5세
6	학동기	6세~11세

아동 발달학에서는 '아동'을 인간이 수정되면서부터 초등학교에 다니는 시기로 규정한다. 이 시기를 아동의 발달 특성에 따라 '태내기(the prenatal period)', '신생아기(the neonatal period)', '영아기(infancy)', '보행기(toddlerhood)', '학령전기(preschool age)', '학동기(school age)'의 여섯 단계로 구분한다. 태내기는 수정에서부터 출생까지, 신생아기는 출생에서부터 약 2주까지, 영아기는 생후 2주부터 약 15개월까지, 보행기는 생후 15개월부터 약 30개월까지의 시기를 지칭한다. 학령전기와 학동기는 용어에서 알 수 있듯이 초등학교 입학 전후를 구분하는 명칭이다. 학령전기는 생후 30개월부터 5세까지로, 정규 학교에 입학하기 전을 의미한다. 그리고 학동기는 6세부터 11세까지로, 초등학생 시기를 지칭한다. 즉 아동은 11세 이하의 아이를 이른다.

국내 아동 중국어 교육은 주로 유치원이나 초등학교에서 실시한다. 이러한 국내 교육계를 감안했을 때 아동 중국어 교육에서의 '아동'은 일반적으로 학령전기 아동(3-5세 유아)과 학동기 아동(6-11세 초등학생)을 아우르는 명칭이다. 이에 본 교재는 학령전기와 학동기 단계의 아동 발달에 대해 알아보고자 한다.

1) 아동의 인지 발달

(1) 아동의 인지 발달 단계

단계		연령	주요 특징		
1	감각운동기	0~2세	모방 행동과 가상 행동	상징적 사고	
			↓	↓	
2	전조작기	2~7세	상징적 활동 증가	직관적 사고	자기중심적 사고
				↓	↓
3	구체적 조작기	8~11세		보존개념 획득	탈 중심화
				↓	
4	형식적 조작기	12~16세		조합적 사고 가설 검증적 사고 명제적 사고	

Jean Piaget(1972)는 인간의 발달 중 환경과의 지속적인 만남, 상호작용을 통해 이루어지는 과정을 '인지 발달'이라고 지칭하였다. Piaget는 아동의 인지 발달을 총 4단계로 나누었다.

첫 단계, 감각운동기(sensorimotor stage)

생후 2세까지 이 시기에 해당한다. 아기가 처음에는 주위 환경에 대해 막연히 인식하다가 체계적이고 정확한 지각을 하게 된다. 또한 외부의 자극에 대해서도 단순히 반응하다가 점차 조직적인 반응을 하게 된다.

① **모방 행동과 가상 행동 :** 인형놀이를 하며 엄마를 흉내 낸다.

② **상징적 사고 :** 사고를 시작하는 단계이다. 문제에 직면했을 때 해결방안을 먼저 생각하고 행동을 취하는 양상을 보인다.

두 번째 단계, 전조작기(preoperational stage)

2-7세까지 이 시기에 해당한다. 말 그대로 '조작기'의 전 단계이다. 개념적 조작능력이 충분히 발달하지 못한 단계이다. 이 시기에는 현존하지 않는 대상을 말로 표현할 수 있는 능력과 정신적인 상징을 갖기 시작한다. 다만 자기의 관점으로 한정시킨다.

① 상징적 활동(symbolic activity) 증가

비언어적인 상징 행동이 많이 나타난다. 베개를 안고 아기를 재우는 시늉 등의 가상적 놀이(make-believe-play)가 증가한다.

② 직관적 사고(intuitive thought)

사물이나 사건의 여러 측면을 고려하지 못하고 눈에 보이는 대로 대상을 판단한다. 물의 양이 같더라도 컵의 크기나 모양이 바뀌면 그 양이 다르다고 인지한다.

③ 자기중심적 사고(egocentric thought)

모든 사물이나 사건을 자신의 관점에서만 이해한다. 예를 들어 교사와 아동이 마주 앉아 동일하게 오른팔을 들었을 때 아동은 교사가 자신과 다른 쪽 팔을 들었다고 생각한다.

④ 물활론적 사고(animism)

모든 사물에 생명이 있다고 믿는다. 예를 들어 인형과 대화를 한다.

⑤ 도덕적 실재론(moral realism)

도덕적 규칙은 예외 없이 반드시 지켜져야 한다고 생각한다. 의도는 고려하지 않은 채 결과에 따라 평가한다. 예를 들어 일부러 컵 한 개를 깨뜨린 아이보다 실수로 두 개를 깨뜨린 아이가 더 잘못했다고 판단한다.

⑥ 꿈의 실재론(dream realism)

자신의 꿈이 실제로 일어난 일이라고 믿는다. 예를 들어 꿈에 아빠와 놀이동산을 다녀왔으면 실제로 다녀왔다고 생각한다.

※ 예시

2~7세의 아동을 대상으로 중국어 교육을 진행할 때 상술한 전조작기 단계의 인지 발달을 고려하여 활동을 설계할 수 있다.

그 한 예로, 전조작기에는 비언어적인 상징적 활동이 증가하므로 중국어 동극을 통해 가상적 놀이를 진행할 수 있다. 본서의 [인사 – 2. 길을 잃었어요] 경우 동극에 출현하는 등장인물의 특징이나 상징적 행동을 몸으로 표현하는 활동을 진행한다. 예를 들어 극 중에 토끼가 우는 장면을 몸으로 표현한다.

또 한 예로, 전조작기는 모든 사물에 생명이 있다고 생각하는 물활론적 사고가 가능하므로 인형을 이용한 중국어 역할극을 진행할 수 있다. 본서의 [음식 – 2. 배고픈 판다] 경우 판다가 배가 고프다는 상황을 제시하고, 배고픈 판다에게 어떤 음식을 주고 싶은지 판다와 대화하는 역할극을 진행한다.

‘조작기(operational stage)’는 8~16세가 이 시기에 해당한다. 이 시기는 ‘구체적 조작기(concrete operational stage)’와 ‘형식적 조작기(formal operational stage)’로 나눌 수 있다.

세 번째 단계, 구체적 조작기(concrete operational stage)

8~11세가 이 시기에 해당한다. 사고에 있어서 급격한 진전을 보인다. 전조작기에는 지각적으로 두드러진 대상에만 관심을 가지지만 구체적 조작기에는 일반적인 것으로 관점이 확대되며 사고에 있어서 보존개념을 획득하고 탈 중심화(decentrism) 경향을 보인다.

① **보존개념 획득 :** 사물은 모양이 변하거나 구성이 바뀌어도 그 양은 동일하다는 개념을 갖는다. 예를 들어 사탕 열 개를 일렬로 나열했을 때와 두 줄로 나누어 나열했을 때 그 수는 동일하다는 것을 인지한다.

② **탈 중심화**(decentrism) : 사물이나 사건에 대해 여러 측면을 고려하여 인지한다. 크기, 부피, 무게 등에 따라 순서대로 나열할 수 있는 서열화(seriation)와 색, 모양, 특성에 따라 범주화하는 분류능력(classification)을 갖는다.

※ 예시

8~11세의 아동을 대상으로 중국어 교육을 진행할 때 상술한 구체적 조작기 단계의 인지 발달을 고려하여 활동을 설계할 수 있다.

그 한 예로, 이 시기는 탈 중심화 경향을 보이므로 동사를 배울 때 동사에 따라 명사를 분류하는 활동을 진행할 수 있다. 본서의 [음식 – 2.배고픈 판다] 경우 한자카드 '吃(먹다)', '喝(마시다)'를 제시한 후, 냉장고에서 음식 그림을 꺼내어 각각의 동사에 해당하는 음식을 오른쪽에 붙이는 활동을 한다.

탈 중심화 시기에 여러 다양한 활동을 통해 중국어 교육과 더불어 인성 교육도 진행할 수 있다. 예를 들어 활동을 통해 나와 다른 사람, 가족 형태에 대한 선입견이나 편견을 갖지 않도록 유도할 수 있다. 또한 다른 사람의 감정, 생각, 관점을 이해하고 수용하도록 인도할 수 있다.

그 한 예로, 본서의 [신체 – 1.다양한 얼굴 만들기] 경우 다양한 얼굴을 만드는 과정을 통해 우리가 정상적이라고 생각하는 얼굴 외에도, 눈이나 귀가 하나밖에 없는 얼굴도 있다는 것을 자연스럽게 받아들이도록 유도한다. 또한 다른 친구들이 완성한 작품을 감상하는 시간을 통해 자신의 작품과 어떻게 다른지 비교하고, 타인의 생각을 수용하는 자세를 갖도록 지도한다.

또 다른 예로, 본서의 [가족 – 1.소중한 가족] 경우 다양한 가족 사진을 만드는 과정을 통해 가족 형태의 다양성을 인지하고, 공감 능력을 갖도록 지도한다.

네 번째 단계, 형식적 조작기(formal operational stage)

12~16세가 이 시기에 해당한다. 사고에 있어서 중요한 변화를 보인다. 구체적 조작기에는 구체적인 세계에 대한 사고에 한정되지만 형식적 조작기에는 현실적 세계를 넘어서 가상적인 추론이 가능하다.

① **조합적 사고 :** 문제를 해결하기 위해 모든 가능한 방법을 인출하여 검토 후 가장 타당한 방법을 도출하는 사고를 한다.

② **가설 검증적 사고 :** 문제를 해결하기 위한 가설을 설정하고 이에 입각하여 연역적 사고를 통해 가설을 검증한다. 만약 사고 과정에서 문제를 발견하면 가설을 바꾸어 다시 연역적 사고를 진행한다.

③ **명제적 사고 :** 주어진 상황에 대해 두 개 이상의 명제를 구성하고 명제들 간의 논리적 관계를 추론한다.

※ 예시

11~16세의 아동을 대상으로 중국어 교육을 진행할 때 상술한 형식적 조작기 단계의 인지 발달을 고려하여 활동을 설계할 수 있다. 그 한 예로, 이 단계는 조합적 사고가 가능하므로 단어를 배울 때 손으로 만져서 형태를 파악하고, 어떤 물건인지 맞추는 활동을 할 수 있다.

또 한 예로, 이 단계는 가설 검증적 사고가 가능하므로 사진을 보여주고, 사진을 통해 정보를 유추하는 활동을 할 수 있다.

이같이 아동의 연령에 따른 인지 발달을 고려하여 중국어 교수·학습을 진행함으로써 중국어 교육뿐만 아니라 아동의 인지 발달도 도모할 수 있다.

(2) 아동 발달 단계와 인지 발달 단계 비교

아동 발달	연령	인지 발달
태내기	수정~출생	·
신생아기	0~2세	감각운동기
영아기		
보행기		
학령전기	2~5세(유아)	전조작기
학동기	6~7세(초등1-2학년)	
	8~11세(초등3-6학년)	구체적 조작기
·	12~16세	형식적 조작기

아동 중국어 교육은 학령전기와 학동기 아동을 위한 교육이므로 3-11세 아동을 위한 교육이다. 이를 Piaget의 인지 발달 단계에 적용하면 아동 중국어 교육은 전조작기와 구체적 조작기에 해당한다. 연령별로 인지 발달 단계를 고려하여 연령에 적합한 중국어 교육을 진행하여야 한다.

학령전기 아동 중국어 교육은 3~5세 아동을 위한 교육이므로 인지 발달 단계 중 전조작기에 해당한다. 학동기 아동 중국어 교육의 경우는 6~11세 아동을 위한 교육인데 인지 발달 단계에 적용하면 6~7세와 8~11세 두 단계로 구분할 수 있다. 6~7세는 여전히 전조작기에 해당하고 8-11세는 다음 단계인 구체적 조작기에 해당한다.

우리나라 교육 체계를 보면 3-5세 아동은 유치원에서, 6~11세는 초등학교에서 교육을 진행한다. 이러한 교육 체계는 아동 중국어 교육에도 적용되어 일반적으로 3~5세 유아와 6~11세 초등학생을 구분하여 진행하게 된다. 유아를 위한 중국어 교육과 초등학생을 위한 중국어 교육은 교육의 양과 질에 있어서 큰 차별화를 두기 마련이다. 그러나 6~7세 아동의 특수한 상황을 주지할 필요가 있다.

6~7세 아동은 학령전기 아동(유치원생)에서 학동기 아동(초등학생)으로 전환되는 과도기적인 특성을 갖는다. 아동 발달 단계를 보면 학동기 아동(초등학생)이지

만 인지 발달 단계를 보면 학령전기 아동(유치원생)과 동일한 '전조작기'에 해당하기 때문이다. 3~5세 아동과 6~7세 아동은 인지 발달 단계에 있어 동일하게 전조작기에 해당하므로 중국어 교육 내용에 있어서 수준 차이를 크게 두고 가르칠 필요는 없다. 이는 국가 수준의 교육과정에서도 나타난다. 3~5세 아동은 5개 영역을 배우는데 6~7세 아동 역시 5개 교과목을 학습한다. 8~11세 아동의 경우 10개 교과목으로 증가한다. 그러므로 6~7세 아동에게 중국어를 가르칠 때 교수·학습 내용에 큰 차별화를 두는 것보다 신체나 언어 발달을 고려하여 교수·학습 방법에 차별화를 두는 것이 바람직하다.

2) 아동의 언어 발달

구분	단계	시기
언어 습득 이전 시기	초기 발성	출생~10개월
	쿠잉	
	옹알이	
언어 시기	한 단어 시기	출생 후 10개월~1년
	두 단어 시기	출생 후 18~20개월
	두 단어 이상의 시기	출생 후 30개월

유아의 언어 발달 과정은 언어 습득 이전 시기(prelinguistic period)와 언어 시기(linguistic period)로 나뉘어진다.

언어 습득 이전 시기는 출생부터 10개월 사이를 가리킨다. 초기 발성, 쿠잉, 옹알이 등을 한다. 초기 발성은 울음이 이에 해당한다. 쿠잉은 목구멍을 울리는 소리인데 비둘기 울음소리와 비슷한 소리이다. 영아는 약 15~20초간 지속해서 이 소리를 낼 수 있다. 옹알이는 한 음절의 소리로서 '마-마-마'와 같이 자음과 모음을 바꾸어 가면서 내는 소리이다.

언어 시기는 출생 후 10개월 이후를 가리킨다. 이 시기는 한 단어 시기(The one word speech stage), 두 단어 시기(The two words speech stage), 두 단어 이상의 시기

(more than two words speech stage)로 구분할 수 있다.

한 단어 시기는 영아가 출생 후 10개월에서 1년이 되면 한 단어 말을 할 수 있게 되는 시기를 지칭한다. 약 15개월이 되면 50단어 정도는 알게 된다. 영아가 처음 배우는 단어는 대부분 '우유', '까까', '멍멍' 등과 같은 참조어(referential words)나 '가자', '먹어' 등의 동사가 많다.

두 단어 시기는 출생 후 18~20개월이 되면 두 개의 단어를 결합하여 자신의 의사를 표현하는 시기를 지칭한다. 이 시기는 '전보식 문장(telegraphic sentences)'을 사용한다. 전보식 문장은 조동사, 전치사, 접속사 등의 '기능어(function words)'가 빠진 '내용어(content words)'만으로 이루어진 문장을 의미한다. 또한 '주축어(pivot word)'를 사용한다. '주축어'란 두 단어를 조합할 때 축이 되는 단어이다. 이에 대비되는 단어를 '개방어(open word)'라고 부른다. 예를 들어 '안 가', '안 이뻐' 등에서 '안'은 주축어이고 '가', '이뻐'는 개방어이다. 이렇게 주축어를 사용한다는 것은 두 단어를 조합하는 문법 규칙을 알고 있다는 것이다.

두 단어 이상의 시기는 30개월쯤 되면 세 단어 이상을 조합하여 실제 구문 형식을 갖춘 문장으로 의사를 표현하는 시기를 지칭한다. 예를 들어 "우기 빵빵"이라고 표현했던 것을 "우기 빵빵 간다"(저기 차가 지나간다)로 표현한다. 이 시기는 과잉 규칙화(over-regularization) 현상이 나타난다. 영어에서 과거 시제를 나타내기 위해 '-ed'를 붙인다는 것을 배운 아동이 'comed', 'goed'와 같이 불규칙 동사에도 규칙을 과잉 적용시킨다. 36개월쯤 되면 단어수가 1000개로 증가한다. 이어서 48개월이 되면 잘 정립된 언어를 사용한다.

아동 중국어 교육의 경우 학습자의 연령대를 보면 두 단어 이상의 언어 시기에 해당한다. 이 시기의 언어적 발달 단계에 따라 다양한 단어 수의 문장을 제시하여 중국어 교육을 진행함으로써 언어 발달을 도모할 수 있다. 다만 중국어가 모국어가 아닌 외국어라는 것을 감안하여 지나치게 긴 문장을 제시하는 것은 지양하여야 한다. 본서의 경우 두 단어(你好!), 세 단어(你去哪儿?), 네 단어(你想去哪儿?), 다섯 단어(你最喜欢什么颜色?)로 구성된 문장 및 대화를 통해 중국어 교육을 진행한다.

3) 아동의 신체 및 운동 발달

단계	신체 발달	운동 발달
학령전기	자기 통제 가능	운동 형태 획득, 운동 기술 발달 (걷기, 달리기, 던지기, 만들기, 그리기, 자조기술)
학동기	자기 통제 향상	지각 – 운동 기술 발달 (시각 – 운동 기술 현저히 발달)

아동 발달에 도움이 되는 중국어 교육은 놀이를 통한 교육이다. 놀이를 진행하려면 연령대별로 신체적 조건을 고려하여 놀이를 진행할 필요가 있다. 특히 학령전기 아동과 학동기 아동은 운동 발달에도 차이가 드러난다. 신체 및 운동 발달에 어떠한 차이점이 있는지 살펴보자.

(1) 학령전기

신체적으로 대근육과 소근육의 발달이 이루어져서 자기 통제가 가능해진다. 즉 '운동 통제(motor control)'가 가능해진다. 운동 발달은 '운동 형태(motor pattern)'와 '운동 기술(motor skill)' 두 가지 범주로 나눈다. 운동 형태는 행동할 때 형성되는 일련의 기본적인 움직임을 의미한다. 예를 들면 걷기, 달리기, 던지기, 만들기, 그리기 등이 있다. 운동 기술은 이미 획득한 운동 형태의 정확도과 정밀도를 가리킨다. 예를 들어 영아기와 보행기 때 걷기와 달리기 등의 운동 형태를 획득하지만 매우 불안정하다. 그런데 학령전기에 도달하면 유연성과 지속성이 향상되고 새로운 움직임들도 생겨 보다 안정되고 균형 잡힌 자세로 발전된다. 즉 운동 기술이 발달한 것이다.

학령전기 이전에는 운동 기술이 발달하지 않은 운동 형태만 나타나지만 학령전기에 들어서면서 새로운 운동 형태와 더불어 다양한 운동 기술을 획득해 나간다. 학령전기에 형성되는 운동 형태와 운동 기술은 다음과 같다.

첫째, 걷기와 달리기. 운동 기술 발달, 학령전기 이전에 이미 획득한 운동 형태, 학령전기 때 보폭이 넓어지고 속도 조절 가능, 유연성과 지속성 향상

둘째, 던지기. 운동 형태 획득, 운동 기술 발달

셋째, 만들기. 운동 형태 새롭게 획득(접기, 오리기, 붙이기, 그리기 등의 소근육 활동), 학령전기 말쯤 어떤 의도를 가지고 의도한 대로 작업을 제대로 완성

넷째, 그리기. 운동기술 획득.

- 명명기(2~3세, 알아보기 힘듦) → 전도식기(3~4세, 모양과 위치 부정확) → 도식기(4~5세, 실물과 유사)
- 손목뼈의 개수가 늘어날수록 손의 운동이 발달하고 그림을 유연하게 그림(출생 2개 → 6세 경 8개)
- 도형: 직선(2세) → 원이 닫히지 않은 형태(3세) → 원이 완전히 닫히는 형태(4세)
- 구체적인 사물(사람, 관심을 갖는 대상:자동차, 인형 등)(3,4세) → 실물과 상당히 유사(4~5세)

다섯째, 자조기술(self-help skill) 획득. 기본적인 생활습관을 습득하여 기본적인 생활을 스스로 영위(먹기, 옷 입기, 씻기, 배설하기, 잠자기)

- 숟가락 사용(2세) → 안정적 사용(3세) → 젓가락 사용(4세) → 안정적 사용(5세 이후)
- 옷 벗기(3세) → 단순 구조의 옷 입기, 앞뒤 구별 어려움(4세) → 단추 잠그거나 풀기, 옷 개기(5세 이후)

상술한 학령전기의 신체, 운동 발달 특성을 감안하여 아동 중국어 교육을 진행하여야 한다. 이 시기의 아동은 새로운 운동 형태와 기술을 가지게 되므로 접기, 붙이기 등의 소근육 활동이 가능해진다.

※ 예시

본서의 [인사 – 1.인사 책 만들기] 경우 종이를 접어 책을 만든 후, 중국어를 듣고 그에 해당하는 상황 그림 스티커와 한자 스티커를 붙이는 활동을 진행한다.

또한 협응을 요하는 대근육 활동이 가능해지므로 본서의 [공통 – 3.스파이더맨] 경우 교사가 말하는 중국어에 듣고 해당하는 그림카드를 손과 발을 사용하여 차례로 짚어서 몸의 균형을 유지하는 활동을 진행한다.

(2) 학동기

지각-운동 기술, 특히 시각 운동 기술이 현저하게 발달한다. 예를 들어 공을 잡는 기술이 이에 해당한다. 공이 날아가는 속도, 방향, 낙하 지점을 빨리 감지하여 공을 잘 잡는다. 그리고 이 시기 움직임과 경쟁에 대한 개인차가 발생한다. 움직임이 격렬하고 경쟁을 선호하는 아이가 있는 반면, 어떤 아이는 움직임이 격렬하지 않고 경쟁을 좋아하지 않는다.

학동기 아동은 상술한 바와 같이 학령전기 아동보다 더 다양한 신체 및 운동 발달이 이루어지기 때문에 더욱 다양한 활동을 자유롭게 할 수 있다.

※ 예시

학동기 아동은 지각-운동 기술이 발달하게 되므로 본서의 [공통 - 1.공놀이]와 같이 중국어를 말하며 공을 주고받는 활동을 비교적 수월하게 할 수 있다. 그러나 학령전기 아동은 아직 이러한 발달이 이루어지지 않았기 때문에 상대방이 던진 공을 제대로 받기 어렵다. 따라서 아동의 연령과 개인차에 따라 공을 던지는 거리를 조절하고, 공을 던지는 대신 공을 굴리며 주고받거나, 공을 던질 때 상대가 받기 쉽도록 공을 아래에서 위로 던지도록 지도하여야 한다.

3. 언어 습득 이론

언어 습득 이론은 크게 L_1(제1언어) 습득 이론과 L_2(제2언어) 습득 이론으로 나눈다. 이에 따른 언어 습득 이론들에 대해 알아보자.

1) L_1 습득 이론

행동주의	생득주의/인지주의	구성주의/기능주의
Skinner (1957)	Chomsky (1965)	Piaget / Vygotsky (1972) / (1962, 1978)
환경의 영향을 받는다	타고난 언어학습 능력에 의해 자연스럽게 발달된다	유아의 능력과 환경의 상호작용에 의해 언어 습득이 이루어진다
환경	언어습득기제(LAD)	언어습득기제(LAD)+환경

인지 발달과 언어 발달은 서로 상호작용을 한다.

(1) 행동주의

Burrhus Fredric Skinner(1957)는 인간은 주어진 환경에 의해 성장해 가고, 언어도 자연스럽게 습득된다고 주장한다. 이렇게 환경의 영향을 받아 언어를 습득하게 된다는 이론을 '행동주의'라고 일컫는다. 행동주의는 자극과 반응, 모방, 반복, 강화를 통한 학습을 강조한다. 사람이 하나의 발화(production)에 적절히 반응하고, 바람직한 반응은 강화를 받아 학습된다. 이러한 반복과 강화를 통해 그 발화를 이해하는 것을 배운다는 것이다. 이렇게 언어능력은 선천적으로 타고나는 것이 아니라 조작적 조건 형성에 따른 '강화'에 의해 이루어진다고 본다.

행동주의 이론에 따르면 동일한 환경이 주어지면 모든 사람의 언어 습득 정도는 동일하여야 한다. 그런데 그렇지 않은 경우도 쉽게 발견할 수 있다. 이렇듯 행동주의 이론만으로 언어 발달을 설명하기 어려운 경우도 있다.

(2) 생득주의

Noam Chomsky(1965)는 인간은 누구나 '언어 습득 기제(LAD: Language Acquisition Device)'가 있어서 언어 환경이 다르더라도 유사한 언어 체계를 습득하며, 지능의 높고 낮음에 영향을 받지 않고 5~6세가 되면 모두 자기 나라의 언어를 구사할 수 있다고 주장한다. 이러한 언어 습득 이론을 '생득주의'라고 일컫는다. 유아들이 모국어를 듣고 이해하며 구사할 수 있을 뿐만 아니라 지금까지 들어본 적 없는 새로운 문장을 구성해서 말하는 현상을 보면 창조적인 언어능력을 가지고 있다고 보는 것이다.

그런데 생득주의자들의 주장은 언어의 내적인 개념에 지나치게 제한을 두고 있으며, 유아가 단어의 의미를 어떻게 이해하는지, 유아 개개인에 따라 언어의 유창성이나 문법 능력의 차이는 왜 생기는지 그 이유를 설명하기에는 부족함이 있다.

(3) 구성주의

구성주의는 학습을 학습자가 의미를 내적으로 구성하는 과정의 결과으로 보고, 유전과 환경의 상호작용으로 언어가 습득된다고 주장한다. Jean Piaget는 인지적 상호작용주의를 이야기하며, 언어는 동화(assimilation)와 조절(accomodation)을 통해 구조화된다고 하였다. 여기서 '동화'란 자신이 가지고 있는 도식(scheme)에 의해 사물이나 사상을 해석, 이해하는 과정으로 유아가 처음에 네 발 달린 모든 동물을 '멍멍이'라고 부르다가 점차 다른 동물의 특성을 알게 되면서 네 발과 뿔이 있는 동물은 '소'라고 한다는 것을 인지하는 현상과 같다.

Piaget는 '언어발달'이란 유아 내부의 인지적 수준과 환경과의 상호작용을 통해 이루어진다고 하며 인지발달의 선행을 주장한 반면, Lev Semenovich Vygotsky는 사회적 상호작용주의를 이야기하면서 언어발달은 사회적 경험이 내면화되는 것이며 이 사회적 언어는 개인의 언어를 형성한다고 하였다. 또한, 근접 발달 지대(ZPD: Zone of Proximal Development)라는 개념을 제시하여 언어가 학습의 도구임을 강조하였다. 근접 발달 지대란 현재의 발달 수준과 잠재적 발달 수준간의 간격을 뜻하는 것으로 이는 교육에 의해 확장되고 내면화되며, 언어적 상호작용에 의해 일어나므로 유아 간의 상호작용을 중시한다.

아동은 타고난 선천적인 언어능력을 가지고 있지만 이러한 언어능력이 제대로 발휘될 수 있도록 다양한 언어 환경과 아동이 직접 경험해보는 활동을 제공하여 아동의 언어 이해 체계를 도울 필요가 있다. 아동 중국어 교육도 이러한 이론을 적용하여 다양한 언어 환경과 활동을 통해 진행할 필요가 있다.

2) L_2 습득 이론

<table>
<tr><th>선천성주의</th><th colspan="2">인지주의</th><th>구성주의</th></tr>
<tr><td rowspan="2">생득 모델</td><td colspan="2">인지 모델</td><td rowspan="2">사회 구성주의적 모델</td></tr>
<tr><td>주의 집중·처리 모델</td><td>암시·명시적 모델</td></tr>
<tr><td>Krashen
(1981)</td><td>McLaughlin
(1990)</td><td>Bialystok
(1978, 1982, 1900)</td><td>Long
(1985,1996)</td></tr>
<tr><td>입력가설</td><td>자동화 개념</td><td>암시적,
명시적 언어 지식</td><td>상호작용가설</td></tr>
<tr><td>문법 학습 지양</td><td colspan="2">형태 중심 지도법</td><td>과제 중심 지도법</td></tr>
</table>

제2언어를 가르치고 배우는 데 어떤 방법이 가장 최선의 방법인지 답을 얻기 위해서는 제2언어 습득(second language acquisition: SLA)에 관련된 이론을 이해할 필요가 있다. SLA 이론은 학습자가 제2언어를 어떻게 습득하게 되는지에 대한 가설이나 주장이다. 선천성주의 기반의 생득 모델, 인지주의 기반의 인지 모델, 구성주의 기반의 사회 구성주의 모델로 나누어 살펴볼 수 있다. 주목할 점은 행동주의에 기반을 둔 모델은 없다.

(1) 선천성주의

선천성주의를 주장한 대표적인 학자에는 Stephen Krashen(1981)이 있다. Krashen은 아래 다섯 가지 가설을 제시하였는데 이를 Krashen의 '5대 가설'이라고 일컫는다.

① **습득 · 학습 가설**(Acquisition-Learning Hypothesis) : 제2언어 학습자가 목표언어를 내재화하는 과정에는 습득과 학습 2가지 방법이 있다. '습득'은 무의식적인 과정으로, 직관적으로 언어 체계를 구조화하는 과정이다. 학습은 의식적인 과정으로, 언어 형태에 관심을 가지고 언어 규칙을 공부한다. 의사소통을 유창하게 하기 위해서는 가능한 한 습득을 해야 한다. 학습에 극히 제한적 역할만 주어진 교실에서는 많은 양의 언어 습득 활동을 제공하여야 한다.

② **감시 가설**(Monitor Hypothesis) : 자신의 발화를 감시한다는 것은 학습 과정을 의식적으로 인지하면서 발화를 교정하기 위한 도구이다. 학습자는 언어가 유창하게 되었을 때에만 적정한 수준에서 감시해야 한다. '감시'는 학습 과정에 포함되고 습득 과정에는 포함되지 않는다.

③ **자연 순서 가설**(Natural Order Hypothesis) : 학습자는 예측 가능한 '자연 순서'에 따라 언어 규칙을 습득한다.

④ **입력 가설**(Input Hypothesis) : 언어 습득이 이루어지기 위한 중요한 조건이다. 학습자의 언어능력 수준을 약간 상회하는 수준의 언어 구조를 가진 언어 입력을 듣기나 읽기를 통해서 이해하는 것이다. 학습자의 언어 수준을 중간 언어(i)라고 하면 학습자가 이해하는 언어 입력은 'i+1'을 포함하여야 한다. 학습자는 자신의 언어 지식보다 다소 높은 수준의 언어 입력이 제공되어야만 학습자가 그 언어 입력의 대부분을 이해하고 나머지 부분에 대해서도 이해하려는 노력을 통해서 학습자의 언어가 발전해 간다. 출력은 일단 학습자가 충분히 이해할 수 있는 언어 입력(i+1)을 갖게 되면 자연히 나타난다.

⑤ 정의적 여과기 가설(Affective Filter Hypothesis) : 가장 좋은 언어 습득은 심적인 부담이 적고, 학습에 대한 방어적인 태도가 없는 상태, 즉 '정의적 여과기'가 낮은 상태에서 일어난다. 교실에서 의식하지 않고 의미 있는 상호 작용을 하는 것이 학습자에게 매우 중요하다.

Krashen(1983)은 형태를 의미와 연결시키고 학습자의 현재 내재된 규칙 체계와 새로운 입력 사이의 '차이'를 인식하는 과정을 통해 입력은 흡입으로 전환된다.

그런데 Krashen은 언어의 입력(이해, 즉 듣기와 읽기)에 중점을 두고, 학습자의 능동적인 참여에 대해서는 거의 중요하게 다루고 있지 않다. 이에 Swain과 Lapkin(1995)은 언어의 출력(표현, 즉 말하기와 쓰기)의 중요성을 강조하였다. 이를 '출력 가설(Output Hypothesis)'이라고 일컫는다. 언어의 출력도 입력만큼 중요하다고 주장한다.

(2) 인지주의

인지주의의 대표적인 학자에는 Barry McLaughlin(1990)과 Ellen Bialystok(1978, 1982, 1900)이 있다.

① Barry McLaughlin

McLaughlin은 정보 처리 과정을 통제된 과정과 자동화된 과정으로 나누었다. 이 과정은 언어의 형식적 특성에 대한 주의 집중에 따라 중점적 주의 집중과 주변적 주의 집중의 2가지 형태로 구분된다.

<table>
<tr><th rowspan="2"></th><th colspan="2">정보처리과정</th></tr>
<tr><th>통제된</th><th>자동화된</th></tr>
<tr><td rowspan="3">중점적 주의 집중</td><td>A형</td><td>B형</td></tr>
<tr><td>형식적인 규칙 학습에 근거한 언어 수행</td><td>테스트 상황에서의 수정</td></tr>
<tr><td>• 특정 항목에 대한 문법적 설명
• 모방 학습
• 다양한 분리 · 항목 연습</td><td>• 말하기와 쓰기 중 자가 관찰
• 찾아읽기
• 편집, 동료에 의한 수정</td></tr>
<tr><td rowspan="3">주변적 주의 집중</td><td>C형</td><td>D형</td></tr>
<tr><td>암시적 학습 또는 유추적 학습에 근거한 언어 수행</td><td>의사소통 상황에서의 수행</td></tr>
<tr><td>• 전신반응 교수법
• 자연 교수법</td><td>• 주제의 제한이 없는 집단 학습
• 속독, 대충 훑어 읽기
• 자유 작문</td></tr>
</table>

② Ellen Bialystok

제2언어 학습의 다양한 처리 과정에 관한 개념들은 '명시적(explicit)' 그리고 '암시적(implicit)' 언어 지식을 구별하는 모델에 근거하고 있다. 명시적 지식은 언어에 관한 자신의 지식을 나타낸다. 분석된 지식 구조에 대해 명백히 인식하고 있으므로 '분석된(analyzed) 지식'이라고 일컫는다. 암시적 지식은 언어 과제를 수행하는 데 자동화되고 계획되지 않은 상태로 이용하는 정보이다.

아동은 암시적으로 언어의 음운, 통사, 의미, 화용 규칙을 학습한다. 그러나 그러한 규칙들을 말로 표현하지 못하므로 명시적으로 노출되지 않는다. 지식의 구조를 의식하지 않으면서도 대부분의 사항을 알고 있으므로 '분석되지 않은(unanalyzed) 지식'이라고도 일컫는다.

(3) 구성주의

구성주의의 대표적인 학자에는 Michael E. Long(1985, 1996)이 있다.

Krashen의 입력 가설과 인지주의적 모델들은 상당 부분 학습자에 초점을 맞추고 있는 반면, 사회 구성주의적 모델은 학습자와 동료, 학습자와 교사 간의 상호작용에 초점을 맞춘다. '상호작용가설(interaction hypothesis)'은 이해 가능한 입력이 '수정된 상호 작용(modified interaction)'의 결과라고 가정하는 것이다. '수정된 상호작용'이란 화자가 그들의 입력을 학습자에게 이해 가능하도록 만들어 내는 다양한 수정을 의미한다. 예를 들어 엄마가 아이에게 밥을 '맘마'라고 하는 경우가 '수정된 상호작용'이라고 할 수 있다. 모국어 화자가 제2언어 학습자에게 이야기할 때 말의 속도를 느리게 하거나 이해했는지 확인하는 행위 등도 그러한 예이다. 아동 중국어 교육을 진행할 때도 아동의 연령대를 고려하여 중국어 속도를 조절할 필요가 있다.

제3강

무엇을 가르칠까?

아동에게 중국어를 가르칠 때 무엇을 가르쳐야 할까? 막연히 중국어 단어나 문장, 문법 등을 떠올리기 쉽다. 그러나 아동에게 무엇을 가르칠지 결정하려면 교육 목적 및 목표를 달성하기 위한 교수·학습 내용을 선정해야 한다는 인식이 있어야 한다. 교육 목적 및 목표에 따라 교수·학습 내용이 달라질 수 있기 때문이다. 예를 들어 학습자가 중국을 여행하기 위해 중국어를 배우고자 하면 '길 묻기', '물건 사기' 등 여행에 필요한 '관광 중국어'를 가르쳐야 한다. 그런데 학습자가 중국과 무역을 하기 위해 중국어를 배우고자 한다면 '비즈니스 중국어'를 가르쳐야 한다.

제1강에서 아동 중국어 교육의 목적 및 목표에 대하여 살펴본 바 있다. 이를 다시 한번 되새겨보자. 아동 중국어 교육의 궁극적인 목적은 전인적인 아동 발달을 도모하는 데 있다. 목표는 중국에 대해 이해하고 중국어 의사소통능력을 배양하여 중국 사람과의 교류 능력과 폭넓은 세계관을 배양하는 데 있다. 그러므로 아동 중국어 교육의 교수·학습 내용을 선정하려면 두 가지 측면에서 고려하여야 한다. 우선 중국에 대해 이해하고 중국어 의사소통능력을 배양하기 위한 교수·학습 내용을 선정하여야 한다. 또한 전인적인 아동 발달을 도모하기 위해 중국어 교육과 더불어 수반할 수 있는 교수·학습 내용도 선정하여야 한다. 이 때 중국어 교수·학습 내용에 대한 고민은 양적인 고려와 질적인 고려가 같이 고려되어야 한다. 예를 들어 몇 개의 단어를 가르칠지 양적인 고려와 더불어, 어떤 단어를 어느 정도 수준까지 가르칠지 질적인 고려를 해야 한다.

Q. 다음의 질문에 대해 생각해 보자.

1. 아동 중국어 교육의 교수·학습 내용을 선정하려면 무엇을 고려하여야 하는가?
2. 아동 중국어 교육의 목표 및 목적은 무엇인가?
3. '중국어 의사소통능력'이란 무엇인가?
4. 아동 발달을 위해 중국어 의사소통능력과 더불어 어떤 내용을 가르쳐야 하는가?
5. 아동 중국어 교육의 교수·학습 내용을 선정하려면 어떤 자료를 참고할 수 있는가?

1. 아동 교육과정

우리나라 교육부에서 고시한 교육과정은 교육 목표, 교수·학습 내용, 교수·학습 방법, 평가 등을 제시하고 있다. 이러한 국가 수준의 교육과정은 학습자의 연령에 따라 유아, 초등, 중등 교육과정으로 구분한다. 중등 교육과정은 다시 중학교와 고등학교 교육과정으로 나눌 수 있다.

이 중 유아(3~5세)를 위한 교육과정(일명 "누리과정")과 초등학생(6~11세)을 위한 교육과정은 아동을 위한 교육과정으로 통칭할 수 있다.

교사는 국가 수준의 교육과정을 통해 연령대에 따라 어떻게 차별화하여 교육하는지 쉽게 이해할 수 있다. 따라서 국가 수준의 교육과정은 교사가 아동을 가르칠 때 교육 지침서로 활용할 수 있다. 연령대별로 교육 내용이 어떻게 다른지 '2019 개정 누리과정'과 '2015 초등 교육과정'을 비교해보자.

연령	3~5세 (유아)	6~7세 (초등학교 1~2학년)	8~11세 (초등학교 3~6학년)
교육 지침서	유아 교육과정	초등 교육과정	초등 교육과정
교육 영역 및 교과목	5개 영역 (유아가 경험해야 할 내용)	5개 교과목	10개 교과목
	신체운동·건강 의사소통 사회관계 예술경험 자연탐구	국어 수학 바른생활 슬기로운 생활 즐거운 생활	국어 수학 사회/도덕 과학/실과 체육 예술(음악/미술) 영어

국가 수준의 교육과정은 학습자의 연령대에 따라 교육 목표, 교수·학습 내용, 교수·학습 방법, 평가 등 교육의 전반적인 사항을 제시한다. 유아 교육과정은 3~5세의 연령 구분 없이 총 5개의 영역을 제시하고 있다. 이는 유아가 경험해야 할 내용에 기초하여 설정한 영역이다. 초등 교육과정은 1~2학년과 3~6학년의 교과목이 다르다. 1~2학년은 5개 교과목, 3~6학년은 10개 교과목을 제시하고 있다.

교육과정은 유아에서 초등까지 연계된 교육을 지향한다. 교육 영역 및 교과목 수를 보더라도 쉽게 알 수 있다. 유아 교육과정의 영역 수가 초등학교 1~2학년 교과목에 그대로 이어져 5개 교과목을 제시하였다. 이어서 3~6학년 교과목은 1~2학년 교과목을 기반으로 10개의 교과목으로 증설하였다.

또한 교육과정은 영역 간 융합 교육을 지향한다. 유아 교육과정은 5개 영역의 통합 교육, 초등 교육과정은 교과목 간의 융합 교육을 강조하고 있다.

다음에서 유아 교육과정과 초등 교육과정에 대해 좀 더 자세히 알아보기로 한다.

1) 추구하는 인간상

교육과정은 추구하는 인간상을 제시하고 이를 근간으로 교육 내용, 방법, 평가 등을 설정한다. 이에 유아, 초등, 중등 교육과정 모두 인간상을 제시하고 있다. 이 중 아동 교육과정에 해당하는 유아 교육과정과 초등 교육과정에서 제시한 인간상을 살펴보자.

유아 교육과정	건강한 사람	자주적인 사람	창의적인 사람	감성이 풍부한 사람	더불어 사는 사람
초등 교육과정	·	자주적인 사람	창의적인 사람	교양 있는 사람	더불어 사는 사람

유아 교육과정은 5가지 추구하는 인간상을 제시하고 있다. 유아기에 가장 중요한 '건강한 사람'을 신설하여 가장 처음에 제시하였다. 그 외 4가지 인간상은 초등학교 교육과정과의 연계성을 고려한 것이다. 초등 교육과정의 인간상은 중등 교육과정과도 연계된다. 이렇듯 유아 교육과정, 초등 교육과정, 중등 교육과정은 서로 연계되어 있다.

2) 유아 교육과정

유아 교육과정이 제시한 5개 영역과 생활 주제에 대해 자세히 알아보자.

(1) 유아 교육과정의 5개 영역

유아 교육과정은 신체운동·건강, 의사소통, 사회관계, 예술경험, 자연탐구 5개 영역을 제시하고 있다. 영역별로 3개의 하위 범주를 제시하고 이에 따른 교육 내용도 제시하였다.

영역	내용 범주	내용
신체운동 · 건강	신체활동 즐기기	신체를 인식하고 움직인다.
		신체 움직임을 조절한다.
		기초적인 이동운동, 제자리 운동, 도구를 이용한 운동을 한다.
		실내외 신체활동에 자발적으로 참여한다.
	건강하게 생활하기	자신의 몸과 주변을 깨끗이 한다.
		몸에 좋은 음식에 관심을 가지고 바른 태도로 즐겁게 먹는다.
		하루 일과에서 적당한 휴식을 취한다.
		질병을 예방하는 방법을 알고 실천한다.
	안전하게 생활하기	일상에서 안전하게 놀이하고 생활한다.
		TV, 컴퓨터, 스마트폰 등을 바르게 사용한다.
		교통안전 규칙을 지킨다.
		안전사고, 화재, 재난, 학대, 유괴 등에 대처하는 방법을 경험한다.
의사소통	듣기와 말하기	말이나 이야기를 관심있게 듣는다.
		자신의 경험, 느낌, 생각을 말한다.
		상황에 적절한 단어를 사용하여 말한다.
		상대방이 하는 이야기를 듣고 관련해서 말한다.
		바른 태도로 듣고 말한다.
		고운 말을 사용한다.
	읽기와 쓰기에 관심 가지기	말과 글의 관계에 관심을 가진다.
		주변의 상징, 글자 등의 읽기에 관심을 가진다.
		자신의 생각을 글자와 비슷한 형태로 표현한다.
	책과 이야기 즐기기	책에 관심을 가지고 상상하기를 즐긴다.
		동화, 동시에서 말의 재미를 느낀다.
		말놀이와 이야기 짓기를 즐긴다.
사회관계	나를 알고 존중하기	나를 알고 소중히 여긴다.
		나의 감정을 알고 상황에 맞게 표현한다.
		내가 할 수 있는 것을 스스로 한다.

영역	내용 범주	내용
사회관계	더불어 생활하기	가족의 의미를 알고 화목하게 지낸다.
		친구와 서로 도우며 사이좋게 지낸다.
		친구와의 갈등을 긍정적인 방법으로 해결한다.
		서로 다른 감정, 생각, 행동을 존중한다.
		친구와 어른께 예의바르게 행동한다.
		약속과 규칙의 필요성을 알고 지킨다.
	사회에 관심가지기	내가 살고 있는 곳에 대해 궁금한 것을 알아본다.
		우리나라에 자부심을 가진다.
		다양한 문화에 관심을 가진다.
예술경험	아름다움 찾아보기	자연과 생활에서 아름다움을 느끼고 즐긴다.
		예술적 요소에 관심을 갖고 찾아본다.
	창의적으로 표현하기	노래를 즐겨 부른다.
		신체, 사물, 악기로 간단한 소리와 리듬을 만들어 본다.
		신체나 도구를 활용하여 움직임과 춤으로 자유롭게 표현한다.
		다양한 미술 재료와 도구로 자신의 생각과 느낌을 표현한다.
		극놀이로 경험이나 이야기를 표현한다.
	예술 감상하기	다양한 예술을 감상하며 상상하기를 즐긴다.
		서로 다른 예술 표현을 존중한다.
		우리나라 전통 예술에 관심을 갖고 친숙해진다.
자연탐구	탐구과정 즐기기	주변 세계의 자연에 대해 지속적으로 호기심을 가진다.
		궁금한 것을 탐구하는 과정에 즐겁게 참여한다.
		탐구과정에서 서로 다른 생각에 관심을 가진다.

영역	내용 범주	내용
자연탐구	생활 속에서 탐구하기	물체의 특성과 변화를 여러 가지 방법으로 탐색한다.
		물체를 세어 수량을 알아본다.
		물체의 위치와 방향, 모양을 알고 구별한다.
		일상에서 길이, 무게 등의 속성을 비교한다.
		주변에서 반복되는 규칙을 찾는다.
		일상에서 모은 자료를 기준에 따라 분류한다.
		도구와 기계에 대해 관심을 가진다.
	자연과 더불어 살기	주변의 동식물에 관심을 가진다.
		생명과 자연환경을 소중히 여긴다.
		날씨와 계절의 변화를 생활과 관련짓는다.

교사는 위의 사항을 중국어 교육에 적용하여야 한다. 5개 영역의 '내용 범주' 및 '내용'을 반영하여 중국어 교수·학습 내용 및 방법을 설정할 수 있다. 이러한 과정을 통해 5개 영역의 통합 교육을 진행할 수 있다.

유아 중국어 교육과 직접적인 관련이 있는 영역은 '의사소통 영역'이다. 하위 범주를 보면 네 가지 언어능력 중 어떠한 능력에 중점을 두어 훈련해야 하는지 알 수 있다. 듣기와 말하기 능력을 중점적으로 배양하고 읽기와 쓰기는 유아가 관심을 가지도록 하는 데 그 주된 목적이 있다. 따라서 중국어 수업을 진행할 때도 듣기와 말하기 위주로 진행하고 읽기와 쓰기는 관심을 가지도록 경험의 기회를 제공하는 정도에 머물러야 한다. 읽기과 쓰기는 듣기와 말하기에 비해 학습의 난이도가 높다. 따라서 유아기에 지나친 읽기나 쓰기 활동을 진행하면 유아가 학습의 부담감과 부정적인 인식을 갖게 하여 오히려 읽기와 쓰기에 반감을 가질 수 있다. 그러므로 간단한 활동을 진행하고 너무 잦은 읽기와 쓰기 활동은 자제하여야 한다. 책과 이야기 즐기기 역시 의사소통 영역에 포함되므로 중국어 수업에서도 이와 관련된 교수·학습 활동을 진행할 필요가 있다. 하위 범주의 교육 내용은 교수·학습 내용 및 방법을 선정할 때 적용할 수 있다.

예를 들어 상황에 적절한 단어를 사용하여 말할 수 있도록 다양한 언어 상황을 제시하고, 이에 따른 중국어 단어 및 표현을 가르쳐야 한다.

※ 예시

그 한 예로, 본서의 [세계 여러 나라 – 1.어느 나라 사람이니?] 경우 국적에 대한 표현 및 대화를 가르칠 때 경기장에서 세계 여러 나라 선수가 만나 서로 인사하는 상황을 제시하고, 아동이 가슴에 국기를 부착한 운동복을 입고 서로 국적을 묻는 대화를 나누게 한다. 이는 축구 선수들이 서로 만나는 실제 언어 상황을 재현한 것이다.

의사소통 영역과 타 영역의 통합 교육을 진행하는 몇 가지 예를 보자.

※ 예시

- 신체운동·건강 – 신체활동 즐기기: 다양한 중국어 교수·학습 활동을 설계하여 신체활동을 유도한다.

- 신체운동·건강 – 건강하게 생활하기 – 몸에 좋은 음식에 관심을 가지고 바른 태도로 즐겁게 먹는다: 몸에 좋은 음식에 관련된 중국어 단어와 표현을 알려주고 교수·학습 활동을 통해 좋은 음식에 관심을 가지고 즐겁게 먹도록 유도한다.

본서의 [공통 – 6.뿅뿅뿅] 경우 의사소통 영역과 신체 운동·건강 영역을 통합한 활동이다. 이 활동을 통해 아동이 중국어를 배우며 신체활동도 즐길 수 있다. 아동이 신체 부위에 관한 중국어 한자 및 관련 문장을 배우고, 움직임의 강약을 조절하여 뿅망치를 다루는 활동을 통해 자발적인 신체활동을 유도할 수 있다.

※ 예시

- **사회관계 – 나를 알고 존중하기 – 나의 감정을 상황에 맞게 표현한다** : 감정에 관련된 중국어 표현을 가르칠 수 있다.

- **사회관계 – 더불어 생활하기** : 다양한 활동 단위(소집단, 대집단)로 교수·학습 활동을 설계하여 더불어 생활하는 방법을 경험할 수 있도록 한다.

- **사회관계 – 사회에 관심가지기 – 다양한 문화에 관심을 가진다** : 중국 문화에 관심을 가지도록 중국 문화를 소개하고 이와 관련된 교수·학습 활동을 할 수 있다.

본서의 **[8강 – 아동 중국어 수업의 첫 시간]** 경우 의사소통 영역과 사회 관계 영역을 통합한 활동이다. 아동이 중국 문화에 관심을 가질 수 있도록 중국이 어떤 나라인지 소개하고 다양한 활동을 진행한다. 오성홍기, 고궁, 차, 얼후, 치파오 등 중국을 상징하는 그림카드를 보여주며 흥미를 유발한 후, 이를 활용하여 중국이라고 쓰인 한자를 꾸며보거나 OX 게임 등의 활동을 한다. 이러한 활동들을 통해 아동이 우리나라와 다른 나라의 차이점을 이해하고, 우리나라에 대한 자부심과 다양한 문화에 대한 관심을 가질 수 있다.

※ 예시

- **예술 경험 – 창의적으로 표현하기** : 다양한 교수·학습 활동을 통해 유아의 창의성을 배양한다.

본서의 **[색깔 – 2.알록달록 색깔 옷]** 경우 의사소통 영역과 예술 경험 영역을 통합한 활동이다. 색깔 주제 활동에서 좋아하는 색을 묻는 친구의 질문에 대답하며, 해당 색깔의 장식을 찾아 친구의 펠트 옷의 위, 아래, 대각선 등 자유롭게 붙여서 색깔 옷을 완성한다.아동이 본인의 생각과 느낌을 창의적으로 표현함으로써, 창의성을 배양할 수 있는 활동이다.

※ 예시

- 자연탐구 – 생활 속에서 탐구하기 : 이와 관련된 다양한 교수·학습 활동을 제공하여 유아의 탐구력을 배양한다.

- 자연탐구 – 자연과 더불어 살기 : 동물, 날씨, 계절에 관한 단어와 표현을 알려주고 이와 관련된 교수·학습 활동을 제공하여 자연에 관심을 가지도록 유도한다.

본서의 [과일 – 1.무슨 과일일까?] 경우 의사소통 영역과 자연탐구 영역을 통합한 활동이다. 비밀 상자 안에 과일 모형을 넣어두고, 아동이 상자 안에 손을 넣어 과일 모형을 만져보고 어떤 과일인지 추측하여 중국어로 답하게 한다. 이 활동을 통해 아동은 일상생활 속에서 쉽게 접하는 과일을 손으로 직접 만지며 그 형태를 탐구함으로써 탐구력을 배양할 수 있다.

(2) 유아 교육과정의 생활주제

유아 교육과정은 다음과 같이 11개의 생활주제와 하위 주제를 제시하고 있다.

생활주제	주제
1. 유치원과 친구	유치원에서의 환경
	유치원에서의 하루
	유치원에서의 친구
	함께 만드는 유치원
2. 나와 가족	나의 몸과 마음
	소중한 나
	소중한 가족
	가족의 생활과 문화

생활주제	주제
3. 우리 동네	우리 동네 모습
	우리 동네 생활
	우리 동네 사람들
	우리 동네 전통과 문화
4. 동식물과 자연	궁금한 동식물
	동물과 우리의 생활
	식물과 우리의 생활
	자연과 더불어 사는 우리
5. 건강과 안전	즐거운 운동과 휴식
	깨끗한 나와 환경
	맛있는 음식과 건강
	안전한 놀이와 생활
6. 생활도구	다양한 생활도구
	생활도구를 움직이는 힘
	생활도구로서의 미디어
	미래의 생활도구
7. 교통기관	교통기관의 종류
	고마운 교통기관
	교통기관의 변천과정과 구조
	교통통신과 교통생활
8. 우리나라	우리나라 사람들의 생활
	우리나라의 놀이와 예술
	우리나라의 역사
	우리나라의 자랑거리
9. 세계 여러 나라	세계 여러 나라 사람들의 생활
	세계 여러 나라의 문화유산
	세계 여러 나라와의 교류
	세계의 자연과 사회현상

생활주제	주제
10. 환경과 생활	물과 우리 생활
	물·흙과 우리 생활
	바람·공기와 우리 생활
	빛과 우리 생활
	소리와 우리 생활
11. 봄·여름·가을·겨울	봄
	여름
	가을
	겨울

이러한 생활주제는 중국어 교수·학습 내용에 적용할 수 있다.

3) 초등 교육과정

(1) 초등 교육과정의 핵심역량

교육과정이 추구하는 인간상을 구현하기 위해 초등 교육과정에서 중점적으로 기르고자 하는 핵심역량은 다음과 같다.

핵심역량	내용
자기관리 역량	자아정체성과 자신감을 가지고 자신의 삶과 진로에 필요한 기초 능력과 자질을 갖추어 자기 주도적으로 살아갈 수 있는 역량
지식정보처리 역량	문제를 합리적으로 해결하기 위하여 다양한 영역의 지식과 정보를 처리하고 활용할 수 있는 역량
창의적 사고 역량	폭넓은 기초 지식을 바탕으로 다양한 전문 분야의 지식, 기술, 경험을 융합적으로 활용하여 새로운 것을 창출하는 역량
심미적 감성 역량	인간에 대한 공감적 이해와 문화적 감수성을 바탕으로 삶의 의미와 가치를 발견하고 향유하는 역량
의사소통 역량	다양한 상황에서 자신의 생각과 감정을 효과적으로 표현하고 다른 사람의 의견을 경청하며 존중하는 역량
공동체 역량	지역·국가·세계 공동체의 구성원에게 요구되는 가치와 태도를 가지고 공동체 발전에 적극적으로 참여하는 역량

초등 교육과정의 핵심역량은 유아기에 유아 교육과정의 5개 영역과 일대일 대응은 아니지만 서로 연계되어 있다. 자기관리 역량은 유아 교육과정의 사회관계 영역, 지식정보처리 역량은 자연탐구 영역, 창의적 사고 역량은 예술경험 영역과 자연탐구 영역, 심미적 감성 역량은 예술경험 영역, 의사소통 역량은 의사소통 영역, 공동체 역량은 사회관계 영역에서 길러진 역량과 연계된다.

(2) 초등 교육과정의 교과

초등 교육과정은 6개의 핵심역량을 기르기 위하여 초등 교육과정의 교과목을 제시하고 있다. 1~2학년과 3~6학년의 교과목은 상이하다. 하지만 초등 교육과정의 교과 역시 유아 교육과정의 5개 영역과 연계된다.

유아	의사소통	자연탐구	사회관계	자연탐구	신체 운동 · 건강	예술 경험
1~2학년	국어	수학	바른생활	슬기로운 생활	즐거운 생활	
3~6학년	국어/ 영어	수학	사회/도덕	과학/실과	체육	예술 (음악/미술)

유아 교육과정의 의사소통 영역은 언어와 관련된 영역이다. 따라서 1~2학년에는 국어, 3~6학년에는 국어나 영어와 연계된다.

※ 예시

본서의 [동물 – 2.엄마를 찾아서]의 경우 중국어와 국어 교과를 통합한 활동이다. '엄마를 찾아서' 동화를 들려주고, 동화 속에서 반복적으로 나오는 문장과 각 등장인물의 표현 방식 등 동극하는 방법에 대해 이야기를 나눈다. 아동은 역할을 맡은 등장인물에 따라 동물 가면을 쓰고 동극을 한다. 아동은 동화의 내용과 각 상황에 맞는 대화를 이해하고 그 흐름을 파악하여 직접 등장인물이 되어 동극을 해 봄으로써 자연스러운 의사소통표현을 학습할 수 있다.

중국어 교육을 진행할 때 국어나 영어 외의 다른 교과목과 융합하여 진행할 수 있다. 몇 가지 예를 보자.

※ 예시

1 본서의 [숫자 – 2.벽돌쌓기]의 경우 중국어와 수학 교과를 통합한 활동이다. 아동이 중국어 숫자를 듣고 해당 개수의 벽돌을 쌓은 후, 중국어로 수를 세게 한다. 더 나아가 친구의 개수와 관련된 질문에 대답하거나 친구에게 벽돌을 요구하는 대화를 나눈다. 사물의 수를 세거나 더하고 빼는 계산을 통해 수의 체계를 이해할 수 있다.

2 본서의 [공통 – 11.보드게임]은 중국어와 사회 교과를 통합한 활동이다. 이 활동은 팀을 나누어 진행하는 보드게임이다. 그림카드나 한자카드를 뽑아 중국어로 말하면 주사위를 던져 그 수만큼 게임판을 이동하고 해당 칸에 적힌 지시어를 수행하여 도착지점에 도착한다. 이 활동을 통해 규칙과 질서를 지키고 다른 친구와 의견을 조율하고 협동하여 문제를 해결하는 능력을 기를 수 있다.

3 본서의 [색깔 – 1.나는 나는 마법사] 경우 중국어와 과학 교과를 통합한 활동이다. 아동은 마법사 모자를 쓰고 색깔 원(빨강, 노랑, 파랑) 중에 2개를 고른다. 주문을 외우며 색깔 원 2개를 천천히 겹쳐서 어떤 색으로 변했는지 관찰한 후, 색에 대하여 서로 질문하고 답한다. 이 활동은 일상의 경험과 관련이 있는 상황을 통해 색의 혼합이라는 과학 지식을 이해하고, 이를 활용하여 중국어로 무슨 색인지 묻고 답하는 표현을 통합적으로 학습할 수 있다.

4 본서의 [공통 – 4.눈치게임] 경우 중국어와 체육 교과를 통합한 활동이다. 그림카드의 순서를 잘 보고 그 순서대로 한 명씩 중국어로 발음하며 일어난다. 동시에 일어나거나 발음이 틀리면 탈락하고 마지막까지 남은 아동이 승자가 된다. 이 활동은 중국어 능력뿐만 아니라 운동 능력과 순발력도 기를 수 있다.

5 본서의 [신체 – 1.다양한 얼굴 만들기] 경우 중국어와 예술 교과를 통합한 활동이다. 아동에게 여러 가지 신체 부위 그림을 프린트하여 나누어주고 색칠하여 오리게 한다. 교사가 신체 부위를 중국어로 말하면 아동은 해당 신체 부위 그림을 골라 종이에 붙인다. 아동이 얼굴 모양, 머리카락, 몸 등을 자유롭게 그려 재미있는 신체를 완성하고 친구들 앞에서 발표하게 한다. 이 활동을 통해 아동은 중국어로 신체 부위를 학습하며 상상력에 따라 자유롭게 신체를 만들어 봄으로써 자신의 느낌과 생각을 시각적으로 표현하고 다른 사람과 이에 대해 소통할 수 있다.

2. 중국어 교수·학습 내용

중국어는 '음성(语音)', '한자(汉字)', '어휘(词汇)', '문법(语法)'의 네 가지 요소로 이루어져 있다. 이 네 가지는 '언어요소(语言要素)', 혹은 '언어지식(语言知识)'이라고 지칭한다. 쉽게 풀이하면 귀로 들리는 소리가 '음성', 음성을 글로 적으면 '한자', 한 개의 한자 혹은 두 개 이상의 한자가 결합하면 어휘, 단어를 나열하여 문장을 이루는 규칙이 '문법'이다.

이 네 가지 언어지식을 학습한 후 이를 활용하여 '듣기(听)', '말하기(说)', '읽기(读)', '쓰기(写)'의 네 가지 '언어기능(语言技能)'을 훈련하면 중국어 의사소통능력을 배양할 수 있다. 중국어 의사소통능력을 배양하는 것은 중국 사람과의 교류를 위함이다. 만약 중국 문화에 대한 배경지식이 있다면 중국 사람과 더욱 순조롭게 교류할 수 있다. 따라서 근래 중국어 교육에서는 네 가지 언어지식 외에 문화의 학습도 매우 중요하게 여긴다.

중국어 의사소통능력을 배양하기 위한 교육은 중국어에 대한 교육과 중국 문화에 대한 교육을 포괄한다. 현행 중학교와 고등학교 중국어 교과서 역시 중국 문화에 관련된 내용을 수록한다. 중국어 교육은 '언어요소 교육(语言要素教学)'과 '언어기능 교육(语言技能教学)' 두 개의 범주로 나눌 수 있다. '언어요소의 교육'은 음성 교육(语音教学), 한자 교육(汉字教学), 어휘 교육(词汇教学), 문법 교육(语法教学) 네 가지를 포함한다. 그리고 '언어기능 교육'은 듣기 교육(听力教学), 말하기 교육(口语教学), 읽기 교육(阅读教学), 쓰기 교육(写作教学) 네 가지를 포함한다.

1) 언어요소 교육

언어요소 교육은 음성, 한자, 어휘, 문법에 대한 교육을 포괄한다. 언어요소에 관한 교수·학습 내용은 일반적으로 다음과 같다.

알아두기

- **음성 교육**: 음소(성조, 자음, 모음), 단음절(자음과 모음의 결합 방식, 예:b+o=bo), 이음절 단어의 음변화(성조의 변화, 儿화, '啊'의 변화), 문장(끊어읽기, 악센트).
- **한자 교육**: 한자의 제자원리(상형, 지사, 회의, 형성), 필획, 필순.
- **어휘 교육**: 단어의 구조, 의미, 용법(주로 의미에 중점을 둠, 실사 중심).
- **문법 교육**: 단어의 용법(허사 중심), 문장의 구조, 의미, 기능(주로 구조에 중점을 둠).

그런데 우리가 모국어(한국어)를 배울 때는 어떻게 배우는지 회상해보자. 엄마는 "물", "물 주세요!" 등 일상생활에서 의사소통을 위해 필요한 단어나 문장을 아이에게 상황에 따라 수없이 들려주고 일정 시간이 지나면 아이가 따라 말하도록 유도한다. 어휘 교육 위주로 진행되며 음성 교육이나 한글 교육은 진행하지 않는다. 문장의 경우 문장을 그대로 따라 말하는 수준에 그치므로 문법 교육이라고 하기 어렵다. 그러나 상황에 따라 필요한 문장을 가르친다. 인사(예 "안녕?"), 요구(예 "주세요~") 등 상황에 따라 필요한 표현을 가르친다. 이를 '의사소통표현'이라고 한다. 즉 문법 교육보다는 '의사소통표현 교육'을 실시한다. 예를 들어 "谢谢!"를 가르칠 때 '谢'가 두 번 반복되는 '중첩'이라고 설명하면 문법 교육이다. 그러나 "谢谢!"는 감사하다는 표현이라고 설명하면 이는 의사소통표현을 가르친 것이다. 아이가 한국어를 듣고 말하는 능력을 일부 갖춘 후에 비로소 음성 교육, 한글 교육, 문법 교육 등을 진행한다.

그러므로 아동 중국어 교육에서의 언어요소 교육은 어휘 교육과 의사소통표현 교육 위주로 이루어져야 하는데 다음과 같이 정리할 수 있다.

어휘 교육: 그림카드를 활용하여 단어의 의미 및 용법을 가르친다. 이때 교사의 발음을 듣고 따라하는 활동을 통해 음성 교육을 동시에 진행한다. 본서의 [공통 – 8.콩콩콩] 경우 이와 같은 방식의 어휘 교육을 진행한다.

일반 중국어 어휘 교육 VS 아동 중국어 어휘 교육

• '妈妈'라는 단어를 가르칠 때…

일반적으로 음성교육을 별도로 진행한다. '妈'는 'm+a'로, '妈妈'는 '제1성+경성'으로 읽는다는 것을 가르친다. 그러나 아동 중국어 교육은 음성교육을 별도로 진행하지 않고 어휘교육을 통해 아동이 중국어 음성을 인지하게 유도하는 것이 바람직하다. 교사는 엄마 그림을 보여주며 '妈妈'라고 말한다. 아동은 그림을 통해 의미를 파악하고, 선생님의 발음을 듣고 따라 말하면서 단어를 익힌다.

의사소통표현 교육: 문장의 의미 및 기능을 가르친다. 이때 설명보다 언어 상황을 제시함으로써 해당 의사소통표현이 어떤 의미이며 언제 사용하는지 아동 스스로 인지하게 한다. 본서의 [인사 – 1. 인사 책 만들기] 경우 이와 같은 방식의 의사소통표현 교육을 진행한다.

일반 중국어 문장 교육 VS 아동 중국어 문장 교육

• "你好!"라는 문장을 가르칠 때…

일반적으로 문법 교육을 진행한다. 문장의 구조를 설명함으로써 문장에 대한 이해를 돕는다. '你'는 "너", '好'는 "좋다"는 의미이며 '你好'는 '주어+동사'의 구조임을 설명한다.

그러나 아동 중국어 교육은 의사소통 표현 교육을 진행한다. 언어 상황을 제시함으로써 문장의 의미를 파악하도록 유도한다. "친구를 만나면 뭐라고 인사할까요?"라며 아동이 스스로 '你好'가 어떤 상황에서 사용하는 표현인지 파악하도록 유도한다.

아동 중국어 교육의 언어요소 교육에 대해 좀 더 자세히 알아보자.

(1) 음성 교육(语音教学)

음성 교육은 '듣기 능력(听力)'과 '말하기 능력(口语能力)'을 배양하기 위한 교육이다. 듣기 능력을 위해 '듣고 변별하기(听辨)'과 '듣고 이해하기(听解)' 활동이 진행되어야 한다. 말하기 능력을 위해서는 '발음(发音)' 교육이 수반되어야 한다.

교사는 음성에 관련된 모든 내용을 한꺼번에 가르치는 것을 지양하고 학습자의 특성, 언어 수준에 따라 교육 내용과 교육 시기는 달라져야 한다. 따라서 교사는 학습자를 고려하여 언제, 어떤 내용을, 어느 정도 수준까지 가르쳐야 할지 체계적인 계획을 수립하여야 한다.

중국어 교육을 진행할 때 첫 수업에 일반적으로 음성 교육을 실시한다. 중국어 자음과 모음, 성모와 운모의 결합 방식 등을 가르친다. 성인은 명시적 언어 지식을 학습하므로 음성 규칙을 가르칠 필요가 있기 때문이다.

아동은 암시적으로 언어의 음운 규칙을 학습하므로 음성 교육을 별도로 진행할 필요가 없다. 따라서 교사는 매 수업시간 단어나 문장을 가르칠 때 정확한 발음을 들려주고 아동이 반복 연습할 수 있도록 지도한다. 아동은 모방력과 습득력이 뛰어나므로 교사의 발음을 그대로 모방하여 발음할 수 있으며 어느 순간 스스로 음운 규칙을 터득하기 때문이다.

※ 예시

음성 교육의 한 예로, 본서의 [공통 – 1.공놀이]를 들 수 있다. 교사가 그림카드를 보여주며 따라 말하게 한 후, 교사와 아동이 서로 마주보고 선다. 교사가 아동에게 공을 던지며 단어나 문장을 말하면 아동이 따라 말하며 교사에게 공을 던지도록 한다. 이 활동은 단순히 그림카드를 보여주고 따라 말하게 하는데서 그치는 것이 아니라 공을 주고받는 신체 활동을 통해 아동이 흥미를 유지하고, 지루하지 않게 어휘와 문장을 반복적으로 연습을 할 수 있도록 한다.

알아두기

- **음소(音素)**: 음성의 가장 작은 단위. 음소는 크게 자음(辅音)과 모음(元音)으로 나눔. 'ma(妈)'의 경우 'm'과 'a' 두 개의 음소로 이루어짐.
- **음절(音节)**: 청각적으로 변별할 수 있는 가장 작은 단위.
  음절은 성모(声母), 운모(韵母), 성조(声调)로 나눔.
  운모는 운두(韵头), 운복(韵腹), 운미(韵尾)로 세분함.
  성모가 없는 음절은 '영성모 음절(零声母音节)'.
- **성조의 변화**: 경성, 제3성+제3성, 제4성+제4성 등을 포함.

(2) 한자 교육

한자 교육은 '읽기 능력(阅读能力)'과 '쓰기 능력(写作能力)'을 배양하기 위한 교육이다. 읽기 능력을 위해 '한자 읽기(认字)'와 '한자 구별하기(辨字)' 활동이 진행되어야 한다. 쓰기 능력을 위해 '한자 쓰기(写字)' 교육이 수반되어야 한다.

한자 교육은 어휘 교육의 일환으로 진행하는 것이 좋다. 어느 단어에 출현하느냐에 따라 한자의 발음이나 의미가 달라지기 때문이다. 예를 들어 '子'의 경우 '儿子'와 '子女'에서 '子'의 발음과 의미가 각각 다르다. 따라서 교사가 '子'를 단독으로 설명하기에는 어려움이 있다.

중국어 교육에서는 한자 읽기와 쓰기 교육을 병행한다. 그러나 아동 중국어 교육에서는 한자 읽기 교육 위주로 진행한다. 단어를 가르칠 때 그림카드만 보여주기보다는 한자카드를 함께 보여주어 아동이 한자를 자주 접할 수 있는 기회를 제공한다. 또한 활동을 진행할 때도 한자카드를 자주 활용한다.

※ 예시

한자 읽기 교육의 예로, 본서의 [공통 – 6.뻥뻥뻥], [교통기관 – 1.저건 뭐야?], [색깔 – 2.알록달록 색깔 옷]을 들 수 있다. 단어를 활용한 활동을 진행할 때 그림카드와 한자카드를 함께 보여주어 한자의 의미를 이해하도록 유도하고한자를 지속적으로 노출시킴으로써 한자의 형태를 자연스럽게 학습할 수 있도록 한다.

또 다른 예로, 본서의 [색깔 – 2.알록달록 색깔 옷]의 경우 융 칠판에 색깔 장식과 한자카드를 붙인다. 아동은 가장 좋아하는 색을 묻는 친구의 질문에 대답하며 해당 색깔 장식을 찾아 친구의 펠트 옷에 붙여 색깔 옷을 완성한다. 또 한자카드가 붙어있는 펠트 옷을 입은 아동이 친구에게 가장 좋아하는 색을 묻고, 친구가 해당 색깔 장식을 찾아 해당 한자카드 위에 붙이도록 한다. 이처럼 한자카드를 이용한 놀이를 통해 한자의 형태와 의미를 학습하도록 유도할 수 있다.

한자 쓰기 교육은 필획이 적은 한자나 아동이 관심을 갖는 한자에 한해서 실시한다. 아동의 발달 능력을 고려하여 따라 쓰기 위주의 활동을 진행한다. 예를 들어 윤곽선만 있는 한자를 제공하여 따라 쓰게 한다. 선을 긋는 데 능숙하지 못한 어린 연령의 학생은 윤곽선만 있는 한자를 색칠하게 한다.

알아두기

- **한자(汉字)**: 모양(形), 음(音), 의미(义)로 이루어짐.
- **부건(部件)**: 필획으로 이루어진 덩어리로, 한자를 구성하는 기본 단위임.
- **최소부건**: 더 이상 나눌 수 없는 가장 작은 부건.
  예 '贡'은 2개의 최소부건으로 이루어짐('工'+'贝').
- **기본필획**: 가로획(横), 세로획(竖), (撇), (捺), 점(点), (提).
- **필순**: 한자를 쓸 때의 선후 순서.
- **독체자(独体字)**: 한 개의 최소부건으로 이루어진 글자. 예 车, 心, 里
- **합체자(合体字)**: 두 개 또는 두 개 이상으로 이루어진 글자. 예 药, 还, 校

(3) 어휘 교육

어휘 교육은 네 가지 중국어 능력(듣기, 말하기, 읽기, 쓰기)을 모두 배양하기 위한 교육이다. 이를 위하여 단어 이해하기(识词), 유사한 단어 구별하기(辩词), 적당한 단어 선택하기(选词), 단어 활용하여 표현하기(用词) 활동이 진행되어야 한다.

아동 중국어 교육에서의 어휘 교육은 단어의 의미와 용법 위주로 가르친다. 교사는 주로 그림 카드를 활용하여 단어의 의미를 가르친다. 또한 문장과 대화를 제시하여 학생이 단어의 용법을 스스로 체득하게 한다. 단어의 출현 빈도가 높아야 학생이 단어를 쉽게 익힐 수 있으므로 다양한 활동을 설계하여 수업을 진행한다.

본서의 활동은 공통 활동과 주제별 활동으로 나뉘는데 그 중 공통 활동은 주로 어휘 교육을 위한 활동이다.

※ 예시

본서의 [공통 – 8.콩콩콩]을 들 수 있다. 숫자 단원에서 배워야 할 단어를 그림카드로 보여주고 교사의 발음을 들려준 후, 학생이 따라 말하게 한다. 그림카드를 바닥에 종렬로 놓고 학생이 그림카드를 중국어로 말하면서 하나씩 밟으며 지나가게 한다. 아동은 그림카드를 보며 단어의 의미 알 수 있고, 교사의 발음을 듣고 따라 말하며 단어의 발음도 함께 배우게 된다. 또한 바닥에 놓인 카드를 밟고 지나가며 발음하는 활동을 통해 신체를 움직이는 흥미로운 형태로 배운 단어를 재미있게 연습할 수 있다.

본서의 주제별 활동은 공통 활동에서 학습한 단어들을 복습하거나 활용하는 활동을 제공한다. 주로 도입 단계에서 복습을 진행하고, 전개 단계에서 단어를 활동하는 활동을 진행한다.

※ 예시

본서의 [가족 – 1.소중한 가족] 경우 도입 단계에서 복습을 진행한다. 그리고 본서의 [음식 – 2.배고픈 판다] 경우 '吃'와 '喝' 중 적당한 단어를 고르는 활동(选词)을 통해 단어를 제대로 습득하였는지 파악한다.

[인사 – 2.길을 잃었어요] 경우 전개 단계에서 단어의 활용을 가르친다.

알아두기

- **어휘(词汇)**: 단어(词)와 숙어(熟语)를 총괄하여 일컫는 말.
- **단어(词)**: 독립적으로 운용할 수 있는 가장 작은 언어단위.
  단독으로 문장성분으로 출현할 수 있는 가장 작은 언어단위.
- **숙어(熟语)**: 형식이 비교적 고정된 구성어(短成语), 관용어(惯用语), 헐후어(歇后语), 속담(谚语)을 포함함.
- **형태소(语素)**: 소리와 의미가 결합된 가장 작은 언어단위.
  단어는 한 개 또는 한 개 이상의 형태소로 이루어짐.
  예 단어 '报纸'는 2개의 형태소(报+纸)로 이루어짐.

(4) 문법 교육

교육은 네 가지 중국어 능력(듣기, 말하기, 읽기, 쓰기)을 모두 배양하기 위한 교육이다. 문법 규칙을 습득하면 다량의 문장을 이해하고 표현할 수 있다.

아동 중국어 교육에서의 문법 교육은 언어규칙을 설명하는 방식을 최대한 지양하고, 아동이 스스로 문법 규칙을 파악할 수 있도록 다양한 활동을 통해 문법 항목을 포함한 문장을 많이 접하게 한다.

※ 예시

문법 교육의 한 예로, 본서의 [장소 – 1. 나는 버스 운전사]를 들 수 있다. "你去哪儿?"와 "我去商店。"의 대화를 가르칠 때 교사는 '주어+동사+목적어'의 어순을 말로 설명하는 것이 아니라 동작으로 보여주고, 아동이 교사의 동작을 모방하며 중국어로 따라 말함으로써, 자연스럽게 문법규칙을 파악할 수 있도록 한다. 교사는 그림카드를 제시한 후, '你'를 발음하며 손으로 상대방을 가리키고, '去'를 발음하며 걸어가는 동작을 하고, '哪儿'을 발음하며 검지 손가락을 머리에 대고, 생각하는 듯한 동작을 보여준다. 아동은 그림카드를 보며 '我'를 발음하며 손으로 자신을 가리키고, '去'를 발음하며 걸어가는 동작을 취하고, '商店'을 발음하며 물건을 고르는 행동을 하는 활동을 진행한다.

알아두기

- **문법(语法)**: 언어의 구조 규칙.
- **문법 단위**: 형태소(语素), 단어(词), 구(短语), 문장(句子), 단락(语段), 담화(篇章).
- **품사(词类)**: 단어를 형태, 의미, 기능에 따라 나눈 갈래.
  실사(实词)와 허사(虚词)로 구분할 수 있음.
- **실사(实词)**: 단독으로 문장성분이 될 수 있는 단어.
  명사(名词), 대명사(代词), 수사(数词), 양사(量词), 동사(动词), 형용사(形容词), 구별사(区别词), 부사(副词), 감탄사(叹词), 의성사(拟声词).
- **허사(虚词)**: 단독으로 문장성분이 될 수 없는 단어.
  개사(介词), 접속사(连词), 조사(助词), 어기사(语气词).
- **문장성분(句法成分)**: 문장을 구성하는 성분.
  주어(主语), 목적어(宾语), 서술어(述语),
  관형어(定语), 부사어(状语), 보어(补语).
- **문법 항목(语法点)**: 언어를 제대로 사용하기 위해 문법 영역에서 배워야 하는 항목.
  예 把, 被, 让 등.
- **이론문법(理论语法)**: 문법의 원리를 밝히는 연구.
  통사론(구조, 문장성분, 유형).
- **교육문법(教学语法)**: 교육을 위해 문법을 연구.
  문법 항목 선정, 문법 항목의 교육 순서, 교육 범위 등을 연구.
- **문법교육(语法教学)**: 문법을 가르치는 방법을 연구.

(5) 의사소통표현 교육

의사소통표현 교육은 네 가지 중국어 능력(듣기, 말하기, 읽기, 쓰기)을 모두 배양하기 위한 교육이다. 학습자의 생활과 관련된 의사소통표현을 선정하여 가르쳐야 한다.

아동 중국어 교육에서의 의사소통표현 교육은 매우 중요하다. 적절한 언어 상황을 제시하여 아동이 스스로 의사소통표현을 이해할 수 있도록 한다.

※ 예시

본서의 [장소 – 1.나는 버스 운전사]의 경우 교실 곳곳에 장소 그림카드를 붙인 후, 아동들 간에 버스 운전사와 손님을 정하여 서로 중국어로 가고자 하는 장소에 대해 질문과 대답을 한다. 버스 운전사는 손님을 태우고 해당 장소에 내려준다. 이 활동은 아동에게 실생활에서 자주 접하는 상황을 제시하여 버스 운전사와 손님이 만나면 어떤 인사를 나누는지 어디로 가는지 어떻게 묻고 답하는지 헤어질 땐 어떤 인사를 나누는지 아동 스스로 상황에 맞는 의사소통표현을 자연스럽게 학습할 수 있도록 한다. 이외에 [세계여러나라 – 1.어느 나라 사람이니?], [과일 – 2.빨간망토와 늑대]도 참고할 수 있다.

알아두기

- **의사소통표현(功能项目)**: 상대방에게 본인의 의사를 나타내기 위한 표현.
  예 감사, 사과, 축하, 비교, 승낙, 거절 등.
- **의사소통능력(沟通能力)**: 상대방과 구두나 서면으로 대화를 나눌 수 있는 능력.
  듣기, 말하기, 읽기, 쓰기 능력을 포함함.
- **교류능력(交际能力)**: 상대방과 순조롭게 교류하기 위한 능력.
  중국어 교육의 최종 목표.
  의사소통 능력뿐만 아니라 문화에 대한 이해가 뒷받침되어야 함.

2) 언어기능 교육

언어는 말(음성언어)과 문자(문자언어)로 구분할 수 있다. 언어능력은 상대방의 말이나 글을 이해하는 능력과 자신의 의견을 표현하는 능력으로 나눌 수 있다.

	이해(输入/解码)	표현(输出/编码)
구어체(口语)	듣기	말하기
문어체(书面语)	읽기	쓰기

언어기능 교육은 듣기, 말하기, 읽기, 쓰기를 포함한다. 이 네 가지 능력을 배양할 때 교수·학습의 순서가 있다. 먼저 이해 능력(듣기, 읽기)을 배양하고, 표현 능력(말하기, 쓰기)을 배양하여야 한다. 그리고 이해 능력을 배양함에 있어서 구어체의 이해능력(듣기)를 먼저 배양한 후, 문어체의 이해 능력(읽기)를 습득하여야 한다. 표현 능력도 동일한 순서를 적용하여 말하기 능력을 먼저 배양한 후, 쓰기 능력을 배양하여야 한다. 그러므로 '이해(듣기 〉 말하기) → 표현(읽기 〉 쓰기)' 혹은 '구어체(듣기 〉 읽기) → 문어체(말하기 〉 쓰기)'의 순서로 진행할 수 있다.

그런데 유아 교육과정에서 설명하였듯이 유아는 듣기와 말하기 능력을 중점적으로 배양하고, 읽기와 쓰기는 유아가 관심을 가지도록 경험의 기회를 제공하는 정도에 머물러야 한다. 초등학생의 경우 듣기와 말하기 위주로 수업을 진행하되, 학생들의 수준에 따라 읽기와 쓰기의 비중을 늘릴 수 있다.

(1) 듣기 교육

중국어 듣기 능력은 '듣고 변별하기(听辨)'와 '듣고 이해하기(听解)'로 나뉜다.

듣고 변별하기는 음소 단위의 훈련을 통해 이루어진다. 유사한 중국어 자음이나 모음, 혹은 성조를 듣고 그 차이를 변별할 수 있는 능력을 배양하여야 한다. 예를 들어 'bǎo(饱)'와 'pǎo(跑)'를 듣고, 자음이 다르다는 것을 변별할 수 있어야 한다. 그런데 음소를 듣고 변별하는 훈련을 진행할 때 특히 유의할 점은 '듣기'의 본질이 정보 획득에 있음을 간과하지 말아야 한다. '듣기'는 언어에 내포된 정보를 수신하고 해독하는 활동이다. 즉 듣기의 목적은 상대방이 하는 말의 의미를 이해하고, 더 나아가 말 속에 담긴 정보를 파악하는 것이다. 쉬운 예로 우리가 라디오 뉴스를 듣는 것은 뉴스가 전달하는 정보를 취하기 위한 것이다. 그러므로 교사는 단순히 음소를 변별하는 활동에 그치지 않고, 더 나아가 음소가 달라지면 의미도 달라진다는 것을 학생들에게 주지시킬 필요가 있다. 또한 중국어에 존재하지 않는 발음을 들려주고 음소를 변별하게 하는 훈련은 지양하여야 한다. 실생활에 들을 수 있는 발음을 들려주고 음소를 변별하는 '유의미한 훈련'을 진행하여야 한다.

듣고 이해하기는 단어(词), 구(短语), 문장(句子), 대화(对话)나 이야기(故事) 등의 단위로 훈련을 진행할 수 있다. 교수·학습 방법은 '단어〉구〉문장〉대화/이야기'의 순서로 진행하는 '상향식(Bottom-up)'과 '대화/이야기〉문장〉구〉단어'의 순서로 진행하는 '하향식(Top-down)' 방식으로 나눌 수 있다. 중국어 강독 수업은 주로 상향식 교수·학습 방식을 택한다. 우선 텍스트에 나오는 단어나 문법을 배운 후, 문장을 배운다. 그리고 최종적으로 텍스트를 읽고 해석한다. 반면 엄마가 아이에게 이야기책을 읽어주며 그림을 통해 이야기를 이해하게 하고, 그 안에 있는 단어를 가르치는 방식이 하향식(Top-down) 교수·학습에 해당한다. 듣고 이해하기 활동으로는 듣고 의미 추측하기, 핵심 어휘나 핵심 정보 파악하기, 대략적인 내용 파악하기, 세부 내용 파악하기 등이 있다.

아동에게 듣기 교육을 진행할 때 아동 발달 특성을 고려하여 하향식 교수·학습 위주로 진행한다. 다만 학습 상황에 따라 부분적으로 상향식 교수·학습을 활용할 수 있다. 따라서 듣기 활동은 단어, 의사소통표현, 대화를 듣고 이해하는 활동 위주로 진행하고, 음소 변별 활동은 듣고 이해하기 활동 중 교사의 발음을 듣고 정확히 따라 말하는 활동을 통해 배양하는 것이 바람직하다.

(2) 말하기 교육

중국어 말하기 능력은 '진술(陈述)'와 '대화(对话)'로 나눌 수 있다. 진술은 일방적인 말하기 행위로서, 이야기(故事)가 여기에 속한다. 대화는 쌍방향의 말하기 행위로서, 상대방의 질문에 답하는 문답(问答)이 있다. 진술은 말하기의 단일 기능만 필요로 하지만, 대화는 듣기와 말하기의 통합 기능이 필요한 듣고 말하기(听说) 활동이다. 일상생활을 할 때 일반적으로 일방적인 진술보다 대화를 나눌 기회가 더 많다. 그러므로 말하기 훈련은 주로 대화를 통해 이루어진다.

말하기 교육이 성공적으로 이루어지기 위해서는 학생이 중국어로 말하고 싶도록 동기와 흥미를 유발하여야 한다. 이를 위해서 '개인화(个人化) 원칙'을 고려하여야 한다. '개인화'란 학생이 관심을 가지거나 익숙한 이야기를 하도록 하는 것이다. 이는 위에서 언급한 아동 교육과정을 참고할 수 있다.

진술은 논리적인 사고 전개를 필요로 한다. 그러므로 아동에게 진술은 모국어로 하더라고 그리 쉬운 행위는 아니다. 따라서 중국어로 진술 훈련을 진행할 때는 이야기의 전개를 유도할 수 있는 교수 매체(여러 컷의 그림, 융 칠판 등)를 활용할 필요가 있다.

대화는 실생활에서 아동이 모국어로도 이야기를 나누는 내용, 다양한 주제로 교육을 진행하여야 한다. 일상생활에 필요한 대화(인사, 감사, 사과 등)뿐만 아니라 아동의 신변에서 일어나는 이야기(교육과정 참고), 다른 과목(수학, 과학 등)에서 배우는 지식 등도 대화의 주제가 될 수 있다. 이러한 대화를 진행함으로써 단순히 외국어 교육을 넘어, 아동 발달을 도모할 수 있는 교육이 실현될 수 있다.

(3) 읽기 교육

중국어 읽기 능력은 '식자(识字)'와 '읽고 이해하기(读解)'로 나눌 수 있다.

식자 능력은 '한자 읽기(认字)'와 '한자 구별하기(辨字)' 등의 활동을 통해 배양할 수 있다. 한자는 모양(形), 음(音), 의미(义)로 이루어졌기 때문에 식자 교육을 진행할 때 역시 모양, 음, 의미 중 한 요소도 누락해서는 안 된다. 다만 유의할 점은 한자 교육은 어휘 교육의 일환으로 진행하는 것이 바람직하다. 따라서 '学校'의 경우 '学'와 '校' 하나하나의 낱글자를 읽도록 유도하는 것이 아니라 하나의 단어인 '学校'를 정확하게 읽고, 그 의미를 이해하도록 유도하여야 한다. 듣기 교육에서 음소 변별 능력은 궁극적으로 상대방의 말을 듣고 이해하기 위한 것이라고 설명한 바 있다. 읽기 교육 역시 식자 능력은 단어, 문장, 글 등을 읽고 이해하기 위한 것임을 주지하여야 한다.

읽고 이해하기는 단어(词), 문장(句子), 문단(语段), 글(篇章) 등의 단위로 훈련을 진행할 수 있다. 교수·학습 방법은 듣기와 마찬가지로 '상향식(Bottom-up)'과 '하향식(Top-down)'으로 나눌 수 있다. 중국어 독해 수업은 일반적으로 상향식 교수·학습 방식을 채택한다. 다량의 글을 읽고 텍스트 안의 핵심 단어나 정보를 파악하는 활동을 진행함으로써 읽기 능력을 함양한다. 그리고 중국어 강독 수업은 단어와 의사소통표현 및 문법 등을 배운 후, 문장 및 글을 해석하는 상향식 교수·학습 방식을 채택한다. 읽고 이해하기 활동으로는 읽고 의미 추측하기, 핵심 어휘나 핵심 정보 파악하기, 대략적인 내용 파악하기, 세부 내용 파악하기 등이 있다.

읽기 능력은 다량의 읽기 경험을 통해 습득할 수 있으며, 읽기 행위를 통해 학습한 언어 지식은 최종적으로 말하기 능력으로 전환될 수 있다. 그러므로 비록 아동 중국어 교육은 듣고 말하기 위주이지만 아동에게 단어나 문장을 가르칠 때 한자로 된 단어카드도 제시하여 빈번한 노출을 통해 아동이 자연스레 식자(识字) 능력을 함양할 수 있도록 유도할 필요가 있다.

(4) 쓰기 교육

중국어 쓰기 능력은 '한자 쓰기(写字)'와 '작문(写作)'으로 나눌 수 있다.

한자 쓰기는 필순에 맞게 필획의 누락 없이 정확히 쓰는 훈련을 통해 배양할 수 있다.

작문은 작문 전, 작문 중, 작문 후의 3단계에 걸쳐서 훈련을 진행할 수 있다. 작문 전은 작문 주제에 대한 토의, 언어지식이나 예시 글 읽기에 대한 지도가 포함된다. 작문 중은 듣고 쓰기, 말하고 쓰기, 보고 쓰기, 읽고 쓰기, 이어 쓰기, 확장 작문 등 다양한 활동을 통해 진행한다. 작문 후는 작문에 대한 평가를 진행하는데 교사의 평가, 자가 평가, 학우 간 평가 등 다양하게 진행할 수 있다.

아동 중국어 쓰기 교육은 주로 한자를 쓰는 체험을 통해 한자에 친숙해지는 과정이 주요 목적이다. 따라서 한자 쓰기 위주로 진행한다. 다만 학생의 수준에 따라 작문을 진행할 수도 있는데 한어병음과 한자 중 택일하여 난이도를 조정할 수 있다.

아동 중국어 교육에서 언어기능 교육은 단일 기능보다 여러 기능을 통합적으로 훈련하는 활동을 진행하는 것이 바람직하다.

※ 예시

본서의 [공통 – 2.쪽지 게임] 경우 말하기와 읽기 교육을 위한 통합 활동이다. 쪽지에 중국어 문장과 한국어 문장을 써서 통 안에서 넣는다. 아동이 한국어로 된 쪽지를 꺼내면 말하기 훈련을 진행할 수 있고, 중국어로 된 쪽지를 꺼내면 중국어 한자를 읽는 훈련을 진행할 수 있다. 이같이 아동이 어려움을 느낄 수 있는 읽기 교육을 게임 형태로 바꾸어 즐겁게 중국어 한자를 접하게 함으로써 읽기 훈련을 진행할 수 있다.

본서의 [인사 – 1.인사 책 만들기] 경우 듣기, 말하기, 읽기 훈련을 통합한 활동이다. 도입 단계는 말하기 훈련을 진행한다. 교사는 등원 중에 친구를 만나면 뭐라고 인사해야 하는지, 생일인 친구가 다른 친구들에게 선물을 받았을 때 뭐라고 말하는지 반 학생의 실제 이름을 사용하여 특정 상황을 이야기로 만들어 들려준다. 이야기를 들려준 후엔 각 상황에 맞는 대화가 무엇인지 아동이 스스로 생각해보고 답하도록 한다. 아동은 실생활에서 일어날 수 있는 상황 속에 실제 자신의 이름이 등장하는 이야기에 흥미를 느끼고 집중하게 되며 자연스럽게 중국어 의사소통표현을 배울 수 있다. 전개 단계는 듣기와 읽기 훈련을 진행한다. 중국어로 인사말을 말하면 아동이 해당 그림 스티커와 한자 스티커를 찾아 붙이는 활동을 통해 듣기와 읽기 훈련을 병행할 수 있다. 정리 단계는 말하기 훈련을 진행한다. 아동이 자신의 책을 보여주며 중국어로 책의 내용을 말하게 한다.

3) 문화 교육

문화 교육은 중국 사람과의 원활한 교류를 위해 필요한 교육이다. 아동 중국어 교육에서의 문화 교육은 중국 사람과의 원활한 교류를 위한 목적 외에도 '중국'이라는 나라를 접하는 경험을 통해 전인적인 아동 발달을 도모할 수 있다. 또한 문화의 다양성을 터득함으로써 타 문화를 존중하는 인성 교육을 진행할 수 있다.

※ 예시

본서의 [8강 – 아동 중국어 수업의 첫 시간] 경우 문화 교육을 위한 활동이다. 아동이 중국과 중국어에 대해 흥미를 느끼고 직접 체험해 볼 수 있도록 중국을 상징하는 다양한 그림 스티커(五星红旗, 故宫, 八, 红色, 熊猫, 茶, 二胡, 旗袍)를 제공하여 아동이 中国 글씨 안에 그림 스티커를 붙이고 색칠하여 꾸미게 한다. 또한 교사가 중국에 대해 문제를 내면 아동이 O, X 카드를 가지고 맞으면 O, 틀리면 X 카드를 들어 올리는 게임 활동을 할 수 있다. 이러한 활동은 아동에게 중국과 중국어에 대한 호기심을 불러일으키고 나와 다른 사람을 이해할 수 있는 기회가 되며, 중국어를 배우는 데 있어 흥미로운 동기 부여를 할 수 있다.

아동 중국어 교육을 진행할 때 자연스레 문화에 대한 이해가 스며들도록 교수 내용을 설계할 필요가 있다. 본서의 [세계 여러 나라 – 2.여러 나라 국기 만들기] 경우 중국을 중국어로 말하고 중국 국기 도안을 색칠하는 활동을 진행한다. 이러한 활동은 중국어와 문화를 융합한 활동이다.

활동마다 중국에 대한 이해뿐만 아니라 중국 사람에 대한 이해를 돕는 활동이나 설명을 진행할 수 있다. '색깔'에 대한 활동을 진행할 때는 중국 사람들이 선호하는 색깔, '동물'에 대한 활동을 진행할 때는 중국의 대표 동물 등에 대해 아동과 이야기를 나눌 수 있다. 또한 우리나라 상황과 비교하여 우리나라 문화에 대한 이해뿐만 아니라 문화의 다양성을 자연스럽게 인식할 수 있도록 유도할 수 있다.

알아두기

- **문화 간 교류(跨文化交际)**: 서로 다른 두 문화 사이의 의사소통.
  상대 문화에 대한 이해와 존중이 뒷받침되어야 순조로운 의사소통이 가능함.
- **교류 문화(交际文化)**: 중국사람과 순조롭게 교류하기 위해 배워야 하는 문화.
- **문화 항목(文化点)**: 중국 문화에서 배워야 하는 항목.
  예 호칭, 인사말, 식사 예절 등

3. YCT의 평가내용

YCT(Youth Chinese Test)는 '青少年汉语水平考试(청소년 중국어 능력 평가 시험)'으로 불린다. 고등학생 이하 연령대의 학습자를 대상으로 실시되는 중국어 능력 시험이기 때문에 아동을 대상으로 하는 평가이기도 하다. YCT는 1~4급으로 구성되는데 이 시험을 소개하는 'YCT요강(YCT大纲)'에는 급수별로 단어와 의사소통표현을 제시한다. 이를 참조하여 아동 중국어 교육의 교수·학습 내용을 선정할 수 있다.

1) 등급별 중국어능력

YCT의 급수를 획득한 학습자는 다음과 같은 중국어능력을 갖출 수 있다.

YCT	중국어능력
1급	가장 자주 사용하는 중국어 단어와 문장을 이해하고 사용할 수 있다. 다음 단계의 중국어 학습을 위한 능력을 갖추었다.
2급	매우 간단한 중국어 단어와 문장을 이해하고 사용할 수 있다. 사교 활동에 필요한 중국어를 구사할 수 있다.
3급	일상생활과 관련된 익숙한 화제에 대해 중국어로 간단한 교류가 가능하다. 초급 중국어 단계의 우수한 수준을 갖추었다.
4급	중국어를 사용하여 생활 및 학습에 필요한 기본적인 사교 활동이 가능하다. 중국 여행을 할 때 대부분의 사교 활동에 대처할 수 있다.

2) YCT의 등급

YCT는 『국제중국어능력표준(国际汉语能力标准)』, 『유럽공통참조기준(欧洲语言共同参考框架, CEFR)』를 참조하여 등급을 설정하고, 등급별로 단어량을 제시하였다. 신YCT와 신HSK(新汉语水平考试)를 비교하면 다음과 같다.

<table>
<tr><th>신YCT</th><th>신HSK</th><th>단어량</th><th>국제중국어능력표준</th><th>유럽공통참조기준</th></tr>
<tr><td>1급</td><td>·</td><td>80</td><td>·</td><td>·</td></tr>
<tr><td>2급</td><td>1급</td><td>150</td><td>1급</td><td>A1</td></tr>
<tr><td>3급</td><td>2급</td><td>300</td><td>2급</td><td>A2</td></tr>
<tr><td>4급</td><td>3급</td><td>600</td><td>3급</td><td>B1</td></tr>
<tr><td rowspan="3">·
·
·</td><td>4급</td><td>1200</td><td>4급</td><td>B2</td></tr>
<tr><td>5급</td><td>2500</td><td rowspan="2">5급</td><td>C1</td></tr>
<tr><td>6급</td><td>5000</td><td>C2</td></tr>
</table>

신 YCT에서 제시한 등급별 단어량을 참고하여 아동 중국어 수업에서 가르칠 전체 단어량을 결정할 수 있다. 그리고 급수별로 단어도 제시하므로 어떤 단어를 가르칠지에 대해서도 참고 자료로 활용할 수 있다.

4. 중등 교육과정

중학교와 고등학교는 정규 과목에 중국어 교과목을 포함한다. 중학교는 '생활 중국어', 고등학교는 '중국어 I'이 초급 중국어에 해당한다. 교육과정에서 목표, 교수·학습 내용, 교수·학습 방법, 평가 등을 제시하고 있다. 또한 부록으로 중등학교에서 교수·학습하여야 할 중국어 단어 및 의사소통 기본 표현을 제시하고 있다.

1) 중등 교육과정의 중국어 단어

교육과정은 800여 개의 중국어 단어를 제시하고 있다. 중학교 '생활 중국어'는 300개 내외의 단어, 고등학교 '중국어 I'은 400개 내외의 단어를 교육 목표로 설정하고 있다.

2) 중등 교육과정의 중국어 의사소통 기본 표현

중등학교 교육과정이 제시한 중국어 의사소통 기본표현은 다음과 같다.

구분		예문
사교의 표현	만남	你好!
	인적 사항	你是哪国人?
	연락처	你的手机号码是多少?
	약속	咱们什么时候见面?
	축하, 기원	祝你生日快乐!
	헤어짐	再见!
감정 및 의사 표현	감사	谢谢!
	사과	对不起!
	기쁨, 즐거움	太高兴了! 今天玩儿得很开心。
	만족, 불만	挺好的。 好是好，不过有点儿贵。
	동의, 반대	我也这么想。 我不同意你的意见。
	칭찬, 감탄	真棒! 好极了!
	걱정, 위로	我怕做不好。 别担心。
	책망	你怎么现在才来?
	놀람, 의외	真的吗? 真没想到!
사실 및 정보 전달	묘사	他人很好。
	설명	我是从韩国来的。
	경험	你去过中国吗?
	비교	哥哥比我大三岁。
	선택	在这儿吃还是带走?
	추측	他会来的。
	조건	要是有空，就去看一下吧。

구분	예문	
요구 및 승낙 표현	명령, 금지	站起来! 请勿拍照。
	부탁	请把门关好。
	건의, 제안	多喝点儿水。 我们一起去，怎么样?
	승낙, 거절	好吧。 不行。
생활 관련 표현	시간	现在几点?
	날짜, 요일	你的生日是几月几号? 今天星期几?
	날씨	今天天气怎么样?
	구매	这个多少钱一斤?
	식사	请慢用。
	건강	有点儿头疼。
	통신	喂! 是王老师吗?
	취미	你有什么爱好?
	장소, 교통	洗手间在哪儿? 请问，地铁站怎么走?
	학교생활	这个字怎么念?

3) 중등 교육과정의 중국 문화

중등 교육과정에서 제시한 중국 문화는 다음의 학습 내용을 포함한다.

- 중국 개관: 국기, 언어, 소수민족, 인구, 행정 구역 등
- 언어 문화: 인사, 호칭, 숫자, 해음, 언어 예절 등
- 생활 문화: 여행, 운동, 가족, 하루 일과, 학교 생활, 건강, 취미, 교통수단, 식사 등
- 예술 문화: 경극, 음악, 영화, 문학 등
- 전통 문화: 명절, 전통적인 의식주, 전통 놀이, 전통 공예 등
- 기타: 인물, 지리, 자연 등

문화 교육의 목표는 다음과 같다.

첫째, 중국 문화를 이해하고 의사소통 상황에 적용한다.

둘째, 다양한 활동을 통해 중국 문화를 체험하고 이해한다.

셋째, 중국 문화에 대한 다양한 자료를 활용하여 모둠 활동에 참여한다.

넷째, 중국 문화와 우리나라 문화를 비교하고 문화의 다양성을 존중하는 태도를 갖는다.

아동 중국어 교육의 교수·학습 내용은 상술한 아동 교육과정, YCT, 중등 교육과정을 모두 수렴하여 선정할 필요가 있다. 우선 전인적인 아동 발달을 위한 중국어 교육을 위해 아동 교육과정을 수렴할 필요가 있다. 다음으로 YCT의 평가 내용을 참고하여 단어량을 설정하고, 단어를 선정할 수 있다. 그러나 YCT는 외국인을 위한 평가이므로 우리나라 아동이 필요한 단어를 포함하지 않을 수 있다. 그러므로 마지막으로 중등 교육과정의 중국어 단어, 의사소통 기본 표현, 문화 내용도 참고하여 최종적으로 아동 중국어 교육의 교수·학습 내용을 선정할 필요가 있다.

본서는 이러한 과정을 거쳐서 아동 중국어 교육의 교수·학습 내용을 선정하였으며, 이를 기반으로 다양한 활동을 설계하였다.(※ 참고: 7강 – 아동 중국어 수업의 교수요목)

제4강

어떻게 가르칠까?

아동 중국어 교육의 목적 및 목표를 달성하기 위해 교수·학습 내용을 설정하였다면 이제 이 내용을 어떻게 가르칠지 고민해야 한다. 그러나 잊지 말아야 할 점은 아동 중국어 교육은 아동이 중국어를 경험하는 과정이라는 것이다. 아동이 중국어에 대해 좋은 경험을 하게 하려면 교사가 중국어 교육을 어떠한 방식으로 접근하여야 하는지 고민해야 한다.

Q. 다음의 질문에 대해 생각해 보자.

1. 아동 중국어 교육은 결과 중심이어야 하는가, 과정 중심이어야 하는가?
2. 언어 교수법에는 어떤 교수법이 있으며, 이 중 아동 중국어 교육에 적합한 교수법은 무엇인가?
3. '중국어 의사소통능력'이란 무엇인가?
4. 중국어 수업을 진행하는 단계는 어떻게 구성하여야 하는가?
5. 아동에게 효과적으로 중국어를 가르치려면 어떤 교수·학습 방법을 채택할 수 있는가?

1. 언어 교수법

언어를 효과적으로 가르치기 위해 다양한 언어 교수법이 생겨난다. 시대에 따라 언어 교육의 목적이 다르고, 이에 따라 목표도 달라진다. 그 일례로 라틴어로 된 문학작품을 읽기 위해 읽고 쓰기 능력의 함양을 목적으로 한 '문법 번역식 교수법'이 생겨나고, 2차 세계대전 때 외국어에 능통한 군사 요원을 양성하기 위해 듣고 말하기 능력의 함양을 목적으로 한 '청화식 교수법'이 생겨났다. 이같이 시대적 요구에 부응하기 위해 새로운 교수법이 끊임없이 나타난다. 새로운 언어 교수법은 기존 교수법의 한계를 뛰어넘기 위해 특정 학습이론을 적용하여 교수 내용과 절차에 변화를 둔다.

1) 언어 교수법의 원리

'언어 교수법(Language teaching approach, 语言教学法)'은 접근방법(approach), 교수 설계(design), 교수 절차(procedure)의 세 단계를 포함한다. Richard & Rodgers (전병만 외 역, 2017: 41쪽)은 다음의 도표를 통해 이 세 단계에 대해 설명하였다.

〈 교수법 구성 요소와 하위 구성 요소 〉

교수법		
접근방법	교수 설계	교수 절차
a. 언어의 본질에 대한 이론 • 언어숙달의 본질에 대한 설명 • 언어구조의 기본단위에 대한 설명	a. 교수법의 일반적 및 세부적 목표 b. 교수요목 모델 • 언어와 교과 내용의 선택 및 조직화의 기준 c. 교수 학습 활동 유형 • 교실과 교수 자료에서 사용될 수 있는 과업과 연습 활동의 종류	a. 수업 기법, 실행 및 교수법이 사용될 때 관찰된 행동

교수법		
접근방법	교수 설계	교수 절차
b. 언어학습의 본질에 대한 이론 • 언어학습과 관련된 심리언어학 및 인지적 과정에 대한 설명 • 이러한 과정을 성공적으로 사용할 수 있도록 해주는 상황에 대한 설명	d. 학습자 역할 • 학습자를 위한 학습과업의 유형 • 학습내용에 대한 학습자의 통제의 정도 • 명시적으로 추천된 혹은 암시적인 학습자 집단화의 유형 • 학습자가 다른 사람의 학습에 미치는 영향의 정도 • 처리자, 수행자, 학습의 시발자, 문제 해결자로서 학습자의 관점 e. 교사 역할 • 교사가 수행해야 하는 기능의 유형 • 교사가 학습에 영향을 미치는 정도 • 교사가 학습내용을 결정하는 정도 • 교사와 학습자 간의 상호작용 유형 f. 교수 자료의 역할 • 교수 자료의 일차적 역할 • 교수 자료의 형태(예를 들면, 교과서, 시청각) • 교수 자료와 다른 입력과의 관계 • 교사와 학습자에 관한 가정	• 교사가 사용하는 시간, 장소 및 장비에 관한 원천 • 수업에서 관찰된 상호작용 유형 • 교수법이 사용될 때 교사와 학생에 의해서 사용되는 교수 기법과 전략

접근방법은 교수법이 반영하는 교육이념을 가리킨다. 언어 및 언어 학습의 본질에 대한 이론을 포함한다. 이러한 교육이념에 따라 교수 설계와 절차가 달라질 수 있다.

교수 설계는 접근방법을 적용한 교수 체계이다. 다음과 같은 사항을 고려하는 교수법 분석의 단계이다. 첫째, 교수법의 목적은 무엇인가? 둘째, 이 교수법 내에서 어떤 내용을 가르치고, 어떻게 교수·학습 내용을 조직하는가? 즉, 교수요목 모델(syllabus model)이 어떤 것인가? 셋째, 이 교수법이 옹호하는 학습 과업과 교수 활동의 유형은 어떤 것인가? 넷째, 학습자, 교사, 교재의 역할은 각각 무엇인가?

교수 절차는 개개의 교수법에 따라 언어를 가르치는 데 사용되는 실제 순간순간의 교수 기법, 전략, 연습 등을 포함한다. 교수법이 어떻게 그것의 접근방법과 교수 설계를 교실 수업에서 실현하는가는 보여주는 단계이다. 우리는 흔히 '교수 기법(Teaching Technic, 教学技巧)'을 언어 교수법과 동일시한다. 그러나 교수 기법은 학습목표에 적합한 내용을 효과적으로 가르치는 방법으로, 언어 교수법의 하위 범주에 속한다.

2) 언어 교수법의 종류

교수법에 해당하는 영어 용어는 매우 다양하다. 대체로 접근방법을 강조하는 경우 '~approach', 방법을 강조하는 경우 'method'나 'way'를 교수법의 명칭에 사용한다. 그리고 교사 위주의 교수법은 '~ teaching', 학습자 위주의 교수법은 '~learning'을 주로 사용한다. 최근 들어 'task based learning', 'problem based learning', 'project based learning' 등 '~ based learning'이라는 명칭의 교수법이 많이 생겨나고 있다.

시대의 흐름에 따라 교수법을 정리하면 다음과 같다.

시기	교수법	설명
19세기 초	문법 · 번역식 교수법	번역법, 전통법, 고전법, 语法翻译法, Grammar translation method
19세기 말	직접 교수법	直接法, direct method
1940년대	청화식 교수법	청각 구두식 교수법, 听说法, Audiolingual method
1950년대	시청각 교수법	视听法, Audio-visual approach
1960년대	전신반응교수법	全身反应法, Total Physical Response (약칭: TPR)
	공동체 언어 학습법	협동 학습법, 社区语言学习法, Community Language Learning(약칭: CLL)
1970년대	의사소통 중심 교수법	기능교수법, 沟通法, 功能法, Communicative Language Teaching (약칭: CLT)
	자연교수법	自然教学法, Natural approach
	과업중심교수법	任务教学法, Task-Based Language Learning
	총체적언어교수법	全语言教学法, Whole language approach

아동 중국어 교육에 활용 가능한 교수법에 대해 알아보자.

(1) 문법 번역식 교수법(语法翻译法, grammar translation method)

문법 번역식 교수법은 명칭에 가르치는 내용과 방법이 드러난다. 이 교수법을 간단히 요약하면 '문법'을 가르친 후, '번역'을 통해 훈련하는 교수법이다. 중국어 교재나 수업에서 문법에 대한 설명이나 중한 번역을 진행하면 문법 번역식 교수법을 활용한 것이다.

16세기부터 유럽은 각 나라마다 영어, 프랑스어, 이탈리어 등 고유의 언어를 사용하고, 라틴어는 의사소통 수단으로서의 지위를 점점 상실하였다. 그럼에도 불구하고 라틴어 교육은 지적능력을 개발한다고 인식되어서 라틴어 교육을 중요시하였다. 이러한 사회적 요구로 인하여 라틴어로 된 문학작품을 읽기 위하여 이 교수법이 생겨났으며 19세기 유럽의 외국어 교육에서 널리 사용되었다.

문법 번역식 교수법은 서면어(읽기와 쓰기) 능력을 함양하는 데 목표를 둔다. 이러한 목표를 달성하기 위하여 언어요소 중 어휘와 문법을 주로 가르치고, 언어기능 중 읽기와 쓰기 훈련에 중점을 둔다. 그리고 언어 교수 방법은 문법 지식을 활용하여 문장이나 글을 모국어로 번역하거나 모국어를 목표언어로 번역하는 방식을 채택한다. 어휘나 문법 규칙을 설명하기 위해 모국어를 사용하기 때문에 수업에서 사용하는 언어는 학생들의 모국어이다.

이 교수법은 중국어 교재나 수업에서 여전히 자주 활용한다. 우리나라 중국어 교재를 보면 중국어로 된 텍스트를 수록한 후, 텍스트에 출현하는 새로운 단어와 뜻을 제시하고, 한국어로 문법 규칙을 설명한다. 이어서 연습문제에 중국어 단어를 어순에 맞게 배열하는 문법 문제나 중국어 문장을 한국어로 번역하는 중한 번역 문제를 출제한다. 중국어 수업의 경우 교사가 중국어 단어나 문장을 말하고 무슨 뜻인지 질문하면 학생이 한국어로 답하는 활동을 진행하는데 이 역시 문법 번역식 교수법을 활용한 활동이다.

(2) 직접식 교수법(直接法, direct method)

직접 교수법은 명칭에 교수·학습 방법이 드러난다. '직접'이 이 교수법의 핵심이다. 언어의 교수·학습 과정에서 모국어로 번역하지 않고 목표언어로 직접 소통하는 교수법이다. 그러므로 수업 중 사용하는 언어는 모국어가 아닌 목표언어이다. 중국어 수업에서 교사와 학생 모두 중국어로만 수업을 진행하면 직접식 교수법을 부분적으로 활용한 것이다.

19세기 중엽, 유럽인들 사이에 의사소통 기회가 증가함에 따라 외국어 교육에서 회화 능력의 숙달을 요구하게 되었다. 읽기와 쓰기 능력 함양에 최적화된 문법 번역식 교수법은 이러한 사회적 요구에 부합하지 않았다. 학계는 문법 번역식 교수법에 이의를 제기하고 외국어 교육의 개혁 운동을 일으키며 직접 교수법이 생겨났다. 그래서 문법 번역식 교수법은 전통파 교수법, 직접식 교수법은 개혁파 교수법이라고 불리운다. 직접 교수법은 이같이 외국어로 의사소통을 하기 위해 생겨났다. 20세기 초반에 성행하였으며 대표 학자로는 베리츠(M.D. Berlits), 파머(H.E. Palmer) 등이 있다.

직접 교수법은 구어(듣기와 말하기) 능력을 함양하는 데 주된 목표를 둔다. 이러한 목표를 달성하기 위해 수업에서 모국어를 사용하지 않고 목표언어만 사용한다. 일상생활에서 쓰이는 어휘와 문장만 가르치고, 언어기능 중 듣기와 말하기 훈련에 중점을 둔다. 주요 교수 방법은 교사의 말을 따라 말하는 모방과 연습이다. 수업에서 모국어를 사용하지 않고, 목표언어로만 소통하기 때문에 교구를 활용한다. 구체적인 단어는 실물 및 그림을 제시하면서 가르치고, 추상적인 단어는 개념의 연상을 통해 가르친다.

직접 교수법은 아동 중국어 교육에서 자주 활용한다. 중국어 단어를 가르칠 때 모국어로 단어의 의미를 말하지 않고 동작, 실물, 그림 등을 보여주며 중국어로 따라 말하게 하는 활동은 직접 교수법을 활용한 것이다. 예를 들어 교사가 먹는 동작을 하며 '吃', 바나나를 보여주며 '香蕉', 고양이 그림을 보여주며 '猫'를 중국어로 발음하고, 학생들이 따라 말하게 하는 활동들이 이에 해당한다. 이는 모국어로 번역하는 문법 번역식 교수법과는 확연히 다른 교수·학습 방법이다.

(3) 청화식 교수법(听说法, audiolingual method)

청화식 교수법은 명칭에 교수·학습 목표가 드러난다. 이 교수법은 듣기와 말하기 능력을 함양하는 데 목표를 둔다.

1940년 미국의 제2차 세계대전 참전은 미국의 외국어 교육에 지대한 영향을 주었다. 미국 정부는 독일어, 이탈리아어, 중국어, 일본어 등 외국어에 능통한 군사 요원이 절실하여 외국어 교육 프로그램을 개발할 것을 대학에 요청하였다. 청각구두식 교수법은 이러한 시대적 요구에 부응하여 생겨났다.

청화식 교수법은 구어(듣기와 말하기) 능력을 함양하는 데 주된 목표를 둔다. 이러한 목표를 달성하기 위하여 문형을 가르치고, 언어기능 중 듣기와 말하기 훈련에 중점을 둔다. 교수·학습 방법은 치환 연습을 통해 문형을 배우고, 듣고 말하는 반복 훈련을 통해 학습한 내용을 익힌다. 수업에서 주로 목표언어를 사용하지만 목표언어와 모국어의 대조 분석을 위해 모국어를 사용하기도 한다.

청화식 교수법은 직접 교수법을 계승한 교수법이다. 두 교수법의 두드러진 차이점은 직접식 교수법은 '문장'을 통해 듣고 말하기 훈련을 진행하지만 청화식 교수법은 '문형'을 통해 듣고 말하기 훈련을 진행한다. 이같이 청화식 교수법은 문형(句型), 즉 구조(结构)를 배우기 때문에 중국어로 '句型法', '结构法'로도 불리운다.

아동 중국어 교육에서도 청화식 교수법을 활용할 수 있다. 그런데 이 교수법은 학생이 오류를 범했을 때 바로, 엄격하게 교정하여 정확한 언어 습관을 기르도록 권한다. 아동 중국어 교육에서 아동의 오류를 범할 때마다 바로 교정을 하는 경우 학습에 대한 흥미와 자신감이 저하될 수 있다. 이러한 점을 유의하여 수업에 청화식 교수법을 적절히 활용할 필요가 있다.

(4) 시청각 교수법(视听法, Audio-visual approach)

시청각 교수법은 명칭에 교수·학습 매체가 드러난다. 시청각 자료인 슬라이드, 녹음, 동영상, 영화 등을 활용하여 언어 수업을 진행한다.

20세기 1950년대 프랑스에서 단기 속성 과정으로 성인들에게 외국어를 가르칠 목적으로 생겨났다. 시청각 교수법은 청화식 교수법의 기반 아래, 시청각 자료를 활용한 교수법이다. 속성으로 교육적 효과를 얻기 위해 학생의 시각과 청각을 동시에 자극하는 시청각 자료를 언어 교육에 활용하였다. 학생이 동영상, 영화 등을 보면서 어떤 '상황(情景)'에서 해당 문형이 사용되는지 '언어 상황(语境)'을 이해하고, 동시에 대화 속 문형도 더불어 듣도록 유도한 것이다. 이러한 과정은 언어 상황과 음성을 연결시킴으로써 학생들에게 강한 인상을 남게 한다.

시청각 교수법 역시 구어(듣기와 말하기) 능력을 함양하는 데 주된 목표를 둔다. 이러한 목표를 달성하기 위하여 '언어 상황(语境)'을 통해 문형을 가르치고, 듣기와 말하기 훈련에 중점을 둔다. 교수 방법은 일상생활에서 나누는 대화를 내용으로 한 시청각 자료를 채택하여 학습 내용을 선정하고, 학생들에게 시청각 자료를 보여줌으로써 언어 상황에 대한 이해와 언어 상황을 통한 문형 학습을 진행한다. 시청각 자료를 사용하기 때문에 수업에서 모국어는 사용하지 않고 목표언어만 사용한다.

현재 중국어 교재나 수업에서 시청각 자료인 동영상, 드라마, 영화 등을 활용하는 경우가 많다. 이때 유의할 점은 문형의 구조보다 기능에 초점을 맞춘다. 학생이 시청각 자료를 통해 해당 문형이 일상대화에서 어떻게 사용되는지 주목할 수 있도록 유도해야 한다.

(5) 전신반응 교수법(全身反应法, Total physical response method)

전신반응 교수법은 명칭에 교수·학습 방법이 드러난다. 상대방의 지시어에 전신(신체 동작)으로 반응하도록 유도한다. 언어 학습을 장관하는 좌뇌뿐만 아니라 행동을 장관하는 우뇌도 자극하여 언어 학습을 유도한다.

1960년대 미국의 이민 아동들에게 영어를 가르치기 위해 생겨났으며 1970년대 성행한 교수법이다. 산호세 주립대학의 심리학과 교수 James Asher(J.T. Asher)에 의해 고안되었다. Asher는 성인의 성공적인 제2언어 학습 과정은 아동의 모국어 학습 과정과 유사한 것으로 보았다. 아동들에게 하는 말들은 주로 명령문으로 되어 있는데, 이 명령문에 아동은 구두로 반응하기 전에 행동으로 응답한다고 주장한다. 그러므로 아동이 모국어를 배우는 과정과 동일한 과정을 되풀이해야 한다고 생각한다. 아동의 모국어 습득 이론을 기초로 하며 제2언어의 학습 과정은 아동이 모국어를 습득하는 것과 같다고 여긴다. 그래서 신체 동작을 통한 제2언어 교육을 강조한다.

전신반응 교수법은 구어(듣기와 말하기) 능력을 함양하는 데 주된 목표를 둔다. 교사가 명령문과 함께 동작을 시범 보인 후, 학생에게 지령을 명령문을 통해 내리고 학생들은 지령에 따라 상응하는 동작을 하는 과정을 통해 언어 교수를 진행한다. 여기에서 주의할 점은 대량의 입력(input) 이후 학습자가 자연스럽게 말하거나 이를 행동에 옮기려는 욕구가 생길 때까지 기다려야 하며, 강요해서는 안 된다. 동작을 통해서 지령(즉 언어형식)을 이해하는 점을 강조하고, 대량의 입력을 통해 학습자들이 입을 열 수 있도록 이끈다. 이와 유사한 교수법으로는 70년대 후기 미국에서 출현한 자연교수법(自然教学法)이 있다.

Asher는 언어학습에서 정서적 요인이 미치는 역할에 대해 인본주의 심리학파와 그 견해를 같이한다. 그는 언어 발화를 요구하지 않고 게임과 같은 활동을 포함한 교수법이 학습자에게 긴장감을 감소시킨다고 믿고 있으며, 이 방법이 학습자에게 언어를 쉽게 배우게 하는 긍정적 분위기를 조성한다고 믿고 있다.

(6) 협동 학습법(社区语言学习法, Community Language Learning)

협동 학습법은 명칭에 교수·학습 방법이 드러난다. 학습자 간의 '협동'을 중시하며 학습자 위주의 교수법이다. 심리학 교수인 Curran이 심리적 상담 기법을 언어 교수·학습에 적용한 교수법으로, 학습자가 공동체 의식을 가지고 '협동'이라는 상호작용을 통해 언어를 습득하도록 유도한다. 그러므로 '상담 학습법', '공동체 언어 학습법'이라고도 불린다.

협동 교수법은 인본주의적 접근방법을 채택한 교수법이다. 학생들이 원으로 둘러앉고, 교사는 원 밖에 서 있는다. 한 학생이 한국어로 어떤 메시지를 말하면 교사는 그것을 중국어로 번역한다. 학생이 메시지를 중국어로 반복하여 녹음한다. 학생들은 교사의 도움을 얻어 다른 메시지들을 중국어로 작문한 후, 자신의 느낌에 대해 생각해본다. 이러한 교수 절차는 상담자와 피상담자의 관계에서 나온다. 교사는 상담자의 역할을 하면서 학습자 스스로 학습 내용을 구성하고 공동체 의식을 형성하면서 언어를 습득해 가도록 돕는다. 학생들이 요청을 하면 도움을 주고, 일방적으로 가르치지 않는다. 수업 내용은 학습자들이 흥미를 느끼는 주제들에서 나오며, 교사는 학습자의 요청을 적절한 교수요목으로 설계한다.

다양한 모둠을 통한 언어 교수·학습은 중국어 수업에서도 자주 사용하는 방식이다. 2인 1조, 혹은 3~5인의 소집단, 학생 전체의 대집단 등 다양한 모둠 형태를 이루어 중국어 활동을 진행할 수 있다.

(7) 의사소통 중심 교수법(沟通法, Communicative Language Teaching)

의사소통 중심 교수법은 명칭에 교수·학습 목표가 드러난다. 이 교수법은 언어를 의사소통의 수단으로 보는 언어 이론에서 출발한다. 언어를 수단으로 보고, 일상생활의 실제 대화를 활용하여 의사소통 능력을 신장하는 것을 목표로 한다.

1960~1970년대 유럽 국가들 간의 상호 의존이 증대되면서 유럽 공동 시장(European Common Market)에서 사용하는 주요 언어들을 학습해야 할 필요성이 대두되었다. 이러한 시대적 변화에 부응하기 위해 의사소통 중심 교수법이 생겨났다. 1960년대 중반 미국에서 청화식 교수법에 대한 의문을 제기하며 상황식 교수법이 탄생하였다. 상황식 교수법은 유의미한 상황 중심 활동 속에서 PPP(제시-연습-표현, Presentation-Practice-Production)를 활용하여 기본 구조를 연습시킴으로써 언어를 가르쳤다. 그러나 1970년대 상황 중심 교수법의 기저 이론에 의문을 제기하며 의사소통 중심 교수법이 탄생하였다. 영국의 응용언어학자들은 언어 구조를 숙달하는 것보다 의사소통 능력 숙달에 언어 교수의 초점을 맞추어야 한다는 점을 깨달았다. 그래서 언어의 의사소통 기능을 중시하는 의사소통 중심 교수법이 대두되었다. 대표학자는 Wilkins, D. A가 있다.

의사소통 중심 교수법은 언어 사용 규칙을 파악하고 언어를 적절히 활용하는 의사소통 능력을 배양하는 데 목표를 둔다. 그래서 언어 학습의 초점을 실생활 의사소통에 둔다. 이를 위해 단어나 문장이 아니라 담화를 학습한다. 실제 대화가 진행되는 텍스트를 교수·학습 내용으로 한다. 구문과 어휘 중심의 교수법에 반하여 현실적 언어 자료를 사용하고 실제 의사소통을 통해 사회언어학적 의사소통 능력의 습득을 꾀하는 교수법이다. 그리고 다양한 교수 매체(교과서, 교사 지침서, 그림, 동영상, 영화 등)을 활용하여 조별(소모둠) 활동을 진행함으로써 의사소통 능력을 함양한다. 또한 학생들이 적극적으로 의사소통할 수 있도록 학습 과정에서 오류를 범하더라도 바로 교정하지 않는다.

이 교수법은 중국어 교재나 수업에서 자주 활용한다. 중국어 회화 교재의 경우 실생활 주제별(인사, 자기소개, 물건 사기, 길 찾기, 음식 주문하기 등)로 단원을 편성하고, 실제 대화를 텍스트로 구성한다.

(8) 자연 교수법(自然教学法, Natural approach)

자연 교수법은 명칭에 학습 이론이 반영된 교수법이다. 발화를 강요하지 않음으로써 압박감을 해소하고, 노출과 입력을 통해 이해를 우선하면 발화는 '자연스럽게' 일어나게 된다는 관점을 적용한 교수법이다. Krashen의 제2언어 습득 이론에 기반한다.

1977년 스페인어 교사 Terrel은 스페인어 교수 경험에서 출발하여 자연주의적 원리를 통합한 언어 교수안을 제안하였다. 이후 교사들이 이 제안을 다른 언어 교수에 적용하는 실험을 했다. 이에 응용언어학자인 Krashen이 제2언어 습득 이론을 이용하여 자연적 접근법의 원리를 창출하고, 이론적 뒷받침을 제공하였다. 충분한 입력(듣기, 읽기)이 있어야 출력(말하기, 쓰기)이 가능하다는 이론이다. 학생이 말하거나 쓰기를 원치 않거나 망설인다면 그 원인은 입력의 부족에 있기 때문에 교사는 말하거나 쓰기를 강요하기보다 듣기나 읽기 훈련을 충분히 진행하여야 한다.

자연 교수법은 의사소통 능력을 함양하는 데 그 목표를 둔다. 이해 능력(듣기, 읽기)을 우선적으로 함양한 후, 표현 능력(말하기, 쓰기)을 함양한다. 실물, 영상 등의 교구를 활용하고 주제와 언어 상황을 기반으로 교수·학습을 진행한다.

아동 중국어 교육을 진행할 때 '선 입력, 후 출력(先输入, 后输出)' 원칙을 적용한다. 교사는 듣기 훈련을 충분히 진행한 후, 자신의 의사를 표현하는 말하기 훈련을 진행하여야 한다. 중국어로 말하는 것을 망설이는 아동이 있다면 듣기 훈련이 부족하여 생긴 현상일 수 있으므로 교사는 해당 아동에게 말하기를 강요해서는 안 된다. 충분한 듣기 활동을 통해 해당 아동이 스스로 말하도록 유도하여야 한다. 또한 읽기와 쓰기의 경우 한자 읽기 활동을 충분히 한 후, 쓰기 활동은 아동이 원하는 경우 진행하여야 한다.

(9) 과업 중심 교수법(任务教学法, Task-Based language learning)

과업 중심 교수법은 명칭에 교수·학습 단위가 과업(task)임을 나타낸다. 언어 교수의 핵심을 과업(task)을 이용하는 데 기초를 둔 교수법이다. '과업'이란 일반적으로 지도를 보고 길 안내하기, 전화 걸기, 편지 쓰기, 수수께끼 문제의 해결책 찾기, 일련의 지시문을 읽고 장난감 조립하기 등 언어를 사용해서 해결책을 찾아내는 활동이나 목표라고 이해되고 있다. Willis(1996)는 열거하기, 순서를 정하고 종류별로 분류하기, 비교하기, 문제 해결하기, 개인적 경험 공유하기, 창의적인 과업 등 여섯 가지의 과정 유형을 제안한다. 언어 형태보다 주로 의미에 초점을 맞춘다.

과업 중심 교수법은 의사소통 중심 교수법의 논리적 발전이다. 실생활의 의사소통과 관련된 활동들을 언어를 학습하고, 유의미한 과업을 수행하는 데 언어가 사용된 활동을 통해 학습을 증진시키기 때문이다.

교실 활동을 통해 과업 수행에 참여하고, 이 과정을 통해 언어를 학습하는 기회를 제공한다. 현실적 자료(신문, TV, 인터넷 등)를 과업 매체로 제공할 수 있다. 절차는 '과업의 전-중-후'로 나눈다. 우선 과업을 소개하고 학생들은 과업을 계획하는 등 준비를 한다. 다음으로 과업을 수행한다. 마지막으로 과업과 과업 수행 과정에 관한 반성 및 피드백, 언어 형태에 대한 학습 및 연습 등을 실시한다.

언어 사용보다는 과업 완수에 교육적 초점을 두고, 과업이 완전한 입력과 출력 기회를 제공할 수 있도록 수업을 설계한다. 과정 중심 교수법은 PPP(제시-연습-표현, Presentation-Practice-Production)를 활용하는 상황 중심 교수법과 대조된다. 언어 형식에 초점을 맞춘 활동보다 학습 과정을 활성화시키는 여건을 제공한다. 그러므로 학습자 중심, 과정 중심의 교수법이다. 언어 학습은 학생들을 '이해 가능한 언어 자료'뿐만 아니라 서로 의미를 협상하게 하고, 자연적이고 유의미한 의사소통 상황에 참여시키는 과업에 몰입하도록 하는 것에 달려 있다.

과업 중심 교수법은 학습 과정이 즐거워 흥미를 유발하고, 학습자에게 유의미한 언어를 학습하기 때문에 동기를 유발한다. 결과(product)보다 과정(process)에 초점을 둔다. 이러한 점에서 아동 중국어 교육의 목적에 부합하는 교수법이라 할 수 있다. 교사는 아동이 과업을 수행하는 과정을 통해 중국어에 대한 즐거운 경험을 체험할 수 있도록 다양한 활동을 설계할 필요가 있다.

(10) 총체적 언어 교수법(全语言教学法, Whole language approach)

총체적 언어 교수법은 명칭에 교수·학습 단위를 강조한다. 읽기와 쓰기 교육에서 어휘, 문법 등 특정 언어요소를 분리시켜 학습하는 학습 전략을 지양하고, 언어를 '전체로(as a whole)' 가르쳐야 한다는 주장에서 출발하였다.

1990년대부터 모국어 읽기 교육에서 널리 사용되었다. 모국어의 읽기와 쓰기 교육에서 어휘, 문법 등 특정 언어요소를 분리시켜 학습하는 방식인 상향식 교육(Bottom-up)에 반하여 하향식 교육(Top-down)을 지향하는 총체적 언어 교수법이 생겨났다. 언어를 총체적으로 보아야 한다는 언어 이론과 언어의 네 기능(듣기, 말하기, 읽기, 쓰기)을 통합하여야 한다는 학습 이론에서 출발하였다.

총체적 언어 교수법은 언어의 네 기능(듣기, 말하기, 읽기, 쓰기)을 함양하는 데 목표를 둔다. 개별적 또는 소집단 읽기와 쓰기, 책 만들기, 이야기 쓰기, 포트폴리오 작성 등의 활동을 진행한다. 그 대표적인 예로 본서의 [인사 - 1.인사 책 만들기]를 들 수 있다. 총체적 언어 교수법에 기반한 듣기, 말하기, 읽기 훈련을 통합한 활동이다.

알아두기

- **프로젝트 중심 교수법**(Project-Based Learning): 과업 중심 교수법에 이어서 나온 교수법으로, 교수법 명칭에서 알 수 있듯이 프로젝트를 진행하는 과정을 통해 언어를 습득하는 교수법이다.
- **내용 중심 교수법**: 의사소통중심 교수법에서 발전하였는데 교수법이라기보다는 접근 방법으로, 모든 교과에 적용이 가능하다. 특수한 교수 기법이나 특화된 활동은 없고, 이 접근법만의 전형화된 교수 모델도 존재하지 않는다. 의사소통중심의 교수-학습을 구현하기 위해 언어 밖의 의사소통 주제, 즉 언어에 담기는 내용을 중심으로 하고 목표어를 수단으로 사용하는 교수법이다.
- **어휘 중심 접근법**: 어휘 결합체(chunk)가 자연스러운 언어 사용의 단위라고 본다.
- **주제 중심 통합 교육**: 주제를 중심으로 교수요목을 설정하고, 통합 교육을 진행한다.

- **협력 학습**: 모둠을 형성하여 다른 사람과의 협력적 행동을 통해 학습이 이루어지도록 하는 방법이다. 긍정적 상호 의존성과 사회적 기술의 습득을 가르쳐 학생들이 더 효율적으로 함께 학습해 나갈 수 있도록 하는 것이다.
- **다중지능 학습**: 다중지능 이론을 적용하는 학습 활동으로 잠재성의 발휘를 유도한다. 다중지능은 논리수학, 공간, 신체운동, 음악, 대인관계, 내성, 언어, 자연, 실존 등의 지능으로 구분된다.

3) 언어 교수법의 활용

교사가 특정 교수법에 따라 수업을 진행하는 것에 대한 반대 의견이 적지 않다. 그중 하나는 특정 교수법은 교수 경험이 부족한 초임 교사에게만 적합하다는 것이다. 숙련된 경력 교사에게는 교수법이 교사의 선택권과 창의성을 제한할 수 있으며 교사가 자신만의 교수 방법을 개발하는 데 부정적인 영향을 미칠 수 있다고 지적한다. 또 다른 비판은 교수법이 교수 활동에서 교사가 하는 역할을 제한한다는 것이다. 특정 교수법을 따르는 경우 교사는 그 교수법의 기저에 있는 이론을 받아들이고 자신의 수업 과정에 적용해야 한다. 그러므로 교사는 자신의 교수 이론과 원칙을 개발하는 데 소홀하게 된다고 지적한다. 그러나 교사가 교수법에 대해 융통성 있게 생각하고 유연하게 접근한다면 교수법은 긍정적인 역할을 할 것이다. 교수법은 핵심적 원칙과 절차를 제공하는데 교사는 교사의 요구와 교수 상황에 맞추어 이를 조정하고 수정하는 것이다. 예를 들어 아동에게 과업 중심 교수법을 어떻게 사용할 수 있을지, 시험 중심 교육과정에서 어떻게 협력 학습을 사용할 수 있을지 등에 대하여 교사는 창의력을 발휘하여 교수법을 자신의 수업에 적합하게 개별화, 지역화하여 사용하는 것이 바람직하다.

수업에서 하나의 교수법만을 사용하기도 하지만 교수·학습의 목표에 따라 여러 교수법을 사용하는 절충주의를 택하기도 한다.

※ 예시

본서의 [숫자 - 1.과자 목걸이 만들기] 경우 과업 중심 교수법을 활용한다. 과자 목걸이를 만드는 과업을 통해 아동이 중국어 능력을 배양할 수 있도록 유도한다. 그리고 본서의 [숫자 - 2.벽돌 쌓기] 경우 전신반응교수법을 활용하여 교사가 말한 숫자를 듣고 아동이 숫자만큼 벽돌을 쌓는 활동을 진행한다.

본서의 [신체 - 2.친구 눈은 어디에] 경우 절충주의를 채택하여 활동을 진행한다. 도입과 정리 단계는 언어 지식(단어, 문장)을 학습하고 공고히 하기 위하여 교사가 말하는 단어나 문장을 그대로 모방하는 직접 교수법을 사용하였다. 그리고 전개 단계는 언어의 활용을 유도하기 위하여 의사소통 중심 교수법을 사용하였다. 아동이 학습한 내용을 활용하여 교사의 질문에 대답하고, 이어서 친구를 칭찬할 수 있는 활동을 진행하였다.

이같이 교사는 다양한 교수법을 익히고, 교사가 자신이 처한 교수 상황과 목표에 맞추어 관련 교수법과 절차를 융통성 있고 창의적으로 활용할 수 있는 능력을 길러 절충식 접근법(eclectic approach)을 취하는 것이 바람직하다.

2. 중국어 수업 진행

중국어 수업을 진행하기 위해서 사전에 단원과 차시 계획이 필요하다. 그리고 수업 중 어떤 교수법을 활용하고 교수 기교를 사용할 것인지 결정하여야 한다.

학습자의 연령에 따라 수업 시간, 교수·학습 내용(단어 개수, 문장의 길이) 등을 고려하여야 한다.

본서의 경우 수업 시간을 30분으로 설정하여 수업을 설계하고자 한다. 학교 정규 과정을 보면 초등학교 수업은 40분, 중학교는 45분, 고등학교는 50분으로 구성한다. 연령이 어릴수록 발달 특성을 고려하여 수업 시간이 상대적으로 짧아진다. 아동 중국어 교육은 유아도 포함하며 외국어 수업인 것을 감안하여 수업 시간을 30분으로 설정하고자 한다. 그러나 수업 시간은 학습자의 특성, 학습 상황에 따라 조절할 수 있다.

교수·학습 내용은 단어, 문장, 담화(대화)를 포함한다. 아동의 언어 발달 특성을 고려하여 단어 개수는 6~7개, 문장의 길이는 5개 이내의 단어로 구성된 문장으로 제한하고자 한다.

1) 단원 계획: 총 4차시

한 단원은 하나의 주제를 채택하여 총 4차시의 수업으로 계획할 수 있다. 하나의 수업을 '차시'라고 지칭한다. 그러므로 본서의 경우 '4차시 수업'이란 한 단원을 가르칠 때 30분 수업을 네 번 진행하는 것을 의미한다.

하나의 단원은 1차시와 2차시, 3차시와 4차시로 구분할 수 있다.
1차시와 2차시: 주로 언어요소(음성, 한자, 어휘, 문법)를 학습한다.
⇨ **본서의 공통 활동을 활용할 수 있다.**
3차시와 4차시: 1차시와 2차시에 배운 내용을 복습하고, 언어요소를 활용한 문장, 대화를 연습한다.
⇨ **본서의 주제별 활동을 활용할 수 있다.**

차시별로 살펴보면 다음과 같다.

1차시는 아동이 새로운 주제를 접하고, 새로운 단어 및 문장을 배우는 차시이다. 따라서 아동의 호기심과 흥미를 유발하여 주제에 대한 관심을 유도하고, 더 깊이 주제를 탐구하고 싶은 활동으로 설계한다. 개별, 소집단, 대집단 활동 등 다양한 단위의 활동을 통해 새로운 단어를 학습할 수 있도록 유도하되, 해당 단원의 의사소통표현을 자연스럽게 접할 기회를 부여하여야 한다. 다만 주제에 대한 첫 시간이므로 아동이 말하기에 대한 부담을 갖지 않도록 듣기의 비중을 높게 하여 진행한다.

2차시는 전 차시(1차시)에 배운 단어를 복습하여 언어 지식을 공고히 하는 차시이다. 아동이 지루함을 느껴 흥미가 저하되지 않도록 전 차시와 차별화된 활동을 진행한다. 아동이 이미 전 차시에 학습한 내용을 숙지하고 있다면 주제에 따른 의사소통표현으로 확장하여 반복적으로 경험하고 연습할 수 있도록 유도한다. 다만 아동의 연령과 학습 정도를 고려하여 1차시와 2차시로 나누어 새로운 단어를 학습하도록 계획할 수도 있다.

3차시는 전 차시(1차시와 2차시)에 배운 단어를 활용하여 문장 및 담화(대화)를 학습하는 차시이다. 다양한 활동을 통해 단어, 문장, 담화를 반복적으로 노출시킴으로써 아동이 자연스럽게 중국어를 습득할 수 있도록 한다. 주제에 대한 흥미를 잃지 않고 주도적으로 학습 목표에 도달할 수 있도록 설계한다.

4차시는 전 차시(1~3차시)에서 배운 단어, 의사소통표현, 문장, 대화 등을 다시 상기하고, 학습 내용을 공고히 하는 차시이다. 실생활과 유사한 언어 상황을 제시함으로써 아동이 다른 단원이나 전 차시에 학습한 선행지식을 십분 활용하여 상대방과 여러 차례 대화가 오고 갈 수 있도록 유도한다. 또한 언어지식을 자연스럽게 활용해 볼 수 있는 통합적인 활동을 계획한다. 예를 들어 미술 활동의 경우 그리거나 만드는 것에서 그치지 않고, 학습한 어휘와 문장을 활용하여 친구들 앞에서 자신의 작품을 발표해보거나 다른 친구들의 발표를 들어봄으로써 아동 스스로 그 주제에 대한 학습 내용을 정리할 수 있는 시간을 준다.

2) 차시 계획: 수업의 3단계

한 차시 수업은 '도입→전개→정리'의 순서로 이루어진다.

	도입(导入)	전개(展开)	정리(整合)
성인	인사 전 차시 복습 흥미 유발 및 동기 부여 학습목표 제시	설명 연습	이번 차시 복습 평가 과제 부여 다음 차시 예고 끝인사
아동	인사 전 차시 복습 흥미 유발 및 동기 부여 학습목표 제시	활동 (귀납적 정리)	이번 차시 복습 평가 (과제 부여) (다음 차시 예고) 끝인사

(1) 도입 단계

수업을 시작하는 단계이다. '인사 → 전 차시 복습 → 흥미 유발 및 동기 부여 → 학습목표 제시'의 순서로 진행한다.

첫 번째, 인사

중국어로 반갑게 인사를 나누며 수업을 시작한다. 아동이 중국어 수업이 시작되었음을 인식하여 자연스럽게 수업 분위기를 조성할 수 있다. 수업의 시작과 끝은 항상 학생들과 인사를 한다. 아동에게 좋은 예절 교육이 될 수 있다.

두 번째, 전 차시 복습

지난 시간에 배웠던 내용을 복습한다. 특히 이번 수업과 관련된 내용을 복습하면 아동이 배웠던 지식을 활용할 수 있으므로 이번 수업을 더욱 순조롭고 효율적으로 진행할 수 있다. 첫 수업이거나 새로운 단원을 시작할 때 이와 관련하여 복습할 내용이 특별히 없다면 전 차시 복습을 생략하여도 무방하다.

세 번째, 흥미 및 동기 유발

아동이 이번 수업에 배울 내용에 대해 흥미를 갖도록 호기심을 자극하고, 관심을 이끌어내어 학습 동기를 갖도록 유도한다. 예를 들어 수업과 관련된 동영상을 보여주거나 경험에 대해 이야기를 나눈다. 아동의 자발적인 학습을 유도하기 위해서는 흥미를 갖게 하는 것이 매우 중요하다.

네번째, 학습목표 제시

아동이 학습목표를 명확히 인지할 수 있도록 오늘 배울 내용에 대해 이야기한다.

(2) 전개 단계

새로운 학습 내용을 학습하고 습득하는 단계이다. 언어 지식(어휘, 문법, 의사소통 표현 등)을 설명하고, 언어능력(듣기, 말하기, 읽기, 쓰기)을 훈련하는 연습으로 구성할 수 있다.

첫 번째, 설명

구조(结构), 의미(语义), 용법(用法)을 설명한다. 설명을 통해 학생에게 언어 지식을 전달하고 활동을 통해 이를 훈련하는 '연역법'을 채택하는 경우가 많다. 그러나 아동의 경우 활동을 통해 스스로 언어 지식을 터득할 수 있도록 하는 '귀납법'이 더욱 적합하다.

두 번째, 연습

기계적 연습(机械性练习)과 유의미 연습(有意义练习)을 진행한다. 기계적 연습은 언어 상황 없이 기계적으로 단어나 문형을 반복 연습하는 훈련이다. 따라 말하기, 치환 연습 등이 여기에 속한다. 유의미 연습은 언어 상황에 맞게 문장을 말하거나 대화를 연습하는 훈련이다. 예를 들어 상황극이 이에 속한다.

(3) 정리 단계

수업을 마무리하는 단계이다. '이번 차시 복습 → 평가 → 과제 부여 → 다음 차시 예고 → 끝인사'의 순서로 진행한다.

첫 번째, 이번 차시 복습

이번 수업에 배운 내용을 전체적으로 복습한다. 교사가 배운 내용을 다시 설명하지 말고 아동이 배운 내용을 정리할 수 있도록 유도한다.

두 번째, 평가

이번 수업에 배운 내용을 평가한다. 아동의 학습 정도를 파악하여 부족한 점을 보완할 수 있는 계기가 된다. 다른 한편으로는 교사가 본인의 수업에 대한 미흡한 점을 파악하는 계기가 되기도 한다. 평가가 반드시 시험을 통해 이루어질 필요는 없다. 아동의 경우 평가에 대한 부담감을 갖지 않도록 활동을 통해 평가를 진행하는 것이 더욱 적합하다. 시험을 보면 아동이 수업에 대한 흥미나 자신감을 잃을 수 있기 때문이다. 이번 수업에 배운 내용이 많거나 어려울 경우 '이번 차시 복습 → 평가'의 순서로 진행하지만 '평가 → 이번 차시 복습'의 순서로 진행하여 평가를 통해 학생의 부족한 점을 파악하고 다시 한번 복습하는 것도 좋은 방법이다.

세 번째, 과제 부여

이번 수업을 복습하는 과제나 다음 수업을 예습하는 과제를 부여한다. 아동의 경우 학습에 대한 부담감을 줄 수 있으므로 과제를 부여하지 않아도 무방하다.

네 번째, 다음 차시 예고

다음 시간에 배울 내용에 대해 이야기한다. 이는 학생이 다음 수업을 준비할 수 있도록 유도하기 위함이다. 아동 중국어 수업의 경우 매 차시 새로운 내용을 배우는 것이 아니므로 생략하여도 무방하다.

다섯 번째, 끝인사

수업 동안 활동을 진행하며 동요되었던 마음을 차분히 가라앉히는 시간을 갖는다. 그리고 중국어로 차분하게 인사를 하며 수업을 마친다.

3) 교수 기교

(1) 교사의 언어

수업 중에 자주 사용하는 간단한 교실용어는 최대한 중국어를 사용하여 실생활에서 중국어를 자주 접할 수 있는 기회를 제공하여야 한다.

아동을 존중하여 반말을 지양하고 "어디로 갔어요?", "조심해야 해요." 등과 같이 겸어체를 사용한다. 그리고 명령문보다는 "말해 볼까요?" 등과 같이 의사를 묻는 표현을 사용한다. 언어는 그 사람의 마음을 나타내고 행동에 영향을 준다. 교사가 아동을 존중하는 표현을 사용하면 아동은 교사의 영향을 받아 자연스럽게 상대방을 존중하는 마음과 태도를 가지게 된다. 이러한 과정을 통해 초등 교육과정의 핵심 역량인 의사소통 역량, 공동체 역량을 함양할 수 있다.

(2) 학습자의 연령 고려

연령에 따라 아동의 신체, 운동, 인지, 언어 등의 발달에 있어 차이가 있다. 따라서 아동의 발달 상황을 고려하여 교수·학습 내용의 양과 수준을 정해야 한다. 인지 능력이 높은 학생이나 연령이 많은 아동을 위해 확장 학습이나 심화 학습, 응용 활동도 진행할 수 있다.

활동을 설계하고 진행할 때에도 연령별 발달 상황, 특히 신체 및 운동 발달에 있어서의 한계를 고려한다. 단순 활동과 심화 활동으로 구분할 필요가 있다.

(3) 모둠 구성

모둠은 활동에 따라 다양한 방식으로 구성한다.

첫째, '교사–아동', '아동–아동'의 다양한 모둠 활동을 진행한다. 교사와 아동 간의 상호작용, 학우 간의 상호작용이 가능하도록 모둠 방식에 변화를 두어 활동을 진행한다.

둘째, 다양한 모둠 단위로 활동을 진행한다. 대집단(전체 아동), 소집단(3~5인) 개별 아동 등 다양한 단위로 활동을 진행한다.

다양한 단위로 활동을 진행하면 아동이 중국어뿐만 아니라 사회관계를 배울 수 있는 계기가 된다. 초등 교육과정의 핵심역량인 지식정보처리 역량, 창의적 사고 역량, 의사소통 역량, 공동체 역량 등을 자연스럽게 기를 수 있다.

(4) 주의 집중

아동은 주의력이 산만하므로 수업을 시작하거나 활동을 시작할 때 주의를 집중시킬 필요가 있다. 자리를 이탈하거나 친구와 떠드는 아동을 흔히 발견할 수 있다. 이때 개별적으로 지적하는 것보다 다양한 주의 집중 방법을 사용할 필요가 있다.

예 1) 박수 치기: 교사가 "박수 세 번!"을 외치면 아동이 "짝짝짝!"하며 손뼉을 친다.

예 2) 손 유희: 교사가 "손을 책상 위로"하고 외치면 아동이 모두 두 손을 책상 위에 올린다.

활동을 설계할 때는 안전을 고려하고 활동을 진행할 때 아동에게 주의사항에 대해 충분히 설명하여 사고를 예방하고 안전에 각별히 유의한다.

(5) 교육 방식

첫째, 점진적 교육을 실시한다. 쉬운 내용부터 가르치고 점차 난이도를 점차적으로 높여 어려운 내용을 가르친다. 언어 단위로 난이도를 조절할 수 있다.

'단어 〉 문장 〉 담화'의 순으로 교수·학습을 진행한다.

※ 예시

본서의 [숫자]의 경우 1차시와 2차시는 중국어 단어(1~10)를 가르치고, 3차시 [숫자 – 1.과자 목걸이 만들기]는 숫자를 활용한 대화(A: 你有几个? / B: 我有三个。)를 가르친다. 이어서 4차시 [숫자 – 2.벽돌 쌓기]는 새로운 대화(A: 请给我一个。/ B: 好!)를 가르쳐서 담화(A: 你有几个? / B: 我有三个。/ A: 请给我一个。/ B: 好!)로 확장하여 교수·학습을 진행한다.

둘째, 나선형 교육을 실시한다. 중국어 교육에서 반복 학습은 매우 중요하다. 아동이 배운 내용을 재차 복습할 수 있도록 수업을 구성한다.

※ 예시

본서의 [장소 – 1.나는 버스 운전사] 경우 대화에 [인사] 단원에서 배운 인사(你好! / 再见!)를 포함하여 반복 학습을 유도한다. 이어서 [장소 – 2.아빠 어디 가?]는 [가족] 단원에서 배운 가족 명칭을 활용한 대화를 설계하여 반복 학습을 유도한다.

셋째, 상향식 교육(Bottom-up)과 하향식 교육(Top-down)을 병행한다. '단어–문장–대화'의 순으로 진행되는 상향식 교육과 '담화–문장–단어'로 진행하는 하향식 교육을 적절히 병행하여 수업을 진행한다. 상향식 교육을 진행할 때는 재차 강조하였듯이 교사가 언어 규칙을 설명하기보다 듣기 활동을 충분히 진행하거나 치환 연습 등을 통해 아동이 스스로 터득하도록 유도한다. 하향식 교육을 진행할 때는 교사가 적절한 언어 상황을 제시하여 아동이 어떠한 언어 상황에서 이루어지는 담화인지 이해할 수 있도록 유도해야 한다.

3. 현행 교육과정의 교수·학습 방법

교육과정에서 제시한 교수 · 학습 방법에 대해 알아보자.

1) 누리과정의 교수 · 학습 방법

누리과정에서 제시한 교수 · 학습 방법은 다음과 같다.

교사는 다음 사항에 따라 유아를 지원한다.

가. 유아가 흥미와 관심에 따라 놀이에 자유롭게 참여하고 즐기도록 한다.

나. 유아가 놀이를 통해 배우도록 한다.

다. 유아가 다양한 놀이와 활동을 경험할 수 있도록 실내외 환경을 구성한다.

라. 유아와 유아, 유아와 교사, 유아와 환경 간에 능동적인 상호작용이 이루어지도록 한다.

마. 5개 영역의 내용이 통합적으로 유아의 경험과 연계되도록 한다.

바. 개별 유아의 요구에 따라 휴식과 일상생활이 원활히 이루어지도록 한다.

사. 유아의 연령, 발달, 장애, 배경 등을 고려하여 개별 특성에 적합한 방식으로 배우도록 한다.

2) 초등 교육과정의 영어 교수·학습 방법

초등 교육과정에서 제시한 영어 교수·학습 방향은 다음과 같다.

① 영어 학습에 대한 학습자들의 동기를 유발하고 흥미와 자신감을 유지할 수 있도록 교수·학습 계획을 수립한다.
② 학습자들의 영어 사용 능력 및 인지적, 정의적 특성에 있어서의 개인차를 함께 고려한 교수·학습 계획을 수립한다.
③ 학습자 중심의 과업 및 체험 학습을 통해 자기 주도적 학습이 이루어지도록 교수·학습 계획을 수립한다.
④ 의사소통 역량, 자기관리 역량, 공동체 역량, 지식정보처리 역량이 구현되도록 교수·학습 계획을 수립한다.
⑤ 의사소통능력 신장뿐만 아니라 창의적 사고력 및 인성 교육도 함께 이루어지도록 교수·학습 계획을 수립한다.
⑥ 학습자 요인(영어 학습 배경, 영어 사용 능력 등), 학습 환경 요인(학습자 수, 교실의 크기 및 구조, 교수·학습 기자재, 교수·학습 자료 등)을 고려하여 교수·학습 계획을 수립한다.
⑦ 학습자의 영어 사용 능력, 인지적·정의적 특성, 학습 유형 및 전략 등을 고려하여 다양한 학습자중심의 교수·학습 방법을 구안한다.
⑧ 언어기능을 통합하는 교수·학습 방법을 구안함으로써 실제적인 영어 사용 능력을 신장하도록 한다.
⑨ 교사와 학습자, 학습자와 학습자 간 활발한 상호작용을 유도할 수 있는 협동·협력 학습, 문제 해결 학습 및 소그룹, 과업 중심 활동 등을 적절히 활용한다.
⑩ 학습자들이 협력하여 문제를 해결하는 과업을 통하여 타인에 대한 배려와 관용 등 인성 교육을 강화할 수 있는 교수·학습 방법을 고려한다.
⑪ 외국의 다양한 문화를 이해할 수 있는 교수·학습 활동을 구안한다.

⑫ 교수·학습 내용 등의 성격에 따라 교수·학습 방법의 선정 과정에 학습자들을 참여시켜 창의적인 활동을 도출하고, 학습 흥미와 학습 동기 유발을 도모한다.

⑬ 창의적이고 융합적인 사고 능력을 배양할 수 있도록 창의적인 활동 및 다양한 매체를 활용한 교수·학습 방법을 구안한다.

⑭ 학습자들이 학습목표에 도달하도록 학습자들의 능력이나 수준 등을 고려하여 다양한 학습의 기회와 방법을 제공한다.

⑮ 개별 학습 및 모둠 학습을 적절히 활용하여 자기 주도적 학습 태도와 나눔과 배려의 공동체 의식을 기를 수 있도록 지도한다.

⑯ 수업을 영어로 진행할 때는 학습자의 수준, 학습 내용의 특성 등을 고려하여 영어 사용량과 수준, 속도 등을 적절히 조절한다.

⑰ 다양한 멀티미디어 자료, 정보 통신 기술 도구 등을 수업에 활용하여 학습의 효율성이 극대화되도록 계획한다.

⑱ 학습 활동별로 적절하게 시간을 안배하고 가능한 한 학습자에게 영어 사용 기회를 많이 제공한다.

이에 따른 교수·학습 방법은 다음과 같다.

- 교사가 교실 영어로 지시하거나 요청하는 말을 자주 들려주는 것이 필요하며 이러한 표현에 자주 노출된 학습자들이 교실에서 일어나는 활동이나 필요한 행동에 관하여 자연스럽게 말할 수 있도록 한다.
- 인사말을 주고받을 수 있는 유의미한 상황을 조성하고 인사하기 표현들을 사용함으로써 학습자들이 내재화할 수 있도록 한다.
- 학습자 상호 간의 협력을 요하는 다양한 과업 제시를 통해 학습자와 학습자 간의 영어 말하기를 통한 상호작용이 활발하게 이루어지도록 하고, 대인 관계 능력 및 타인에 대한 배려와 관용을 함께 신장시킬 수 있도록 지도한다.

- 의사소통에 지장을 주지 않는 한 교사의 즉각적인 오류 수정을 피하고, 학습자 스스로 오류를 발견하고 수정할 수 있도록 다양한 교정적 피드백을 제공한다.

3) 아동 놀이 중심의 통합 교육

누리과정과 초등 교육과정을 종합 정리해보면 아동 중국어 교육의 방법은 '아동 중심', '놀이 중심', '통합 교육'의 세 가지 개념으로 귀결할 수 있다. 즉 아동 발달을 위해서는 아동 중심 교육, 놀이 중심 교육, 통합 교육의 중국어 교육이 이루어져야 한다. 따라서 아동 중국어 교육은 '아동 놀이 중심의 통합 교육'이라고 결론지을 수 있다.

(1) 아동 중심 교육

아동을 존중하고, 아동의 경험과 연계하여 가르쳐야 한다. 아동의 자율성과 창의성을 신장하기 위하여 아동의 의견을 수렴하여 활동을 탄력적이고 융통성 있게 진행하여야 한다. 그리고 아동이 실제 경험하는 내용으로 교수·학습 내용을 구성하여 아동의 전인적인 발달과 행복을 추구하여야 한다.

(2) 놀이 중심 교육

'2019 개정 누리과정'에서 제시한 교육 목적을 보면 중국어 교육 방법도 제시하였다. 바로 '놀이'이다. 교수·학습에 관한 서술에서도 "유아가 놀이를 통해 배우도록 한다."라고 명시하였다. '누리과정'에 의하면 '놀이'는 아동의 자유 놀이와 교사의 계획된 활동을 포함한다. 아동 중국어 교육 방법의 핵심은 놀이를 통한 교육인 것이다.

'2019 개정 누리과정'이 언급하는 놀이에는 교사의 계획된 활동 외에 아동의 자유 놀이도 포함한다. '누리과정'은 아동의 자율성과 창의성 신장을 추구한다. 이는 학습자 중심의 교육을 지향하는 중국어 교육과도 일맥상통한다. 따라서 중국어 수업에서 교사의 계획된 활동을 진행하더라도 활동 규칙을 융통성 있게 운영한다면 아동이 주체가 되는 자유 놀이를 실현할 수 있다. 아동으로부터 활동에 대한 의견을 수렴하여 활동 규칙이나 내용을 변경하여 새로운 놀이를 만드는 것이다. 이러한 과정을 통해 아동의 자율성과 창의성을 신장할 수 있다. 이렇게 아동 중심의 중국어 놀이를 진행한다면 경험을 통한 발달이 더욱 순조롭게 이루어질 것이다. 또한 '2019 개정 누리과정'에서 제시한 교수·학습 방법을 보면 유아와 환경, 유아와 유아, 유아와 교사 간에 능동적인 상호작용을 강조한다. 이를 위해서 개별 놀이, 2인 놀이, 모둠 놀이 등 놀이의 형태를 다양한 방식으로 구성하여 놀이를 진행하는 것도 좋은 방법이다.

(3) 통합 교육

'통합'이라 함은 언어 기능의 통합, 교과의 통합, 중국어 교육과 인성 교육의 통합 세 가지 측면에서 논할 수 있다.

첫째, 언어기능의 통합 교육

듣기와 말하기 통합 교육을 위주로 진행하고, 활동에 따라 듣기, 말하기, 읽기의 통합 교육도 진행할 수 있다. 다만 읽기와 쓰기는 아동의 연령대를 고려하여 어린 연령대의 경우 경험 위주로 진행하는 것이 바람직하다.

둘째, 교과의 통합 교육

아동의 전인적인 발달을 위해서는 유아의 경우 '신체운동·건강', '의사소통', '사회관계', '예술경험', '자연탐구'의 5개 영역 내용이, 초등학생의 경우 중국어, 수학, 사회, 과학, 체육, 예술 등 여러 교과목을 통합적으로 융합하여 아동의 경험과 연계되도록 중국어 교육을 진행하여야 한다. 이는 본서에서 재차 강조한 바이다. 이는 다중지능 학습과도 맥락을 같이 한다. 다중지능은 논리수학, 공간, 신체운동, 음악, 대인관계, 내성, 언어, 자연, 실존 등의 지능을 포함한다.

셋째, 중국어 교육과 인성 교육의 통합 교육

아동 중국어 교육의 목적은 전인적 성장을 도모하는 데 있다. 교육과정에서 추구하는 건강한 사람, 자주적인 사람, 창의적인 사람, 교양 있는 사람, 더불어 사는 사람으로 성장시키기 위해서는 인성 교육을 수반한 중국어 교육을 진행하여야 한다.

'인성 교육'이라 함은 지역 국가 세계 공동체의 성원에게 요구되는 가치와 태도를 함양하는 것이다. 교육과정에서도 외국어 교육이 언어 기능의 연마라는 실용적 가치 이외에 인격의 성장이라는 교육적 가치에 대한 고려가 있어야 한다고 명시하였다. 그러므로 자아 정체성, 도전정신, 자신감, 자아 존중, 타인 존중, 공감, 배려 등의 긍정적인 가치관을 확립할 수 있도록 중국어와 인성 융합 교육을 실시하여야 한다. 교사는 중국어 교육을 진행할 때 성별, 외모, 가정, 인종, 종교, 직업 등에 편견을 가지지 않도록 각별하게 유의하여야 한다.

중국어 교재를 보면 가족의 구성원을 묻고 대답하는 대화의 경우 대부분 4인 가족(부모, 형제)이다. 이는 4인 가족이 아니면 정상적인 가족 형태가 아니라는 편견을 가지게 할 수 있다.

※ 예시

[가족 - 1.소중한 가족] 경우 사진 액자에 다양한 형태의 가족 사진(대가족, 핵가족, 한 부모 가족, 조손 가족, 다문화 가족)을 만드는 활동을 통해 가족에 대한 편견을 없애고, 다양한 형태의 가족이 존재한다는 긍정적인 가치관을 확립하도록 유도한다. 아동 중국어 회화 교재를 보면 대부분 부모의 직업을 통해 직업을 묻고 대답하는 대화를 배운다. 그리고 아빠의 직업은 의사, 엄마는 선생님으로 설정된다. 이 또한 직업에 대한 편견을 가지게 할 수 있다. 아동의 장래 희망을 통해 직업을 배운다면 자신의 미래에 대해 생각해보는 좋은 계기가 될 수 있다.

이 외에 본서의 [신체 - 1.다양한 얼굴 만들기] 경우 아동이 다양한 모양의 얼굴이나 신체를 만드는 활동을 통해 외모에 대한 편견을 가지지 않도록 유도한다.

제5강

어떤 교수 매체를 사용할까?

1. 교수 매체의 필요성

'교수 매체'는 중국어 교수·학습의 목표를 효과적으로 달성하기 위해 교사와 학생을 이어주는 매개체를 의미한다. 아동은 추상적인 사고를 통해 학습하는 것이 아니라 보고, 듣고, 냄새 맡고, 직접 만지는 등의 감각에 의존한 구체적인 경험을 통해 사물을 인식한다. 이러한 경험을 통한 학습을 위해서는 교사가 아동에게 감각적인 자극을 제공하고, 활동을 유도할 수 있는 자연물, 놀잇감, 책 등의 교수 매체가 필요하다. 이러한 교수 매체는 아동들의 흥미와 호기심을 유발하고 구체적이고 다양한 정보를 전달할 수 있으므로 교수·학습의 목표를 효과적으로 달성할 수 있다. 따라서 교사는 아동의 연령, 발달 특성, 활동 주제 등을 고려하여 교수 매체를 제작하고 준비해야 한다.

2. 제작 소재와 용구

사용 목적에 적합한 교수 매체를 제작하기 위해서는 다양한 소재의 특성과 용구의 활용법을 이해하여야 한다. 교수 매체의 제작 소재와 용구의 종류는 매우 광범위하고 다양하므로 일반적으로 사용되는 기본적인 것들을 소개하고자 한다.

색상지 – 한쪽 면에만 색이 있는 단면 색상지, 양면이 같은 색인 양면 색상지가 있다.

색 셀로판지 – 재생 섬유소를 얇은 필름으로 만든 것으로 여러 가지 색이 있고 공작용으로 많이 쓰인다.

하드보드지 – 판 모양의 단단한 종이로 일반 하드보드지(미색+흰색)와 컬러 하드보드지(색+흰색)가 있으며 두께와(1mm, 2mm, 3mm, 5mm 등), 크기가(16절, A4 사이즈, 8절, 4절, 2절 등) 다양하다.

라벨지 – 인쇄가 가능한 특수 용지. 자신이 디자인 한 글씨나 그림을 프린터 설정으로 조절하여 다양한 스티커를 직접 제작할 수 있다.

부직포 – 섬유를 그대로 열과 압력을 가하여 천 모양으로 만든 것으로 밸크로 테이프(까슬이)를 붙인 교구를 쉽게 붙일 수 있어 교구 제작에 많이 사용한다.

펠트지 – 모섬유를 압축한 것으로 부직포보다 얇고 부드럽다.

접착 펠트지 – 펠트지 뒷면에 스티커와 같이 접착 재질이 붙어있어 필요한 곳에 바로 붙여서 사용할 수 있다.

융 – 면사를 사용하여 보풀이 일어나게 만든 직물로 벨크로 테이프(까슬이)를 붙인 교구를 붙였다 뗄 수 있다.

접착 융 – 융 뒷면이 스티커와 같이 접착 재질로 만들어진 것으로 우드락, 하드보드지 등에 붙여 사용한다.

우드락 – 발포 스타이렌 수지(스티로폼)를 가공하여 만든 것으로 색을 입힌 컬러 우드락, 양면 테이프가 붙어있는 접착 우드락, 콜크가 붙어있는 콜크 우드락 등이 있다.

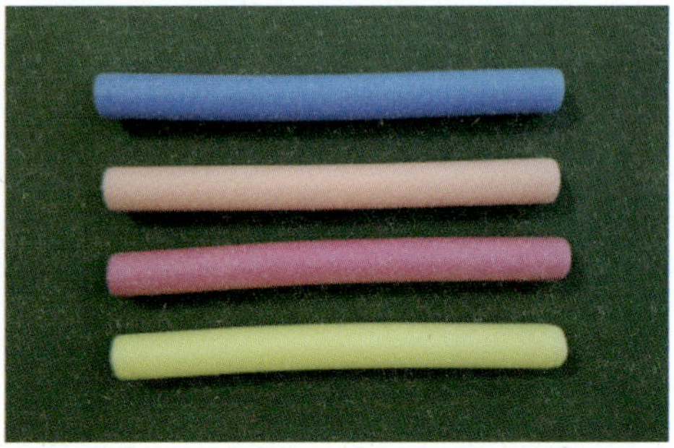

백업– 떡가래처럼 생긴 스티로폼으로 유연하여 조작이 쉽고 색, 길이, 두께가 다양하다.

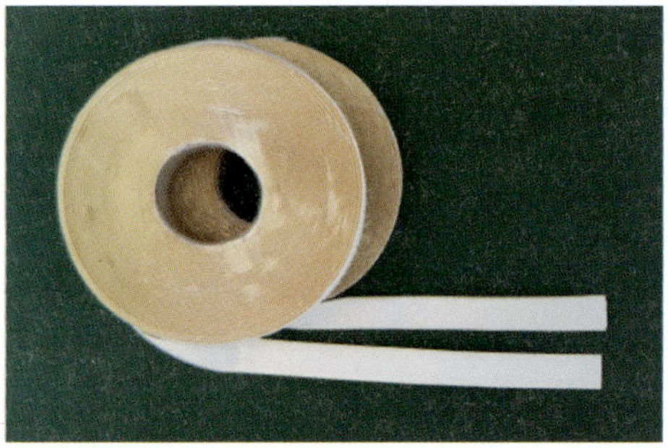

벨크로 테이프(까슬이, 보슬이) – 한쪽은 까슬까슬하고 다른 한쪽은 부드러워 서로 쉽게 붙였다 떼었다 할 수 있다.

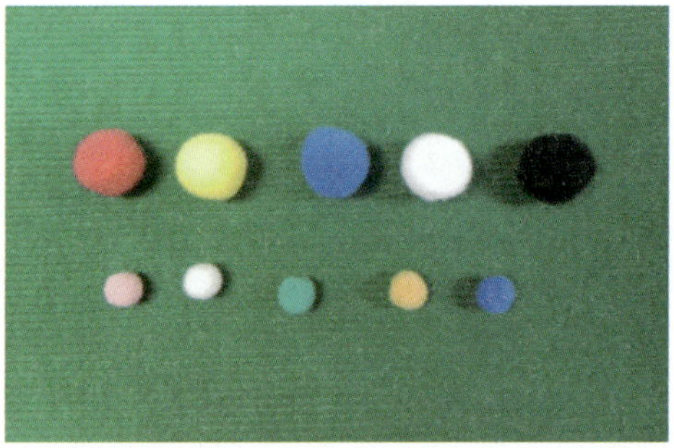

칼라솜(뽕뽕이, 폼폼이) – 부드러운 촉감을 가지고 있으며 다양한 색상과 크기가 있어 장식과 꾸미기에 사용된다.

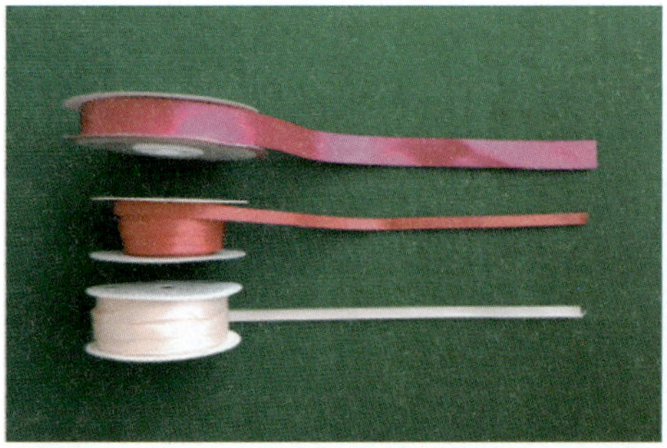

리본끈 – 다양한 재질과 색, 폭이 있으며 사용목적에 맞게 필요한 것을 사용한다.

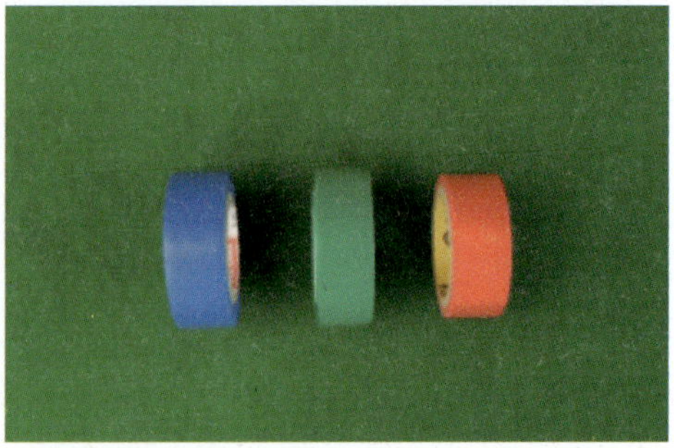

색 테이프 – 전기절연 테이프로 불리며 필요한 부분에 붙인 후, 접착 자국이 남지 않게 쉽게 떼어낼 수 있다.

모루 – 철사에 털이 감겨있는 것으로 구부리거나 다른 물체에 휘감아 다양한 형태를 만들 수 있다.

EVA(Ethylene-Vinyl Acetate copolymer) – 부드럽고 유연성이 뛰어나며 충격에 강한 소재로 냄새가 나지 않고 인체에 무해하다. 가위나 칼을 사용하여 자르기 쉽고 다양한 색상과 두께가 있다.

자석 – 자기 특성을 가진 물체로 앞면과 뒷면이 모두 자석인 원 자석, 앞면은 플라스틱, 뒷면은 자석인 칼라 원형 자석, 고무판 모양으로 자유롭게 휘어지며 가위나 칼로 쉽게 자를 수 있는 고무 자석 등 다양한 형태가 있다.

코팅기, 코팅지 – 코팅 필름에 종이, 사진, 그림 등을 넣고 열로 고정, 압축하여 오래 사용할 수 있게 하는 것으로 소형 코팅기는 A3 크기까지 코팅할 수 있다.

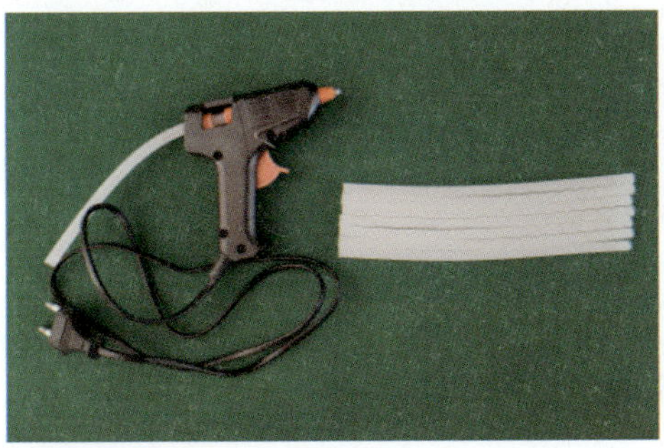

글루건, 글루건 심 – 총 모양으로 생긴 기구에 열에 잘 녹는 플라스틱 심을 넣고, 열을 가하여 녹인 후 물체를 고정시키거나 접착한다.

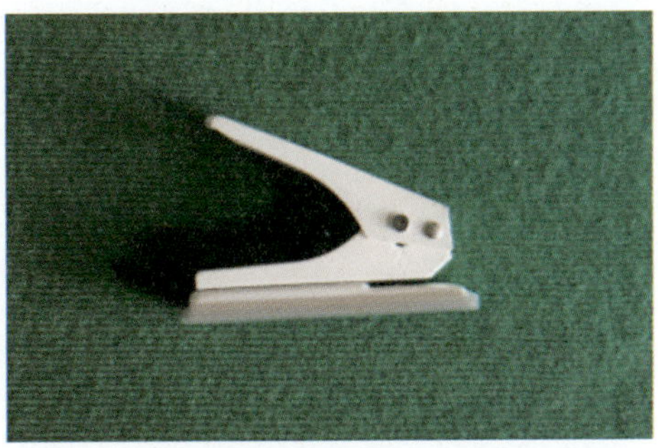

펀치 – 종이나 공작물 등에 구멍을 뚫어 표를 내는 공구로 종이나 공작물의 구멍에 끈이나 고리를 연결하여 다양하게 활용할 수 있다.

제6강

어떻게 평가할까?

아동 중국어 교육을 진행할 때 평가를 시험과 동일시하여 평가는 불필요하다고 생각하기 쉽다. 본 강에서는 아동 중국어 교육에서 평가는 어떤 역할을 하는지, 어떤 방법으로 평가를 진행하여야 하는지 알아보자.

Q. 다음의 질문에 대해 생각해 보자.

1. 아동 중국어 교육에서 평가의 역할은 무엇일까?
2. 언어 평가는 어떤 유형이 있을까? 평가 유형을 구분하는 기준은 무엇일까?
3. 연령대에 따라 아동의 언어적 특징은 어떻게 다르며, 교수·학습 내용을 결정할 때 어떤 점을 유의하여야 할까?
4. 아동 중국어 평가는 수업 중 어떻게 진행할 수 있을까?
5. YCT의 평가 대상과 내용은 무엇일까?

1. 중국어 평가의 역할 및 유형

1) 중국어 평가의 역할

'중국어 평가'라고 하면 중국어 시험을 의미한다고 생각하기 쉽다. 그러나 시험과 평가는 그 목적이 다르다. 중국어 시험은 학습자의 중국어 습득 정도를 측정하는 것을 목적으로 한다. 그러나 중국어 평가는 학습자의 중국어 습득 정도를 파악하고, 교사의 교육 효과를 점검하는 데 그 목적이 있다. 더 나아가 평가 결과를 참고하여 교육의 미흡한 점을 개선할 수 있으므로 교육을 촉진하는 작용도 한다. 평가가 이렇게 교수·학습에 미치는 영향을 '역류효과(washback 또는 파급효과)'라고 한다.

중국어 평가는 이렇듯 교육의 선순환을 유도하는 역할을 한다. 그러므로 아동 중국어 교육을 진행할 때 평가가 반드시 수반되어야 한다.

중국어 평가는 진행 순서에 따라 역할이 달라진다. '중국어 교육 → 평가'의 순서로 진행하면 학생이 제대로 습득하였는지 파악할 수 있고, 습득 정도에 따라 교육 내용이나 방식에 변화를 주어 교육의 질을 개선할 수 있다. 반면 '중국어 평가 → 수업'의 순서로 진행하면 학생의 선행지식을 파악하여 교육수준, 내용, 방법 등을 결정할 수 있다.

2) 언어 평가의 유형

언어 평가의 분류 기준과 유형에 대해 알아보자.

구분	평가의 유형	
평가 목적	진단 평가	형성 평가
평가 기준	상대 평가	절대 평가
평가 방식	객관식 평가	주관식 평가
평가 내용	분리 평가	통합 평가

(1) 평가 목적

진단 평가(Diagnostic evaluation)는 교사가 수업을 진행하기 전에 학생의 언어 수준, 학습 동기 및 흥미, 학습 방식 등을 진단하기 위한 평가이다. 예를 들어 배치 평가(Placement test), 즉 학생의 성적에 따라 초급, 중급, 고급으로 분반을 하는 시험이 이에 속한다.

형성 평가(Achievement evaluation)는 학업 성취도, 즉 학생의 학습 내용에 대한 습득 정도를 측정하기 위한 평가이다. 수업 중간이나 후반부에 간단한 퀴즈나 활동을 통해 학생의 이해 정도를 점검할 수 있다. 학기 중 진행하는 중간시험이나 기말시험도 형성 평가에 속한다.

(2) 평가 기준

상대 평가(Norm-referenced evaluation)는 학생의 평가 결과를 상대적인 서열에 의하여 판단하는 평가이다. 대학수학능력시험의 백분위가 이에 속한다.

절대 평가(Criterion-referenced evaluation)는 최저 기준을 설정하고 이에 의거하여 학생이 최저 기준에 도달하였는지 판단하는 평가이다. 신HSK가 이에 속한다.

(3) 평가 방식

객관식 평가(Objective Evaluation)는 학생이 주어진 선택지 중에서 정답을 선택하도록 요구하는 시험이다. 따라서 채점자의 주관이 개입되지 않는 평가이다. 옳고 그름을 판단하는 진위형 문항, 여러 선택지 중 정답지를 선택하는 선다형 문항 등으로 구성된다.

주관식 평가(Subjective Evaluation)는 학생이 스스로 알맞은 답을 구성하여 기술할 것을 요구하는 시험이다. 따라서 채점할 때 채점자의 주관이 개입되는 평가이다. 단답형, 완성형, 논술형 문항 등으로 구성된다.

(4) 평가 내용

분리 평가(Discrete point evaluation)는 학생의 한 가지 언어능력을 평가한다. 언어 항목인 음성, 한자, 어휘, 문법 중 하나를 채택하여 평가하거나 언어기능인 듣기, 말하기, 읽기, 쓰기 중 하나를 채택하여 평가할 수 있다.

통합 평가(Integrative evaluation)는 학생의 통합적인 언어능력을 평가한다. 예를 들어 회화 수업에서는 일반적으로 듣기와 말하기 능력을 함께 평가한다.

(5) 평가 주체

교실에서의 평가 주체에 따라 교사의 평가, 학생의 자가 평가, 학우 간 평가로 나눌 수 있다. 평가라고 하면 일반적으로 교사가 학생의 언어능력을 평가하는 '교사의 평가'만을 떠올리기 쉽다. 그러나 학생 스스로 자신의 언어능력을 평가하는 '자가 평가'와 학생 간에 상대방의 언어능력을 서로 평가하는 '학우 간 평가'도 진행할 수 있다. 자가 평가는 학생 스스로 채점을 하고 본인의 오류를 수정하는 과정을 통해 본인의 오류를 더욱 확실히 인지할 수 있고 향후 자기주도식 학습을 유도하는 데도 효과적일 수 있다. 그리고 '학우 간 평가'는 친구의 오류를 수정하는 과정이 본인의 오류를 되돌아보는 작용을 하여 오류를 방지하는 효과를 볼 수 있다.

2. 아동 교육과정에서의 평가

교육부에서 고시한 교육과정은 평가에 대해 어떻게 제시하는지 살펴보자. 유아 교육과정은 평가에 대해 다음과 같이 제시하고 있다.

가. 누리과정 운영의 질을 진단하고 개선하기 위해 평가를 계획하고 실시한다.
나. 유아의 특성 및 변화 정도와 누리과정의 운영을 평가한다.
다. 평가의 목적에 따라 적합한 방법을 사용하여 평가한다.
라. 평가의 결과는 유아에 대한 이해와 누리과정 운영 개선을 위한 자료로 활용할 수 있다.

초등 교육과정은 외국어 교과목으로 영어 교과를 포함한다. 초등 교육과정의 영어 평가에 대한 언급을 보자.

초보적인 영어 학습의 단계이고 처음 경험하는 영어 말하기가 부담스러울 수 있는 시기이므로 평가에 심리적인 부담을 가지지 않도록 유의한다. 또한 '평가를 위한 평가' 아니라 '학습을 위한 평가'가 될 수 있도록 평가 결과보다는 학습의 연장선으로 활용될 수 있도록 한다.

수업 시간 중에 학습자에게 교사가 하는 질문에 대한 학습자의 응답, 학습자의 소집단 활동과 짝 활동을 통한 과업 수행 여부에 대한 관찰 등의 형성평가를 통해서 교수·학습 방법이 적절한지 확인하고 교수·학습 방법 개선에 활용한다.

유아 교육과정과 초등 교육과정도 이와 같이 평가의 역할이 학습자를 이해하고 교수·학습의 질적 향상을 도모하는 데 있음을 강조한다. 초등 교육과정에서 영어 평가에 대해 여러 항목에 걸쳐서 서술하고 있다.

① 영어과 평가의 원리를 반영하여 평가 계획을 세운다.
② 평가 목적을 달성하고 그 효과를 극대화하기 위해 사전에 준비하고 계획한다.
③ 교수·학습 활동과 평가를 연계하여 학습 과정과 성취기준 도달 여부를 평가한다.
④ 창의적 사고력 계발 및 인성 함양에 도움이 되도록 다양한 평가 방법을 구안하여 평가를 계획한다.
⑤ 학습자의 통합적인 영어 능력을 신장시킬 수 있도록 듣기, 말하기, 읽기, 쓰기의 개별 기능에 대한 평가뿐만 아니라 두 가지 이상의 기능을 통합한 평가도 적절히 실시한다.
⑥ 평가의 목적과 종류, 학습자의 수준에 따라 적절한 평가 방법을 사용한다.
⑦ 언어 및 배경지식, 의사소통 전략 등을 활용할 수 있는 평가 방법을 사용한다.
⑧ 영어과 평가 내용에 있어서는 영어에 대한 이해 및 영어 사용 능력을 평가할 수 있다.

⑨ 표현기능(말하기, 쓰기) 평가는 수행평가를 통해 가급적 직접 평가 방법을 활용한다.

⑩ 평가 문항 제작, 평가의 시행과 채점에서 적정한 신뢰도를 유지하도록 한다.

⑪ 학습자가 영어 능력을 충분히 발휘하도록 다양한 평가 방법을 사용한다.

- 교사평가, 학생 상호 평가, 자기평가
- 지필평가(선택형 문항 : 진위형, 선다형, 연결형, 배열형/서답형 문항 : 단답형, 제한적 논술형, 논술형)
- 수행평가(관찰, 구술, 면접, 시연 등)

⑫ 평가 절차는 평가계획서에 제시된 방법과 절차를 따르며 학습자가 평가의 세부 절차와 유의 사항을 분명히 알 수 있도록 사전에 명확하게 안내한다.

⑬ 학습 목표에 따라 형성평가와 총괄평가를 적절하게 시행한다.

⑭ 수행평가를 실시할 때는 평가의 목표, 내용, 과제 유형, 채점 기준 등을 명확히 한 후에 실시한다.

⑮ 평가 문항 제작, 평가의 시행과 채점에 관한 사항을 평가 계획서에 근거하여 점검표로 만들고 각 항목을 하나씩 점검함으로써 적정한 신뢰도를 유지하도록 한다.

⑯ 실제로 사용되는 진정성 있는 언어와 유의미한 과업을 평가 내용에 포함시킨다.

⑰ 평가의 결과는 차후 평가 계획 수립에 반영하고, 교사의 교수·학습의 개선 및 학습자의 학습동기 유발 및 개별지도에 활용하도록 한다.

⑱ 평가는 영어 학습에 대한 긍정적인 환류 효과를 줄 수 있도록 구안한다.

아동 교육과정(누리과정, 초등 교육과정)은 중국어 교과를 다루지 않지만 상술한 초등 교육과정의 영어 평가 항목을 참고하여 아동 중국어 평가에 계획하고 실시할 수 있다.

3. 아동 중국어 평가

아동 중국어 평가는 아동의 중국어 능력을 평가하는 목적 외에, 수업의 효율성을 평가하고 수업의 질을 개선하는 목적도 있다. 이에 학습자 평가와 수업 평가에 대해 알아보고, 평가를 실시할 때 유의해야 할 사항에 대해서도 살펴보자.

1) 학습자 평가

수업의 단계에 따라 평가의 목적이 다르다. 평가의 목적에 따라 평가의 유형이 달라질 수 있다.

도입	전개	정리
진단평가	수행평가	형성평가

수업의 도입 단계는 진단평가, 전개 단계는 수행평가, 정리 단계는 형성평가를 실시할 수 있다.

도입 단계에 아동의 선행지식을 평가할 수 있다. 진단평가의 목적은 두 가지이다. 하나는 아동이 전 차시에 습득한 내용을 제대로 이해하고 있는지 평가하는 것이다. 이는 전 차시 복습 대신 진행할 수 있다. 다른 하나는 이번 차시 수업을 위해 전 차시나 예전에 학습한 내용 중 이번 차시와 관련된 내용을 평가하는 것이다. '중국어 평가-교육'의 순서로 진행함으로써 이번 차시 수업의 방향과 내용을 결정하고자 하는 데 그 목적이 있다. 예를 들어 2차시에 대화를 가르치려면 아동이 전 차시(1차시)나 예전에 배웠던 단어를 제대로 숙지하고 있는지 평가하는 것이다. 만약 아동이 단어를 숙지하고 있으면 전개 단계에서는 대화를 바로 가르칠 수 있다. 그러나 단어를 제대로 숙지하고 있지 않다면 전개 단계에서 단어를 습득하기 위한 활동을 추가할 필요가 있다.

※ 예시

본서의 [교통기관 – 1.저건 뭐야] 경우 교통수단을 묻고 답하는 대화를 진행하는 수업이다. 이 수업을 진행하기 위해서 아동은 두 가지 선행지식을 갖추고 있어야 한다. [과일 – 1.무슨 과일일까?]에서 배웠던 "这是什么？"를 숙지하고 있어야 하고, [교통기관 – 1.저건 뭐야]의 전 차시에 배웠던 단어(飞机,汽车,火车 등)를 숙지하고 있어야 한다. 그러므로 교사가 도입 단계에서 아동과 이에 대한 대화를 주고 받으며 아동이 선행지식을 제대로 갖추고 있는지 확인할 필요가 있다.

수업 중에는 다양한 수행평가를 통해 아동이 수업을 제대로 따라오고 있는지 확인할 필요가 있다.

※ 예시

본서의 [과일 – 1.무슨 과일일까?] 경우 어떤 과일인지 묻고 대답하는 수업이다. 전개 단계에서 교사는 어떤 과일인지 묻는 질문과 대답을 가르친다. 아이들끼리 서로 묻고 답하는 활동을 통해 아동이 해당 표현을 제대로 습득하였는지 확인한다.

정리 단계에 이번 차시에 학습한 내용을 제대로 습득했는지 평가하여야 한다. 교수·학습 후 평가를 진행하여 학습자의 습득 여부를 측정하고, 더 나아가 교사의 교육 효과를 점검하여 교육의 질을 개선할 필요가 있다.

※ 예시

본서의 [과일 – 2.빨간 망토와 늑대] 경우 정리 단계에서 질문을 통해 아동이 해당 표현을 제대로 습득하였는지 학습자의 습득 여부를 확인한다.

또 다른 예로, [가족 – 2.사랑해요] 경우 정리 단계에서 학습자의 습득 여부뿐만 아니라 교육 효과도 점검한다. "오늘 활동을 같이 해보았는데 어땠어요?", "기분이 어땠어요?" 등의 질문을 통해 아동의 의견을 수렴하여 활동의 단점을 보완할 수 있다.

정리 단계의 형성평가는 매 차시 실시하고, 도입 단계의 진단평가와 전개 단계의 수행평가는 필요에 따라 실시 여부를 결정할 필요가 있다. 또한 평가를 실시한 후에는 적절한 피드백이 뒤따라야 한다.

2) 수업 평가

수업의 효율성을 평가하여 수업을 개선하는 계기로 삼을 수 있다. 수업 평가는 교사의 자가 진단을 통해 이루어질 수 있으며, 이 외에 정리 단계에 학생들의 피드백을 통해서도 이루어질 수 있다.

※ 예시

그 한 예로, 본서의 [교통기관 – 1.저건 뭐야? (정리 단계: 오늘 활동에 대해 이야기를 나눈다.)]가 있다. 정리 단계에서 "활동 중에 어떤 점이 재미있었나요?"라고 질문하여 아동이 오늘 진행한 활동에 대해 생각해보고, 장단점을 이야기하도록 유도한다. 아동이 어떤 활동을 좋아하는지, 어떤 점을 어려워하는지 등 학생들의 피드백을 수렴하여 아동에게 더욱 적합한 활동으로 개선할 수 있다. 이러한 과정은 수업의 질을 향상시킬 뿐만 아니라 아동의 사고력을 진작시키고 수업의 주체로 만들 수 있다.

3) 유의사항

첫째, 평가의 목적이 학습자의 습득 정도를 평가하는 데 있다면 학습 내용과 평가 내용이 일치하여야 한다. 즉 학습 내용에 따라 평가 내용이 결정되어야 한다. 수업에서의 평가는 학습목표에 부합하는 내용을 가르치고, 가르친 내용에 한해서 평가를 실시하여야 한다. 그러므로 평가 내용은 '학습목표 – 교수·학습 내용–평가 내용'의 일체화를 이루어야 한다.

둘째, 평가의 목적이 학습자의 습득 정도를 평가하는 데 있다면 학습 방법과 평가 방법도 일치하여야 한다. 수업 중에 진행되었던 연습 방식과 평가 방식이 일치하여야 한다. 그러므로 평가 방법은 '교수·학습 방법 – 평가 방법'의 일체화를 이루어야 한다.

셋째, 평가 방식은 학습자의 연령을 감안하여 채택하여야 한다. '아동'이라는 연령을 고려하여 중국어 교육에서 통상적으로 행해지는 시험의 형식보다 교수·학습 활동을 통해 평가를 진행할 수 있다. 유아는 놀이를 통한 평가를 진행하고, 초등학생의 경우 놀이를 통한 평가 외에 지필 시험을 진행할 수도 있다.

넷째, 문항을 설계할 때는 정답을 알 수 있는 단서를 제공하지 않도록 유의하여야 한다. 듣기 평가의 경우 그림도 같이 제시한다면 학생들이 답안을 유추할 가능성이 있다. 그러므로 듣기 평가를 진행할 때 학생이 오로지 음성 자료로만 정답을 말할 수 있도록 그림, 중국어 한자 등의 단서를 제공하지 말아야 한다. 또 다른 예로, 한자 읽기 평가의 경우 교사가 한자와 더불어 한어병음도 제공한다면 학생이 한자가 아닌 한어병음을 읽을 수 있으므로 평가가 제대로 이루어지기 어렵다.

4. 아동 중국어 능력 평가 '신YCT'

현재 아동을 대상으로 한 중국어능력평가는 중국에서 실시하는 '신YCT'가 있다.(본서의 [3강-3. YCT의 평가 내용] 참조)

1) 신YCT의 응시자

신YCT는 응시자를 모국어가 중국어가 아닌 청소년(고등학생 이하)으로 제한한다. 응시자의 학습기간 및 언어지식에 따라 신YCT의 등급별 차이를 소개하고 있다.

신YCT	학습 기간	언어지식
1급	매주 2~3시간씩 3개월	80개의 상용 어휘와 관련 문법 지식 숙지
2급	매주 2~3시간씩 6개월	150개의 상용 어휘와 관련 문법 지식 숙지
3급	매주 2~3시간씩 12개월	300개의 상용 어휘와 관련 문법 지식 숙지
4급	매주 2~3시간씩 12개월 이상	600개의 상용 어휘와 관련 문법 지식 숙지

응시자는 신YCT를 응시할 때 상술한 학습 기간을 가졌다는 것을 증명할 필요는 없다. 학습 기간은 단지 등급별 중국어 수준을 나타내는 기준일 뿐이다.

2) 신YCT의 구성

신YCT는 필기시험과 회화시험으로 나뉜다. 필기시험은 '신YCT', 회화시험은 '신YCT 회화'로 불리운다. 국제중국어능력표준을 기준으로 '신YCT'와 '신YCT 회화'의 등급을 비교하면 다음과 같다.

국제중국어능력표준	신YCT		신YCT회화	
등급	등급	단어량	등급	단어량
-	YCT 1급	80	YCT 초급	200
1급	YCT 2급	150		
2급	YCT 3급	300		
3급	YCT 4급	600	YCT 중급	400

응시자는 필기시험과 회화시험 중 중 선택하여 응시할 수 있다. 필기시험은 듣기, 읽기, 쓰기 영역을 포함하며 총 4등급으로 나뉜다. 1급이 가장 낮은 등급이고, 4급이 가장 높은 등급이다. 회화시험은 총 2등급이다. 초급은 필기시험 1~3급 수준에 해당하고, 중급은 4급 수준에 해당한다.

이 중 회화시험의 등급별 중국어 능력은 다음과 같다.(필기시험은 본서의 [3강-3.YCT의 평가 내용] 참조)

YCT 회화	중국어능력
초급	중국어 회화를 위한 기본적인 조건을 갖추었으며, 중국어를 사용하여 익숙한 일상 화제를 말하고 알아들을 수 있다.
중급	중국어를 알아듣고, 중국어를 사용하여 중국 사람과 간단한 대화를 주고받을 수 있다.

3) 신YCT의 평가 내용

(1) 신YCT

필기시험의 모든 급수는 듣기 영역과 읽기 영역을 포함한다. 다만 4급에 한해서 쓰기 영역이 추가되어 듣기, 읽기, 쓰기 세 영역으로 구성된다. 급수가 높아질수록 문항 수도 많아져서 1급은 총 35문항, 2급은 40문항, 3급은 60문항, 4급은 80문항이다.

급수별 시험 영역, 문항 수, 시험 시간은 다음과 같다.

신YCT	영역		문항 수		시간(답)	
1급	듣기	1부분	5	20	10분	30분 (답안 작성 시간 포함)
		2부분	5			
		3부분	5			
		4부분	5			
	읽기	1부분	5	15	15분	
		2부분	5			
		3부분	5			
2급	듣기	1부분	5	20	20분	45분 (답안 작성 시간 포함)
		2부분	5			
		3부분	5			
		4부분	5			
	읽기	1부분	5	20	20분	
		2부분	5			
		3부분	5			
		4부분	5			
3급	듣기	1부분	10	35	20분	50분 (답안 작성 시간 포함)
		2부분	10			
		3부분	10			
		4부분	5			
	읽기	1부분	5	25	25분	
		2부분	5			
		3부분	5			
		4부분	10			

<table>
<tr><th>신YCT</th><th colspan="2">영역</th><th colspan="2">문항 수</th><th colspan="2">시간(답)</th></tr>
<tr><td rowspan="10">4급</td><td rowspan="4">듣기</td><td>1부분</td><td>10</td><td rowspan="4">40</td><td rowspan="4">30분</td><td rowspan="10">75분
(답안 작성 시간 포함)</td></tr>
<tr><td>2부분</td><td>10</td></tr>
<tr><td>3부분</td><td>10</td></tr>
<tr><td>4부분</td><td>10</td></tr>
<tr><td rowspan="4">읽기</td><td>1부분</td><td>5</td><td rowspan="4">30</td><td rowspan="4">25분</td></tr>
<tr><td>2부분</td><td>10</td></tr>
<tr><td>3부분</td><td>10</td></tr>
<tr><td>4부분</td><td>5</td></tr>
<tr><td rowspan="2">쓰기</td><td>1부분</td><td>5</td><td rowspan="2">10</td><td rowspan="2">15분</td></tr>
<tr><td>2부분</td><td>5</td></tr>
</table>

(2) 신YCT 회화

회화시험의 초급은 총 25문항, 중급은 총 14문항이다. 급수별 시험 영역, 문항 수, 시험 시간은 다음과 같다.

<table>
<tr><th>신YCT 회화</th><th colspan="2">영역</th><th colspan="2">문항수</th><th colspan="2">시간</th></tr>
<tr><td rowspan="4">초급</td><td>제1부분</td><td>듣고 따라 말하기</td><td>15</td><td rowspan="4">25</td><td>4분</td><td rowspan="4">17분</td></tr>
<tr><td>제2부분</td><td>듣고 대답하기</td><td>5</td><td>2분</td></tr>
<tr><td rowspan="2">제3부분</td><td rowspan="2">그림 보고 말하기</td><td rowspan="2">5</td><td>7분(준비시간)</td></tr>
<tr><td>4분</td></tr>
<tr><td rowspan="4">중급</td><td>제1부분</td><td>듣고 따라 말하기</td><td>10</td><td rowspan="4">14</td><td>3분</td><td rowspan="4">19분</td></tr>
<tr><td rowspan="2">제2부분</td><td rowspan="2">그림 보고 말하기</td><td rowspan="2">2</td><td>10분</td></tr>
<tr><td>3분(준비시간)</td></tr>
<tr><td>제3부분</td><td>질문에 대답하기</td><td>2</td><td>3분</td></tr>
</table>

PART Ⅱ

아동 중국어 교육의 실제

제7강
아동 중국어 수업의 교수요목

PART I 에서 아동 중국어 교육의 이론을 전반적으로 학습하였다. 이제 그 이론을 적용하여 아동 중국어 수업의 교수요목을 설계하면 다음과 같다.

월	주제	회화	어휘	활동
3월	인사	A: 你好! Nǐ hǎo! B: 你好! Nǐ hǎo! A: 再见! Zài jiàn! B: 再见! Zài jiàn! A: 谢谢! Xièxie! B: 不客气! Bú kèqi! A: 对不起! Duìbuqǐ! B: 没关系! Méi guānxi!	你好 nǐ hǎo 再见 zài jiàn 谢谢 xièxie 不客气 bú kèqi 对不起 duìbuqǐ 没关系 méi guānxi	1. 인사 책 만들기 2. 길을 잃었어요

월	주제	회화	어휘	활동
4월	신체	A: 眼睛在哪儿? Yǎnjing zài nǎr? B: 眼睛在这里。 Yǎnjing zài zhè lǐ。 A: 你的眼睛真漂亮! Nǐ de yǎnjing zhēn piàoliang!	眼睛 yǎnjing 鼻子 bízi 耳朵 ěrduo 嘴 zuǐ 手 shǒu 脚 jiǎo	1. 다양한 얼굴 만들기 2. 친구 눈은 어디에
5월	가족	A: 他是谁? Tā shì shéi ? B: 他是我爸爸。 Tā shì wǒ bàba. A: 她是谁? Tā shì shéi ? B: 她是我妈妈。 Tā shì wǒ māma. A: 爸爸，我爱你。 Bàba，wǒ ài nǐ. B: 我也爱你。 Wǒ yě ài nǐ.	爸爸 bàba 妈妈 māma 哥哥 gēge 姐姐 jiějie 弟弟 dìdi 妹妹 mèimei	1. 소중한 가족 2. 사랑해요
6월	장소	A: 你去哪儿? Nǐ qù nǎr ? B: 我去商店。 Wǒ qù shāngdiàn. A: 爸爸去哪儿? Bàba qù nǎr? B: 爸爸去医院。 Bàba qù yīyuàn.	学校 xuéxiào 商店 shāngdiàn 医院 yīyuàn 动物园 dòngwùyuán 公园 gōngyuán 幼儿园 yòu'éryuán	1. 나는 버스 운전사 2. 아빠 어디 가?

월	주제	회화	어휘	활동
7월	과일	A: 这是什么? Zhè shì shénme? B: 这是苹果。 Zhè shì píngguǒ. A: 你喜欢什么水果? Nǐ xǐhuan shénme shuǐguǒ? B: 我喜欢香蕉和西瓜。 Wǒ xǐhuan xiāngjiāo hé xīguā.	苹果 píngguǒ 香蕉 xiāngjiāo 草莓 cǎoméi 葡萄 pútao 西瓜 xīguā 橙子 chéngzi	1. 무슨 과일일까? 2. 빨간 망토와 늑대
8월	교통 기관	A: 那是什么? Nà shì shénme? B: 那是飞机。 Nà shì fēijī. A: 你坐什么去? Nǐ zuò shénme qù ? B: 我坐汽车去。 Wǒ zuò qìchē qù.	飞机 fēijī 公共汽车 gōnggòngqìchē 火车 huǒchē 地铁 dìtiě 汽车 qìchē 船 chuán	1. 저건 뭐야? 2. 가위바위보
9월	세계 여러 나라	A: 你是哪国人? Nǐ shì nǎ guó rén ? B: 我是韩国人。 Wǒ shì Hánguórén. A: 你想去哪儿? Nǐ xiǎng qù nǎr? B: 我想去中国。 Wǒ xiǎng qù Zhōngguó.	中国 Zhōngguó 韩国 Hánguó 美国 Měiguó 英国 Yīngguó 法国 Fǎguó 日本 Rìběn	1. 어느 나라 사람이니? 2. 여러 나라 국기 만들기

월	주제	회화	어휘	활동
10월	숫자	A: 你有几个? Nǐ yǒu jǐ ge? B: 我有三个。 Wǒ yǒu sān ge. A: 请给我一个。 Qǐng gěi wǒ yí ge. B: 好。 Hǎo.	一 yī 二(两) èr(liǎng) 三, 四 sān, sì 五, 六 wǔ, liù 七, 八 qī , bā 九, 十 jiǔ, shí	1. 과자 목걸이 만들기 2. 벽돌 쌓기
11월	색깔	A: 这是什么颜色? Zhè shì shénme yánsè? B: 这是红色。 Zhè shì hóngsè. A: 你最喜欢什么颜色? Nǐ zuì xǐhuan shénme yánsè? B: 我最喜欢黄色。 Wǒ zuì xǐhuan huángsè.	红色 hóngsè 黄色 huángsè 绿色 lǜsè 蓝色 lánsè 橙色 chéngsè 黑色 hēisè 紫色 zǐsè	1. 나는 나는 마법사 2. 알록달록 색깔 옷
12월	동물	A: 这是狗吗? Zhè shì gǒu ma? B: (긍정) 是, 这是狗。 Shì, zhè shì gǒu. (부정) 不是, 这是猴子。 Bú shì , zhè shì hóuzi. A: 妈妈, 妈妈! Māma, māma! B: 我不是你的妈妈。 Wǒ bú shì nǐ de māma. A: 你是谁? Nǐ shì shéi? B: 我是猫。 Wǒ shì māo.	狗 gǒu 猫 māo 鸟 niǎo 猴子 hóuzi 老虎 lǎohǔ 兔子 tùzi 熊猫 xióngmāo	1. 딩동댕 게임 2. 엄마를 찾아서

월	주제	회화	어휘	활동
1월	사물	A: 书包在哪儿? Shūbāo zài nǎr? B: 书包在那里。 Shūbāo zài nàlǐ. A: 你有铅笔吗? Nǐ yǒu qiānbǐ ma? B: (긍정) 我有。 Wǒ yǒu. (부정) 我没有。 Wǒ méiyǒu.	铅笔 qiānbǐ 椅子 yǐzi 桌子 zhuōzi 书包 shūbāo 书 shū 电视 diànshì 电脑 diànnǎo	1. 책가방 어디 있니? 2. 있니, 없니?
2월	음식	A: 他吃什么? Tā chī shénme? B: 他吃米饭。 Tā chī mǐfàn. A: 她喝什么? Tā hē shénme? B: 她喝牛奶。 Tā hē niúnǎi. A: 我饿了。 Wǒ è le. B: 吃包子! Chī bāozi. A: 好吃，好吃。 Hǎochī, hǎochī. A: 我饿了。 Wǒ è le. B: 喝牛奶! Hē niúnǎi. A: 好喝，好喝。 Hǎohē, hǎohē.	米饭 mǐfàn 面条 miàntiáo 牛奶 niúnǎi 包子 bāozi 茶 chá 果汁 guǒzhī	1. 먹고 마시고 2. 배고픈 판다

제8강

아동 중국어 수업의 첫 시간

'중국어의 첫 수업을 어떻게 해야 할 것인가?', '학생들에게 어떻게 중국어에 대한 흥미를 이끌 것인가?'에 대한 문제는 많은 교사들이 고민과 어려움을 느끼는 부분이다. 학생들 역시 첫 수업은 새로운 언어에 대한 호기심뿐만 아니라 익숙하지 않은 언어를 접하는 두려움과 긴장을 동시에 느끼게 된다. 따라서 교사는 매력적인 수업 내용과 다양한 방식을 통해 학생들이 직접 참여하고 체험하는 활동으로 첫 수업을 구성하여 학생들이 중국과 중국어에 대한 흥미와 관심을 가질 수 있도록 해야 한다.

첫 수업에서 다룰 수 있는 내용은 교사 소개, 중국과 중국어에 대한 소개, 중국어 수업 시간의 규칙적인 활동에 대한 설명 등이 있다.

먼저 교사 소개는 교사가 직접 전통 의상(旗袍)을 입고 중국어로 된 이름표를 가슴에 단 후, 학생들에게 교사 자신에 대한 간단한 퀴즈를 내어 맞춰보도록 하여 선생님과 중국어에 대해 호기심을 가지고 집중할 수 있게 한다. 중국에 대한 소개는 중국을 상징하는 다양한 그림과 사진, 동영상, PPT(五星红旗，故宫，八，红色，熊猫，茶，二胡，旗袍)등을 활용하여 중국은 어떤 나라인지에 대해 이야기를 나누고 이와 관련된 만들기, 그리기, 게임 등 다양한 활동을 진행한다. 중국어 소개 활동에서 중국어는 한자와 음절로 이루어져 있고 같은 한자라도 성조에 따라 그 의미가 달라진다는 것을 그림, 한자카드, 신체활동 등을 통해 쉽게 이해할 수 있도록 지도한다. 또한 인사, 날씨, 날짜, 요일, 주의집중 등 매번 중국어 수업 시간마다 하는 규칙적인 활동을 소개하여 일상생활과 관련된 표현을 중국어로 자연스럽게 접할 수 있도록 한다.

각 수업 내용에 따른 활동과 활동방법을 소개하면 다음과 같다.

수업 내용	활동	활동방법
교사 소개	真的! 假的!	<이름 퀴즈> 1. 교사의 이름을 한국어로 알려준 후, 칠판에 중국어로 쓰거나 중국어로 된 이름표를 보여준다. 2. 학생들에게 ① ② ③번 각각 다른 발음을 하나씩 들려주고 몇 번이 교사의 이름인지 '真的'를 맞추게 한다. <선생님 관련 퀴즈> 1. 선생님과 관련된 3가지 내용을 준비하여 차례로 읽어준다. ① 선생님은 파란색을 좋아한다. ② 선생님은 강아지를 무서워한다. ③ 선생님은 중국에서 산다. 2. 보기 중에 '真的'를 찾게 한다.
중국은 어떤 나라일까?	中国 글씨 꾸미기	1. 중국을 상징하는 다양한 그림카드를 보여주며 이야기를 나눈다. 2. A4용지에 가로로 中国(외곽선만 표시) 글씨가 쓰인 활동지를 나누어 준다. 3. 중국을 상징하는 다양한 그림 (五星红旗, 故宫, 八, 红色, 熊猫, 茶, 二胡, 旗袍)을 라벨지에 인쇄한 후, 오려서 나누어 준다. 4. 학생들은 中国 글씨 안에 오려진 그림을 붙이고 색칠하여 꾸민다. 

<table>
<tr><th>수업 내용</th><th>활동</th><th>활동방법</th></tr>
<tr><td></td><td>o, x 퀴즈</td><td>1. 중국을 상징하는 다양한 그림카드를 보여주며 이야기를 나눈다.
2. 학생들에게 o,x 카드를 나누어 준다.
3. 학생들은 중국에 관련된 선생님의 문제를 듣고, 맞으면 o, 틀리면 x 카드를 들어 올린다.
ex) 중국 전통 악기 '얼후'는 줄이 2줄이다. (O)
</td></tr>
<tr><td rowspan="2">중국어 성조</td><td>듣고 성조 맞추기</td><td>1. 교사는 '汤(tāng) 탕, 糖(táng) 사탕, 躺(tǎng) 눕다, 烫(tàng) 뜨겁다'의 그림카드를 보여주며 중국어가 성조에 따라 의미가 달라짐에 대해 설명한다.
2. 학생은 교사의 발음을 잘 듣고 알맞은 그림카드와 성조카드를 찾아 칠판에 붙인다.
</td></tr>
<tr><td>몸으로 성조 표현하기</td><td>1. 학생들에게 1성, 2성, 3성, 4성 성조 표시를 보여준다.
2. 내몸으로 성조를 어떻게 표현하면 좋을지 함께 이야기 나눈다.
• 1성 – 발끝으로 서서 양 팔을 좌우로 벌린다.
• 2성 – 두 손을 맞잡고 왼쪽 아래에서부터 대각선으로 위로 올린다.
• 3성 – 두 손을 머리 위로 올려 v자를 만든 상태에서 앉았다가 일어난다.
• 4성 – 두 다리를 어깨보다 넓게 벌리고 양 팔을 좌우로 뻗은 상태에서 오른손이 오른발에 닿도록 내린다.
3. 동작이 정해지면 다 함께 표현해 본다.</td></tr>
</table>

<table>
<tr><th>수업 내용</th><th>활동</th><th>활동방법</th></tr>
<tr><td rowspan="4">규칙적인 활동</td><td>인사</td><td>1. 수업 시작 전 인사 노래
你好! 你好! 你好! 你好!
(왼손 흔들고, 오른손 흔들고)
老师, 您好! 朋友, 你好!
(배꼽에 손 모아 인사, 옆의 친구 바라보며 손 흔들고)
你好! 你好! 你好! 你好! 你! 好!
(왼손 흔들고, 오른손 흔들고 마지막 你! 好! 부분은 박자 맞추어 두 손 함께 흔든다.)
2. 수업을 마친 후 인사 노래
인사 노래와 동일한 음과 동작으로 '잘 가'노래를 부른다.
再见! 再见! 再见! 再见!
老师, 再见! 朋友, 再见!
再见! 再见! 再见! 再见! 再! 见!</td></tr>
<tr><td>날짜와 요일</td><td>1. 교사는 1~31까지의 숫자, 월, 일, 요일 한자카드를 준비한다.
2. 교사는 융 칠판에 날짜와 요일 한자카드를 붙이고 발음해준 후, 학생들이 따라 말하게 한다.</td></tr>
<tr><td>날씨</td><td>1. 교사는 해, 구름, 비, 눈 등의 그림카드를 준비한다.
2. 교사는 매일의 날씨에 따라 해당 그림카드를 보여주며, 발음과 동작을 한다.
3. 학생들은 교사의 발음과 동작을 따라 말한다.</td></tr>
<tr><td>주의집중</td><td>1. 교사가 "一, 二!" 이라고 말하면 학생들은 "安静!" 이라고 외치며 손을 무릎 위에 둔다.
2. 眼睛眨眨 (양손을 눈 옆에 두고 깜박이듯이)
鼻子闻闻 (손을 코에 대고 냄새 맡는 흉내)
耳朵啊啊 (손을 귀에 대고 소리 듣는 흉내)
嘴巴쪽쪽 (뽀뽀하는 흉내 내며 소리로 쪽쪽)
小手膝盖 (두 손을 무릎위에 둔다.)
교사의 동작과 발음을 학생들이 따라 말하게 하며 활동에 익숙해지면 앞 부분은 교사가 말하고 뒷 부분은 학생들이 말하게 한다.</td></tr>
</table>

제9강
아동 중국어 수업의 공통활동

공통 1 공놀이

활동목표

▶ 언어기능: 듣기, 말하기

▶ 학습내용: 단어, 문장

▶ 교과 간의 연계: • 체육/ 신체운동 건강 – 신체활동 즐기기
• 외국어/ 의사소통 – 듣기와 말하기

활동자료

❶ 그림카드
❷ 공

활동소개

두 명이 서로 마주보고 서서 공을 주고 받으며 중국어 단어나 문장을 말한다.

중국어 활동 지도

【활동1】

1. 그림카드를 한 장씩 보여주며 단어를 말한 후, 학생이 따라 말하게 한다.
2. 학생들에게 활동 방법을 간단히 설명한다.

선생님이 공을 던지면서 방금 배운 단어를 말해 줄 거예요.
공을 받은 후, 선생님 발음을 똑같이 따라 말하며
다시 선생님에게 공을 던져 주세요.

3. 학생과 일정 거리를 두고 마주 선 후, 학생에게 공을 던지며 단어를 말한다.
   학생이 말하며 다시 선생님에게 공을 던지게 한다.

爸爸

爸爸

【활동 2】

1. 그림카드를 한 장씩 보여주며 단어를 말한 후, 학생이 따라 말하게 한다.
2. 학생에게 공을 던지며 단어를 말한다.
   학생이 교사가 말한 단어와 새 단어를 이어서 말한다.

【활동 3】

1. 그림카드를 한 장씩 보여주며 단어를 말한 후, 학생이 따라 말하게 한다.
2. 칠판에 그림카드를 일렬로 붙인다.
3. 학생 2명이 적당한 거리를 두고 서로 마주보고 서게 한다.
4. 학생들이 서로 공을 주고 받으며 그림카드를 보고 그 순서대로 말하게 한다.

【활동 4】

1. 학생에게 공을 던지며 문장을 말한다.
2. 학생이 교사가 말한 문장을 따라 말하며 다시 선생님에게 공을 던지게 한다.

활동 tip

▶ 활동 전

- 공은 학생들이 다치지 않도록 고무 재질로 되어있는 탱탱볼을 준비한다.
- 활동을 시작하기 전에 공을 던질 때 유의할 점에 대해 설명하고 학생을 한 명 불러내어 함께 시범을 보인다.

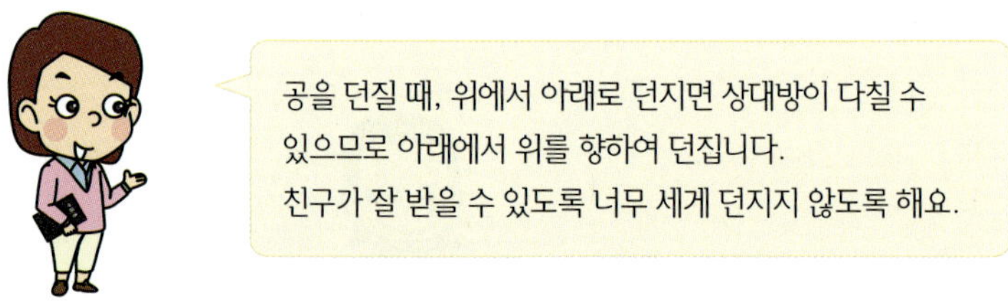

▶ 활동 중

- 【활동 2】를 진행할 때 학생들이 이어서 새 단어 말하기에 어려움을 느낀다면 그림카드를 칠판에 붙여놓고 활동을 진행한다.
- 연령별 학생의 신체 능력을 고려하여 공을 주고받는 간격을 조절한다.
- 처음 활동할 때는 학생들이 모두 자기 자리에 앉아있는 상태에서 한 명씩 앞으로 나오게 하여 진행 하고 익숙해지면 반 학생들이 모두 한 줄로 서서 공 던지기를 한 후, 맨 뒤로 다시 돌아가는 방식으로 진행한다.

– 인원이 적을 경우 학생들 모두 일렬로 서게 한 후, 교사가 한 명씩 옆으로 이동하며 활동한다.

▶ 응용

• 아직 소근육이 발달하지 않은 어린 연령의 학생들은 공 던지기 보다 서로 앉은 상태에서 공 굴리기로 바꾸어 활동한다.

활동 자료 만들기

❶ 그림카드

1. 그림카드를 인쇄하여 오린다.
2. 코팅한 후, 뒷면에 까슬이를 붙인다.

공통 2 보물찾기

활동목표

▶ 언어기능: 듣기, 말하기

▶ 학습내용: 단어, 문장

▶ 교과 간의 연계: • 체육/ 신체운동 건강 – 신체활동 즐기기
• 외국어/ 의사소통 – 듣기와 말하기

활동자료

① 그림카드

활동소개

교실 곳곳에 숨겨놓은 그림카드를 찾아와 중국어 단어 또는 문장으로 말한다.

중국어 활동 지도

1. 그림카드를 한 장씩 보여주며 단어를 말한 후, 학생이 따라 말하게 한다.
2. 학생들에게 활동 방법을 간단히 설명한다.
3. '睡觉'라는 지시어에 따라 학생이 자기 자리에서 눈을 감고 엎드리게 한다.

睡觉

4. 학생이 엎드려있는 동안 교실 곳곳에 카드를 숨겨 놓는다.

5.'起床'이라는 지시어에 따라 학생이 기지개를 켜며 일어나게 한다.

起床

6. 학생이 한 명씩 나와 숨겨진 카드를 찾아온 후, 찾은 카드를 보고 단어를 말하게 한다.

韩国

활동 tip

▶ 활동 중

- 카드를 숨길 때는 서랍 또는 가방안에 넣어놓기 등 카드 전체가 안 보이게 숨기는 것보다 교구 책장 등 카드의 일부분이 보이도록 숨긴다.

  ＊ 카드를 찾는 데 소요 시간이 오래 걸리고 못 찾는 경우가 더 많다.

- 학생들이 카드를 찾을 때는 술래 한 명을 지정하여 술래만 찾도록 하고 술래는 자신이 여러 장의 카드를 발견했더라도 단 한 장의 카드만 찾아 올 수 있게 한다. 앉아있는 다른 학생들은 술래가 카드를 찾는 동안 응원해주고, 술래가 카드를 찾지 못할 경우에는 힌트를 줄 수 있도록 한다.

▶ 응용

- 그림카드 외에 한자카드나 문장카드를 활용하여 같은 방식으로 활동할 수 있다. 한자카드를 학생 스스로 읽기 어려운 경우에는 교사가 학생이 찾은 카드의 단어나 문장의 발음을 들려주고 학생에게 그 뜻을 물어보는 방법으로 바꾸어 활동한다.

我想去中国。

나는 중국에 가고 싶어요.

활동 자료 만들기

❶ 그림카드

1. 그림카드를 인쇄하여 오린다.
2. 코팅한 후, 뒷면에 까슬이를 붙인다.

공통 3 스파이더맨

활동목표

▶ 언어기능: 듣기, 말하기

▶ 학습내용: 단어, 문장

▶ 교과 간의 연계: • 체육/ 신체운동 건강 – 신체활동 즐기기

• 외국어/ 의사소통 – 듣기와 말하기

활동자료

① 그림카드

활동소개

중국어를 듣고 바닥에 펼쳐진 그림카드에서 찾아 손과 발을 사용하여 짚는다.

중국어 활동 지도

1. 그림카드를 한 장씩 보여주며 단어를 말한 후, 학생이 따라 말하게 한다.

2. 바닥에 그림카드를 펼쳐 놓는다.

3. 활동 방법을 설명한 후, 시범을 보인다.

스파이더맨을 본 적 있나요?
스파이더맨은 높은 빌딩을 어떻게 올라가나요? 어떤 자세인가요?
오늘은 우리 친구들이 그 스파이더맨이 되어볼 거예요.
중국어를 잘 듣고 그림카드를 찾아 그 위에 발과 손을 차례대로 짚어서 스파이더맨이 되어 보아요.

4. 학생이 발음을 잘 듣고 해당하는 그림카드를 찾아 발과 손을 차례대로 짚게 한다. 그 자세를 3초 동안 유지하게 한다.

电脑

발과 손을 다 짚었으면 움직이지 않고 3초를 버텨보아요.

一, 二, 三

5. 다시 한 번 그림카드를 한 장씩 보여주며 학생들이 중국어로 단어를 말하게 한다.

활동 tip

▶ 활동 중

- 카드를 짚을 때, 양 발을 한 쪽씩 먼저 짚고 나중에 양손을 한 쪽씩 짚도록 한다.(발을 먼저 짚어야 몸을 움직이기 편하다.)
- 학생의 연령과 개인차에 따라 난이도를 조절하여 단어를 부른다.
  (예를 들어 손이 X 자로 꺾이거나 다리를 일자로 쭉 벌릴 수 있는 자세는 어려운 동작이므로 학생 개개인의 신체 능력을 고려한다.)
- 학생이 넘어지거나 무리해서 몸을 움직이지 않도록 주의한다.
- 중간에 카드의 위치를 바꾸어 준다.

활동 자료 만들기

❶ 그림카드

1. 그림카드를 인쇄하여 오린다.
2. 코팅한 후, 뒷면에 까슬이를 붙인다.

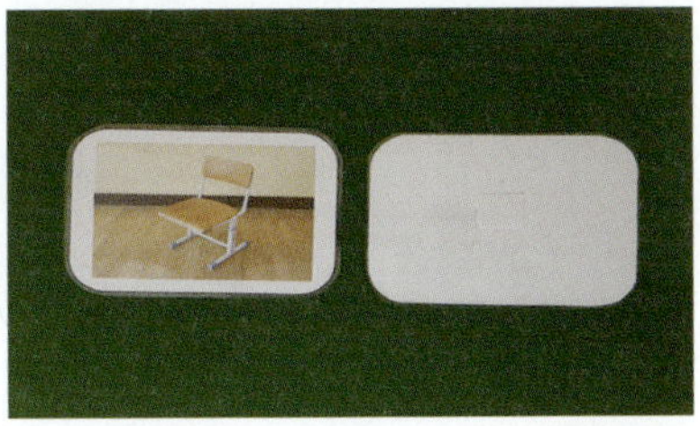

공통 4 눈치 게임

활동목표

▶ 언어기능: 듣기, 말하기

▶ 학습내용: 단어, 문장

▶ 교과 간의 연계: • 체육/ 신체운동 건강 – 신체활동 즐기기
• 외국어/ 의사소통 – 듣기와 말하기
• 사회/ 사회관계 – 더불어 생활하기

활동자료

① 그림카드

활동소개

한 명씩 일어나며 칠판에 있는 그림카드의 순서에 따라 중국어 단어를 말한다. 동시에 일어나거나 발음이 틀린 경우 탈락한다.

중국어 활동 지도

1. 그림카드를 한 장씩 보여주며 단어를 말한 후, 학생이 따라 말하게 한다.

2. 융 칠판에 그림카드를 붙인다.

3. 활동 방법을 설명한 후, 시범을 보인다.

모두 일렬로 앉아 있다가 칠판에 붙어있는 그림카드의 순서를 잘 보고 한 명씩 이 순서대로 중국어로 발음하면서 일어나요.
다른 친구와 동시에 일어나거나 발음이 틀리면 탈락하고 마지막까지 남아있는 친구가 최종 승자가 되는 거에요.

4. 그림카드의 숫자만큼 학생을 뽑아 일렬로 세운다.

5. '开始'을 외친 후, 학생이 융 칠판에 붙어있는 그림카드의 순서대로 중국어로 말하면서 일어나게 한다. 학생이 동시에 일어나거나 발음이 틀린 경우 그 학생은 탈락시킨다.

윤이랑 민채는 동시에 일어났으니 자리로 돌아가고 남은 친구들은 다시 자리에 앉으세요.
"开始"

6. 탈락한 학생을 제외한 후, 반복 진행하여 최종 승자를 가린다.
 2명이 남게 될 경우 서로 가위바위보를 하여 최종 승자를 정한다.

7. 최종 승자에게는 다음 게임에서 탈락하더라도 한 번의 기회를 더 가질 수 있는 권한을 준다.

활동 tip

▶ 활동 중

- 학생이 규칙에 익숙해지도록 연습 게임을 반복하여 진행한 후, 본 게임을 시작한다.
- 판이 바뀌면 융 칠판에 붙인 그림카드의 순서도 바꾸어 진행한다.

▶ 응용

- 활동에 익숙해지면 한자카드를 활용하여 진행한다.

활동 자료 만들기

❶ 그림카드

1. 그림카드를 인쇄하여 오린다.
2. 코팅한 후, 뒷면에 까슬이를 붙인다.

공통 5 릴레이 말하기

활동목표

- ▶ 언어기능: 듣기, 말하기, 읽기
- ▶ 학습내용: 단어, 문장
- ▶ 교과 간의 연계: 외국어/ 의사소통 – 듣기와 말하기
  – 읽기와 쓰기에 관심 가지기

활동자료

① 한자카드

활동소개

원형으로 둘러 앉아 첫 번째 학생부터 앉은 순서대로 한자카드를 읽은 후, 옆 사람에게 전달한다.

중국어 활동 지도

1. 한자카드를 한 장씩 보여주며 단어를 말한 후, 학생이 따라 말하게 한다.
2. 학생들을 원형으로 둘러 앉게 한다.

3. 학생들에게 활동 방법을 간단히 설명한다.
4. 한자카드를 읽으며 첫 번째 학생에게 전달한다.

5. 첫 번째 학생부터 앉은 순서대로 한자카드를 읽은 후, 옆 학생에게 전달하도록 한다.

6. 마지막 학생이 한자카드를 읽은 후, 교사에게 돌려 주도록 한다.

활동 tip

▶ 활동 전

• 인원수나 교실 환경에 따라 일렬(1줄), 2줄 3줄, 원형으로 나누어 앉게 한다.

▶ 활동 중

• 친구의 눈을 보고 정확하게 발음하도록 지도하고, 발음이나 성조가 틀린 경우에는 교사의 발음을 다시 들려주어 학생의 발음을 교정한다.

• 한 방향으로만 진행시키기보다 앞 ⇨ 뒤, 뒤 ⇨ 앞, 왼쪽 ⇨ 오른쪽, 오른쪽 ⇨ 왼쪽 등 진행하는 방식에 변화를 주어 학생이 흥미를 유지하도록 한다.

▶ 응용

• 초시계를 활용하여 제한 시간을 두고 진행하거나, 최단 시간을 목표로 게임처럼 진행하면 반복하여 활동하더라도 학생의 흥미를 유지시킬 수 있다.

활동 자료 만들기

❶ 한자카드

1. 한자카드를 인쇄하여 오린다.
2. 코팅한 후, 뒷면에 까슬이를 붙인다.

공통 6 뿅뿅뿅

활동목표

- 언어기능: 듣기, 말하기, 읽기
- 학습내용: 단어, 문장
- 교과 간의 연계: 신체운동 건강 – 신체활동 즐기기
  외국어/ 의사소통 – 듣기와 말하기
  – 읽기와 쓰기에 관심 가지기

활동자료

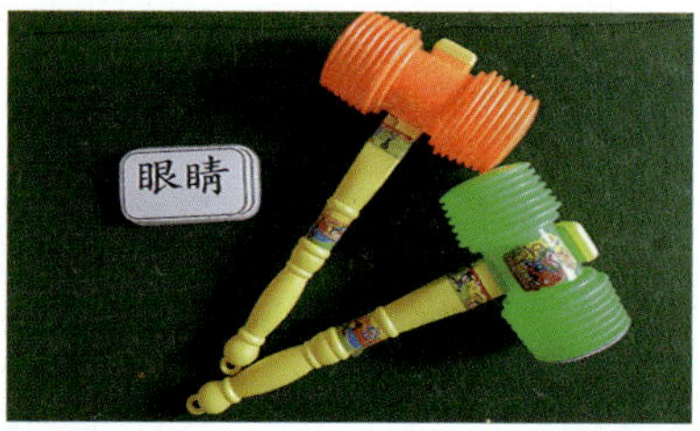

1. 한자카드
2. 뿅망치(1~2개)

활동소개

중국어를 듣고, 칠판에 있는 한자카드에서 찾아 뿅망치로 친다.

중국어 활동 지도

【활동1】 단어 학습

1. 한자카드를 한 장씩 보여주며 단어를 말한 후, 학생이 따라 말하게 한다.
2. 융 칠판에 한자카드를 붙인다.
3. 학생들에게 활동 방법을 간단히 설명한다.

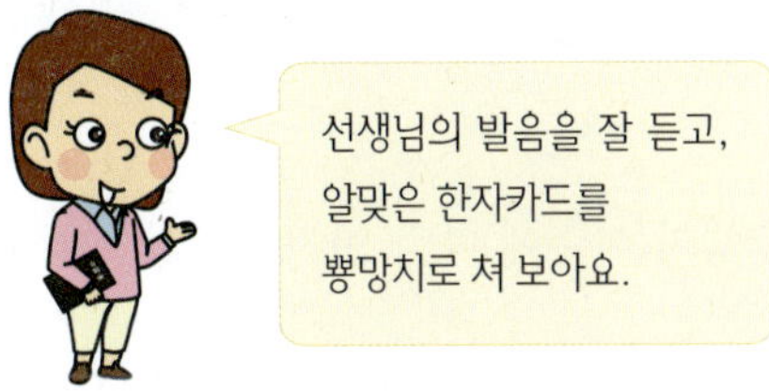

4. 학생들을 차례대로 한 명씩 나오게 하여 교사가 말하는 단어를 듣고 뿅망치로 해당 한자카드를 치게 한다.

【활동 2】 문장 완성하기 활동 (어순 학습)

1. 융 칠판에 한자카드를 붙인다.

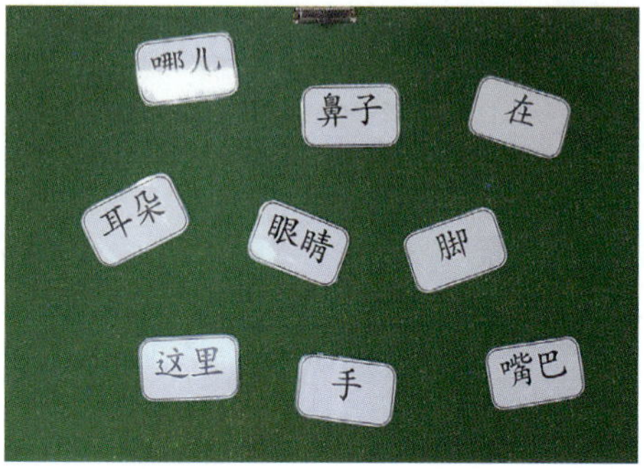

2. 문장을 말한 후, 학생이 어순에 따라 한자카드를 차례대로 뿅망치로 치게 한다.

3. 학생이 최종적으로 문장을 정확한 발음으로 말하게 한다.

활동 tip

▶ 활동 전

- 칠판에 붙이는 카드의 개수가 너무 많으면 학생들이 답을 맞추기 어려우므로 제시하는 카드의 개수를 연령에 따라 적절히 조절한다.

▶ 응용

- 학생들의 연령별 수준을 고려하여 한자카드로 진행하기 어려운 경우에는 그림카드만 가지고 활동하거나 그림카드로 먼저 활동한 후, 한자카드로 바꾸어 활동한다.
- 모듬 구성: 2명씩 나와 게임처럼 진행할 수 있다.

이때, 서로 경쟁을 하려는 의도가 아니므로 모든 학생이 만족스러운 활동이 되도록 유의 사항에 대해 충분히 설명한다.

누가 먼저 치는지가 중요한 것이 아니라 즐겁게 활동하는 것이 중요해요. 친구가 뿅망치로 먼저 치더라도 뒤에 하는 친구도 자신이 찾은 카드를 뿅망치로 치면 됩니다.

활동 자료 만들기

❶ 한자카드

1. 한자카드를 인쇄하여 오린다.
2. 코팅한 후, 뒷면에 까슬이를 붙인다.

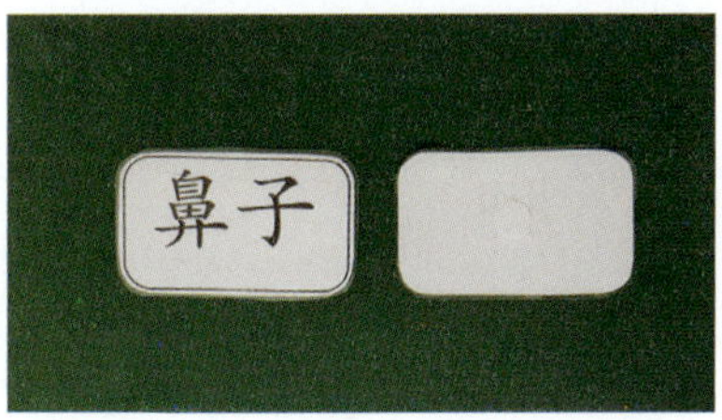

공통7 쪽지 게임

활동목표

- ▶ 언어기능: 듣기, 말하기, 읽기
- ▶ 학습내용: 단어, 문장
- ▶ 교과 간의 연계: 외국어/ 의사소통 – 듣기와 말하기
  – 읽기와 쓰기에 관심 가지기

활동자료

❶ 한자카드
❷ 통
❸ 종이 쪽지(중국어 문장), 플라스틱 고리

활동소개

• 통 안에서 쪽지를 꺼내어 문장을 읽은 후 중국어 문장은 한국어로, 한국어 문장은 중국어로 말한다.

중국어 활동 지도

1. 한자카드를 한 장씩 보여주며 단어를 발음한 후, 학생이 따라 말하게 한다.
2. 종이 쪽지를 통 안에 넣는다.
3. 학생들에게 활동 방법을 간단히 설명한다.

이 통 안에는 중국어 문장이 적힌 종이쪽지와 한국어 문장이 적힌 종이쪽지가 섞여 있어요.
우리 친구들이 한 명씩 나와서 쪽지를 꺼낸 본 후, 중국어 문장이 적혀 있으면 한국어로, 한국어 문장이 적혀 있으면 중국어로 말해보아요.

4. 학생들을 차례대로 한 명씩 나오게 하여 통 안에서 종이 쪽지를 하나 뽑아 읽게 한 후, 한국어나 중국어로 말하게 한다.

뭐라고 쓰여 있나요?

쪽지에 쓰인 문장을
중국어로 읽어볼까요?

너 어디 가니?

你去哪儿?

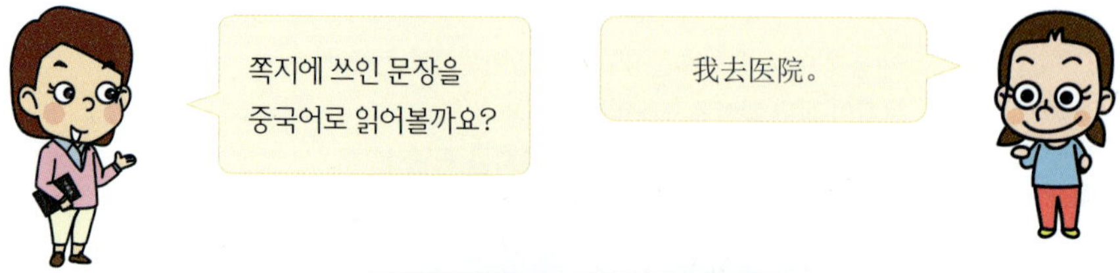

4. 발표 학생이 자리에 앉아있는 학생들이 볼 수 있도록 종이 쪽지를 들고 있게 한다.

5. 앉아있는 학생들은 종이 쪽지를 보며 다 함께 한국어나 중국어로 말하게 한다.

활동 tip

▶ 활동 전

- 쪽지의 단어/ 문장의 글자 크기는 모두에게 잘 보이도록 굵고 크게 프린트 한다.

▶ 활동 중

- 발표하는 학생이 답을 말하지 못할 때는 간단한 힌트를 주어 스스로 답을 말할 수 있도록 돕는다.
- 특히, 중국어로 쓰인 쪽지를 학생이 잘 읽지 못할 경우에는 교사가 중국어로 발음을 해 주고 학생이 듣고 답할 수 있도록 한다.

활동 자료 만들기

❶ 한자카드

1. 한자카드를 인쇄하여 오린다.
2. 코팅한 후, 뒷면에 까슬이를 붙인다.

❷ 통

1. 안의 내용물이 보이지 않도록 플라스틱 통 겉면에 접착 융을 붙인다.

❸ 종이 쪽지

1. A4 용지를 가로로 두고 반을 나누어 단어/ 문장을 써서 프린트 한다.
2. 쪽지를 자른 후, 돌돌 말아 플라스틱 고리로 고정시킨다.

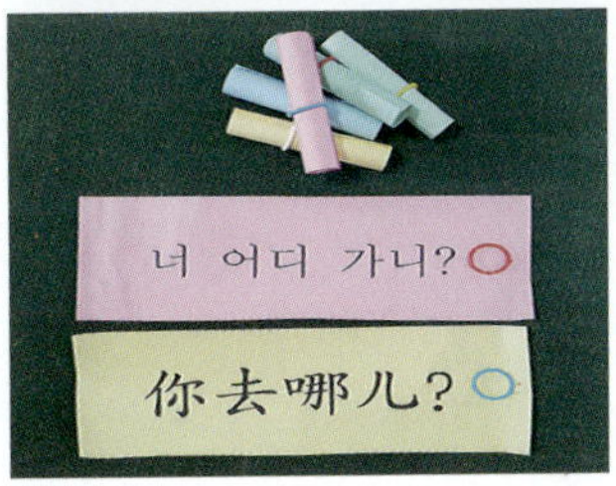

공통 8 콩콩콩

활동목표

- 언어기능: 듣기, 말하기, 읽기
- 학습내용: 단어, 문장
- 교과 간의 연계: 체육/ 신체운동 건강 – 신체활동 즐기기
  외국어/ 의사소통 – 듣기와 말하기
  – 읽기와 쓰기에 관심 가지기

활동자료

❶ 그림카드, 한자카드

활동소개

바닥에 놓여진 그림카드나 한자카드를 중국어로 말하면서 한 장씩 밟고 걸어간다. 또는 중국어를 듣고 어순에 따라 한자카드를 찾아 차례대로 밟으며 걸어간다.

중국어 활동 지도

【활동 1】

1. 그림카드를 한 장씩 보여주며 단어를 말한 후, 학생이 따라 말하게 한다.
2. 그림카드를 바닥에 한 장씩 학생들의 보폭에 맞게 종렬로 놓는다.
3. 학생들에게 활동 방법을 간단히 설명한다.

앞(바닥)에 그림카드가 보이나요? 각각의 그림이 나타내는 단어를 중국어로 말하면 하나씩 콩콩 밟고 반대편으로 건너갈 수 있어요. 우리 친구들은 그림카드를 다 읽고, 건너 편까지 무사히 도착할 수 있나요?

4. 학생들을 차례대로 한 명씩 나오게 하여 그림카드를 보고 그 단어를 중국어로 말하면서 하나씩 밟으며 걸어가게 한다.

一，二，三，四，五

【활동 2】

1. 그림카드와 한자카드를 한 장씩 보여주며 단어를 말한 후, 학생이 따라 말하게 한다.
2. 바닥에 그림카드와 한자카드를 펼쳐 놓는다.
3. 단어를 말한 후, 학생이 그에 해당하는 그림카드와 한자카드를 차례대로 밟게 한다.

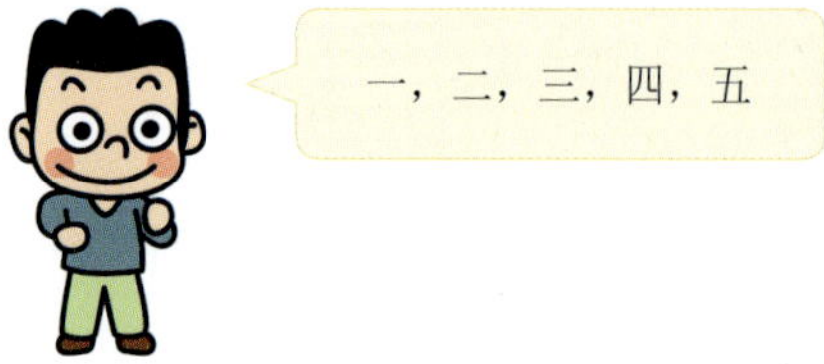

【활동 3】

1. 문장의 어순에 따라 한자카드를 바닥에 펼쳐 놓는다.
2. 학생이 문장을 말하면서 한자카드를 차례대로 밟으며 걸어가게 한다.

你 → 有 → 几 → 个

【활동 4】

1. 문장의 어순에 상관없이 한자카드를 바닥에 펼쳐 놓는다.
2. 문장을 말한 후, 학생이 어순에 따라 한자카드를 차례대로 밟으며 걸어가게 한다.

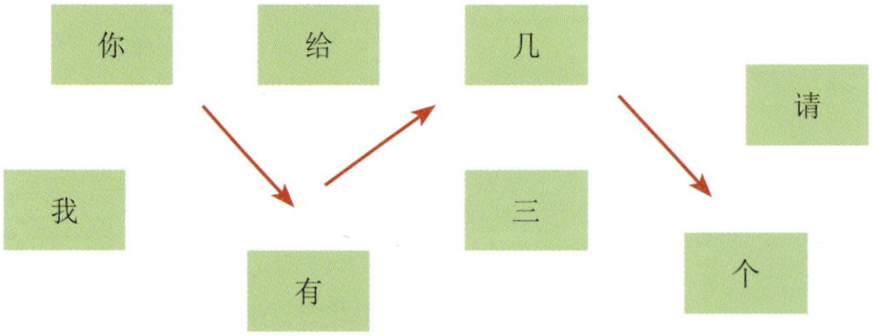

3. 학생이 친구들 앞에서 해당 문장을 다시 한 번 말하게 한다.

활동 tip

▶ 활동 전

- 연령별 학생의 신체 능력을 고려하여 카드 사이의 간격을 조절한다.
- 예를 들어 5세 학생의 경우에는 쉽게 건널 수 있도록 카드 간격을 좁게 놓고, 6, 7세는 조금 어렵다 생각될 정도로 간격을 넓게 하여 활동에 대한 흥미를 유지하도록 한다.

▶ 활동 중

- 학생이 카드를 읽지 못할 때는 앉아있는 다른 학생들에게 질문하여 학생이 답을 찾을 수 있도록 유도한다.

활동 자료 만들기

❶ 그림카드, 한자카드

1. 그림카드, 한자카드를 인쇄하여 오린다.
2. 코팅한 후, 뒷면에 까슬이를 붙인다.

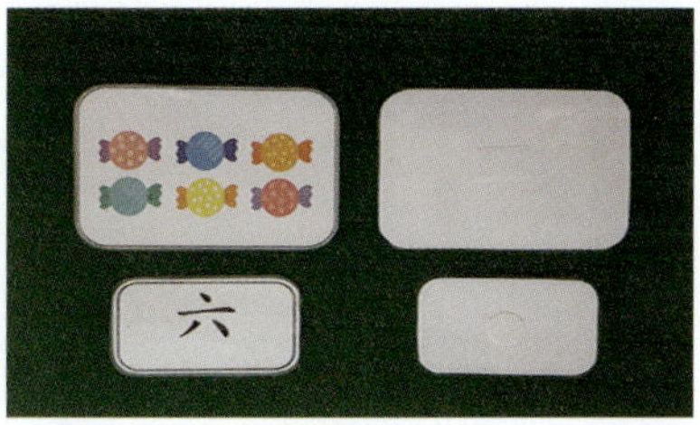

공통 9 줄 잇기

활동목표

- 언어기능: 듣기, 말하기, 읽기
- 학습내용: 단어, 문장
- 교과 간의 연계: 외국어/ 의사소통 – 듣기와 말하기
  – 읽기와 쓰기에 관심 가지기

활동자료

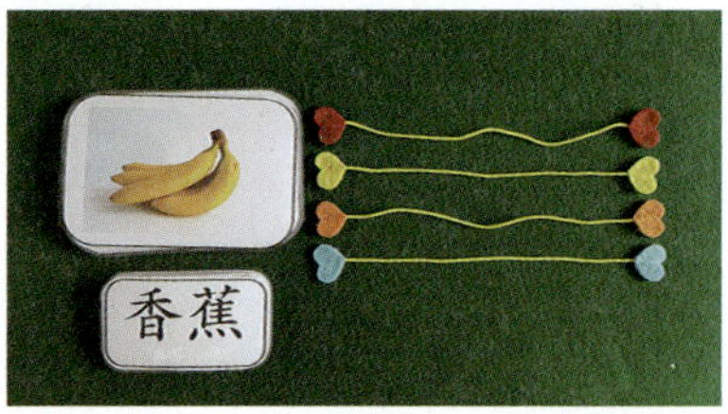

❶ 그림카드, 한자카드

❷ 연결 줄

활동소개

중국어 단어를 듣고 해당하는 그림카드를 찾아 연결 줄로 한자카드와 연결한다.

중국어 활동 지도

1. 그림카드를 한 장씩 보여주며 단어를 말한 후, 학생이 따라 말하게 한다.
2. 융 칠판 왼쪽에는 그림카드를, 오른쪽에는 한자카드를 붙인다.

3. 그림카드 옆에 연결 줄을 붙여놓는다.

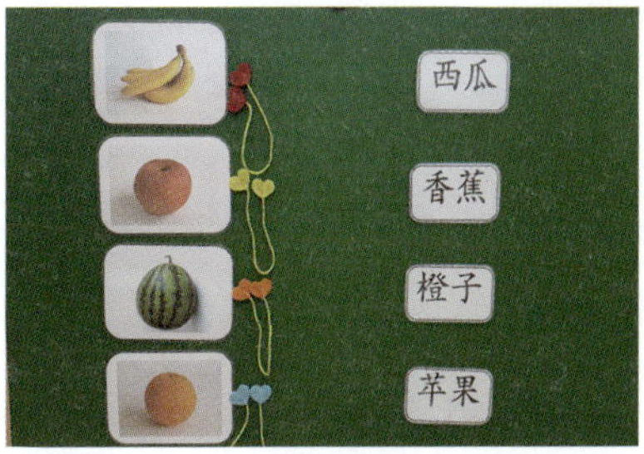

4. 학생들에게 활동 방법을 간단히 설명한다.

5. 단어를 말한 후, 학생이 이에 해당하는 그림카드의 줄을 한자카드와 연결하여 붙이게 한다.

6. 학생이 학습한 단어로 답할 수 있도록 질문을 한 후, 학생이 문장으로 답하게 한다.

활동 tip

▶ 활동 전

- 연결 끈의 길이를 고려하여 융 칠판에 그림카드와 한자카드의 간격을 조절하여 붙인다.
- 학생이 한자카드를 잘 찾지 못할 경우에는 답을 바로 알려주기보다 융 칠판에 붙어있는 한자카드를 차례로 한번씩 다 발음해 준 후, 학생 스스로 찾도록 돕는다.

활동 자료 만들기

❶ 그림카드, 한자카드

1. 그림카드, 한자카드를 인쇄하여 오린다.
2. 코팅한 후, 뒷면에 까슬이를 붙인다.

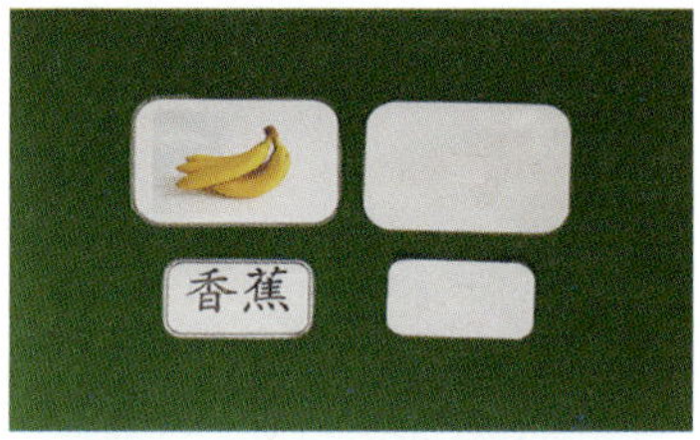

❷ 연결 줄

1. 펠트지를 하트 모양으로 오린다.
2. 글루건으로 하트 모양 펠트지에 고무줄의 한쪽 끝을 붙인다.
3. 그 위에 다시 글루건으로 하트 모양 펠트지를 맞붙인다.
4. 고무줄의 나머지 한 쪽 끝도 똑같이 만든다.
5. 하트 뒷면에 까슬이를 붙인다.

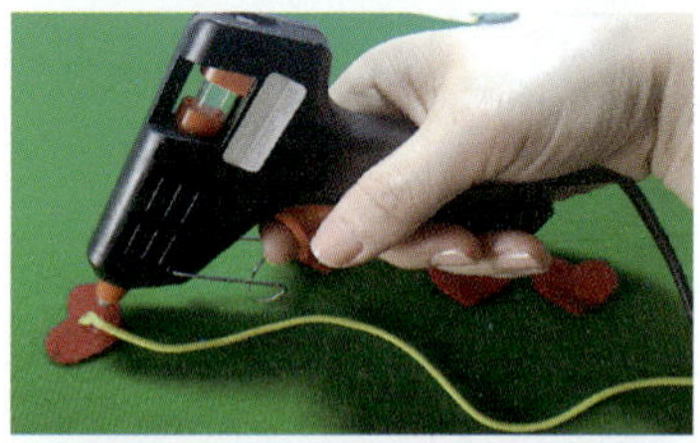

공통 10 짝 카드

활동목표

- 언어기능: 듣기, 말하기, 읽기
- 학습내용: 단어, 문장
- 교과 간의 연계: 외국어/ 의사소통 – 듣기와 말하기
  – 읽기와 쓰기에 관심 가지기

활동자료

① **활동1:** 그림카드 8장 2세트
활동2: 그림카드 8장+한자카드 8장
② 짝 카드 판 16개

활동소개

그림카드를 2장씩 뒤집어 동일한 그림을 찾은 후, 중국어 단어를 말한다.
또는 그림카드와 한자카드를 뒤집어 한 쌍을 이루면 중국어 단어를 말한다.

중국어 활동 지도

【활동1】

1. 그림카드를 한 장씩 보여주며 단어를 말한 후, 학생이 따라 말하게 한다.
2. 학생들에게 활동 방법을 간단히 설명한다.

3. 2세트의 그림카드를 골고루 섞어 융 칠판에 뒤집어 붙인다.

4. 학생이 그림카드 2장을 뒤집게 한다. 학생이 카드 2장을 뒤집어서 동일한 그림이 나오면 중국어로 질문하고, 학생이 답하게 한다. 짝이 되지 않을 경우에는 원래대로 다시 뒤집어 놓게 한다.

【활동 2】

1. 그림카드를 한 장씩 보여주며 단어를 말한 후, 학생이 따라 말하게 한다.

2. 학생들에게 활동 방법을 간단히 설명한다.

3. 그림카드와 한자카드 각각 1세트를 골고루 섞어 융 칠판에 뒤집어 붙인다.

4. 학생이 카드 2장을 뒤집어서 그림카드와 한자카드가 짝이 되면 중국어로 질문하고, 학생이 답하게 한다. 짝이 되지 않을 경우에는 원래대로 다시 뒤집어 놓게 한다.

활동 tip

▶ 활동 전

- 그림/한자카드의 개수에 따라 3x3(9장), 4x4(16장)의 형태로 진행할 수 있다. 주제별 단어가 부족할 경우, 이전에 배웠던 단어에서 골라 개수를 맞춘다.

▶ 활동 중

- 카드를 뒤집을 때, 학생이 직접 나와 활동하게 되면 시간이 많이 소요되어 자칫 지루해질 수 있다.
- 학생의 수준을 고려하여 5세는 직접 나와서 카드를 골라 뒤집게 하고 6~7세는 앉은 자리에서 카드를 고르고 교사가 카드를 뒤집어 주어 신속하게 진행한다.

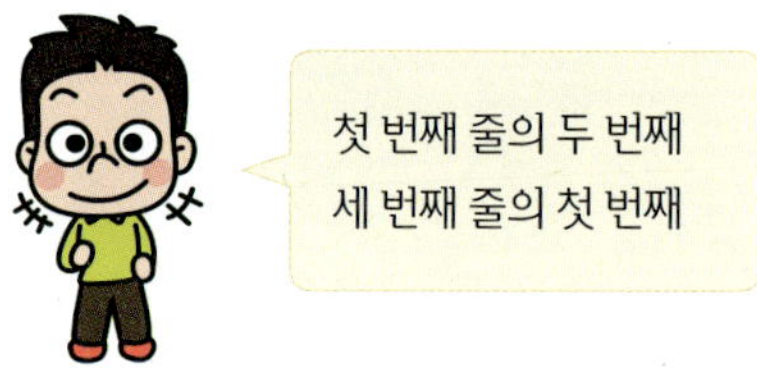

또는 카드 뒷면에 숫자를 써 놓아 학생이 숫자를 보고 2장의 카드를 고르게 할 수 있다. 하지만 이 경우에는 학생이 번호를 외워 답을 찾기 쉬워지므로 여러 번 활동하고자 할 때는 어려움이 있다.
따라서 교사가 자신의 수업 상황에 맞추어 활동 방식을 정하는 것이 바람직하다.

활동 자료 만들기

❶ 그림카드, 한자카드 (그림카드 8장 2세트, 한자카드 8장)

1. 그림카드, 한자카드를 인쇄하여 오린다.
2. 코팅한 후, 뒷면에 까슬이를 붙인다.

❷ 짝 카드 판

1. 색상지를 직사각형(18cm x 13cm)으로 잘라 오린 후, 모서리를 약간 동그랗게 오린다.
2. 1의 색상지를 코팅한다.
3. 앞면 위쪽에(융 칠판에 붙이기 위한) 까슬이, 중앙에(그림카드/한자카드를 붙이기 위한) 보슬이를 붙인다. 그리고 뒷면 중앙에는(융 칠판에 붙이기 위한) 까슬이를 붙인다.
4. 3의 색상지 앞면에 그림카드 또는 한자카드를 붙인다.

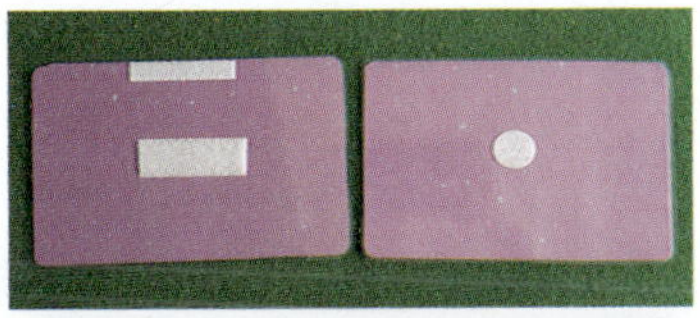

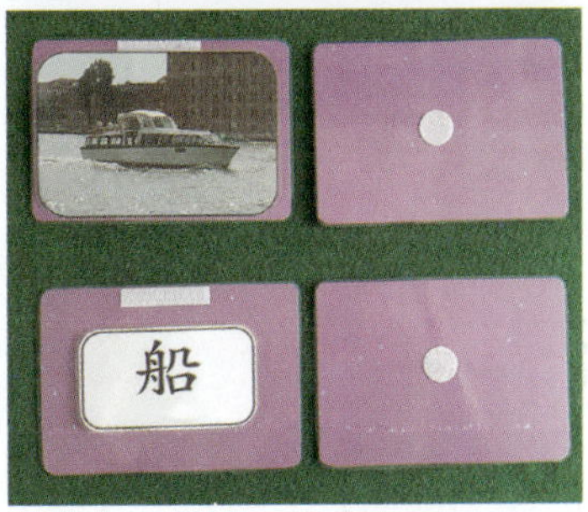

공통 11 보드 게임

활동목표

- 언어기능: 듣기, 말하기
- 학습내용: 단어, 문장
- 교과 간의 연계: • 외국어/ 의사소통 – 듣기와 말하기
  – 읽기와 쓰기에 관심 가지기
  • 사회/ 사회관계 – 더불어 생활하기

활동자료

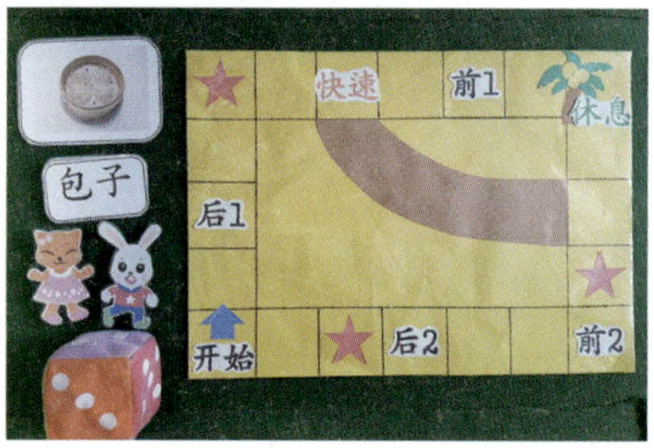

❶ 그림카드, 한자카드
❷ 게임 판
❸ 게임 말
❹ 주사위

활동소개

각 팀에서 한 명씩 돌아가며 나와 그림카드나 한자카드를 뽑아 중국어로 말한다. 정확하게 말하면 주사위를 던질 기회가 주어진다. 주사위를 던져 나온 수만큼 게임 판에서 말을 이동시키고 해당 칸의 지시어를 수행한다. 도착 지점에 먼저 도착하는 팀이 승리한다.

중국어 활동 지도

1. 그림카드와 한자카드를 한 장씩 보여주며 단어를 말한 후, 학생이 따라 말하게 한다.

2. 자석 칠판에 게임 판을 붙이고 게임 말을 开始 위치에 붙인다.

3. 학생들에게 활동 방법을 설명한 후, 선생님은 카드를 든 상태에서 시범을 보인다.

방금 선생님과 연습해 본 카드를 사용하여 게임을 해보아요.
먼저 카드를 한 장 뽑아 카드에 나온 그림이나 한자를 보고
정확하게 발음해 봅시다.

学校

답을 맞추면 주사위를 던져요.
어떤 숫자가 나왔나요?
중국어로 읽어볼까요?

二

이제 말을 2칸 이동합니다. 그런데 게임 판에 后1 라고 써있네요. 그럼 말을 뒤로 1칸 이동합니다. 이렇게 게임 판에 쓰여 있는 지시 사항에 따라 말을 움직이고 출발한 지점으로 먼저 돌아오는 팀이 이기는 거예요.

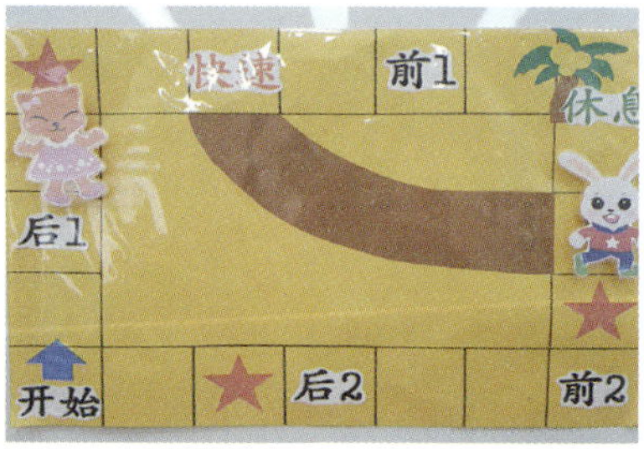

＊ 게임 판 지시 사항

- ★: 교사와 학생이 가위바위보를 하여 교사가 이기면 뒤로 3칸, 학생이 이기면 앞으로 3칸 이동
- 前1 : 앞으로 1칸 이동
- 前2 : 앞으로 2칸 이동
- 后1 : 뒤로 1칸 이동
- 后2 : 뒤로 2칸 이동
- 快速 : 지름길을 이용하여 이동
- 休息 : 1번 쉬어감

4. 학생들을 두 팀으로 나누어 팀장을 정한 후, 두 명의 팀장이 가위바위보를 하여 먼저 시작할 순서를 정하게 한다.

5. 팀별로 팀원이 차례대로 나와 게임을 진행한다.

6. 게임에 대하여 학생들과 이야기를 나눈다.

어느 팀이 먼저 돌아왔나요?

토끼팀이요.

토끼팀 친구들에게 박수 한번 쳐주세요.
그리고 끝까지 질서를 잘 지키며 게임 한
고양이 팀에게도 잘했다고 박수!

두 팀 모두 오늘 너무 열심히 게임에 참여했으니
선생님이 수업 끝나고 칭찬 스티커를 하나씩 주도록 할게요.

7. 그림카드와 한자카드를 한 장씩 보여주며 학생이 말하게 한다.

활동 tip

▶ 활동 전

- 게임 규칙과 질서 지키기에 대한 내용을 충분히 설명해준다.

▶ 활동 중

- 대답을 하지 못한 학생에게는 적절한 힌트를 주거나 교사가 한자카드를 읽어준 후, 다시 답할 기회를 준다.

▶ 활동 후

- 승패에 상관없이 함께 즐겁게 활동하는 것이 중요하다는 것을 알려주고 게임이 끝난 후에는 양팀 모두에게 적절한 보상을 준다.

▶ 응용

- 그림/ 한자카드를 활용하여 단어로 답을 맞추기에 익숙해지면 문장 말하기로 바꾸어 진행할 수 있다.

활동 자료 만들기

❶ 그림카드, 한자카드

1. 그림카드, 한자카드를 인쇄하여 오린다.
2. 코팅한 후, 뒷면에 까슬이를 붙인다.

❷ 게임 판

1. 4절 색상지에 가로 7칸, 세로 5칸으로 게임 판을 그리고 지시사항과 관련된 그림과 한자를 오려 붙인다.
2. 게임 판 앞면에 접착 아세테이트지를 붙이고, 뒷면에 자석을 붙인다.

❸ 게임 말

1. 고양이와 토끼 그림을 인쇄한 후, 각각 오려서 코팅하고 뒤에 까슬이를 붙인다.
2. 자석 위에 보슬이를 붙이고 그 위에 고양이를 붙인다. 토끼도 동일한 방식으로 제작한다.

공통 12 인터뷰 놀이

활동목표

- ▶ 언어기능: 듣기, 말하기
- ▶ 학습내용: 단어, 문장
- ▶ 교과 간의 연계: • 외국어/ 의사소통 – 듣기와 말하기
  – 읽기와 쓰기에 관심 가지기
  • 사회/ 사회관계 – 더불어 생활하기

활동자료

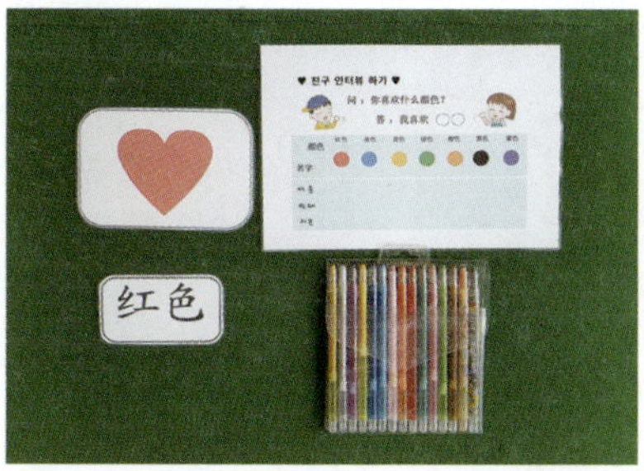

❶ 그림카드, 한자카드
❷ 인터뷰 용지, 색연필

활동소개

• 인터뷰 용지에 있는 명단을 보고 해당 친구를 찾아 중국어로 질문한다. 친구의 중국어 대답을 듣고 인터뷰 용지를 작성한다. 인터뷰가 끝난 후, 친구들 앞에서 중국어로 발표한다.

중국어 활동 지도

1. 그림카드와 한자카드를 한 장씩 보여주며 단어를 말한 후, 학생이 따라 말하게 한다.
2. 인터뷰 용지를 보여주며 활동 방법을 설명한다.

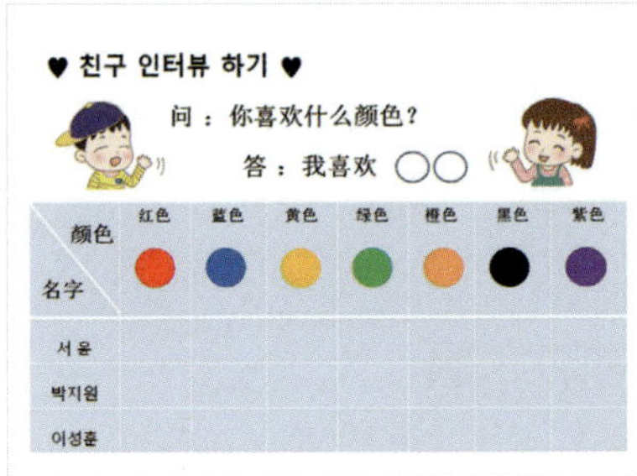

♥ 친구 인터뷰 하기 ♥

问：你喜欢什么颜色？

答：我喜欢 ○○

颜色 / 名字	红色	蓝色	黄色	绿色	橙色	黑色	紫色
서윤							
박지원							
이성훈							

오늘은 우리 친구들이 기자가 되어 볼 거예요. 이 인터뷰 용지가 보이나요? 세로에는 우리 반 친구들 이름이 쓰여 있고 가로에는 친구들의 대답을 표시할 단어가 쓰여 있어요. 인터뷰 용지에 쓰여있는 친구에게 질문하고 친구의 대답을 잘 듣고 맞는 자리에 동그라미를 하면 됩니다.

3. 학생이 학습한 단어로 답할 수 있도록 질문을 한 후, 학생이 문장으로 답하게 한다.

친구가 어떤 색을 좋아하는지 궁금하면 어떻게 물어야 할까요?

你喜欢什么颜色？

만약 친구가 내게 어떤 색을 좋아하는지 묻는다면 어떻게 대답할까요?

我喜欢蓝色。

4. 모든 학생에게 인터뷰 용지와 색연필을 나누어준다.

5. 학생이 인터뷰 용지에 이름이 적혀있는 친구에게 가서 중국어로 질문한 후, 친구의 대답을 인터뷰 용지에서 찾아 동그라미 표시를 하게 한다.

6. 활동이 끝난 후, 학생이 인터뷰 내용을 친구들 앞에서 발표하게 한다.

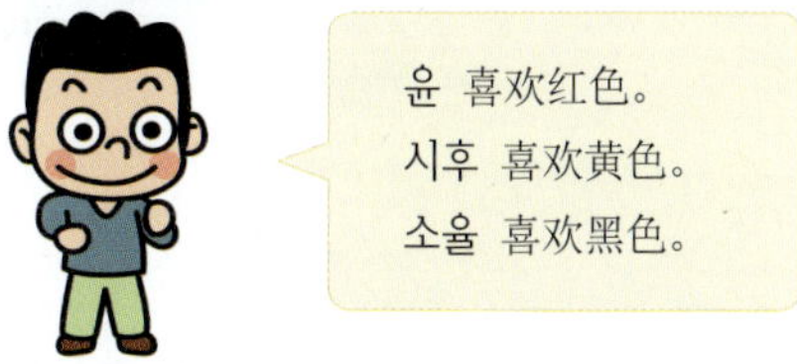

활동 tip

▶ 활동 전

- 반 친구들 모두를 인터뷰 하기에는 시간이 오래 소요되므로 교사는 미리 인터뷰 용지에 질문할 친구의 이름 3개를 적어둔다.
- 학생의 연령과 수준을 고려하여 인터뷰 체크리스트를 그림 또는 한자만으로 만들거나, 한자와 그림을 동시에 제시할 수 있다.

▶ 활동 중

- 활동이 시작되면 교사는 교실을 돌아다니며 학생이 정확한 발음과 문장으로 묻고 답하는지 확인하고 어려워하는 친구들이 있는지 살핀다.
- 연령이 어리거나 반 전체 학생들이 동시에 돌아다니며 인터뷰하기 어려운 상황인 경우에는 발표 학생을 한 명 뽑아 인터뷰 용지의 친구 중 한 명을 불러내게 한 후, 질문하고 답하게 한다.

활동 자료 만들기

❶ 그림카드, 한자카드

1. 그림카드, 한자카드를 인쇄하여 오린다.
2. 코팅한 후, 뒷면에 까슬이를 붙인다.

❷ 인터뷰 용지

1. 질문과 대답에 해당하는 그림과 한자를 넣는다.
2. 가로에는 대답에 해당하는 한자와 그림, 세로에는 이름을 써서 표를 만든다.

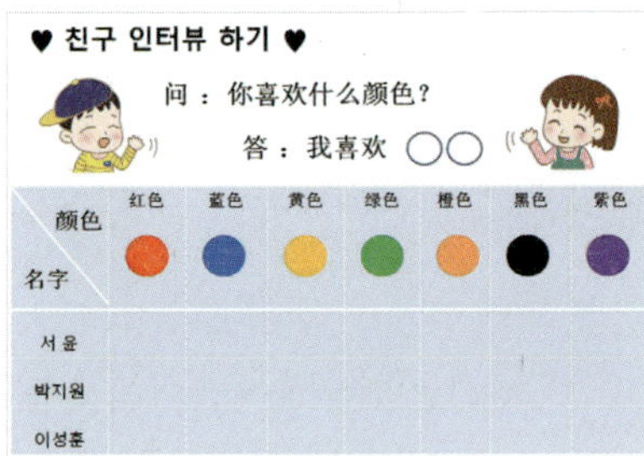

제10강
아동 중국어 수업의 주제별 활동

주제

인사

1. 인사 책 만들기
2. 길을 잃었어요.

회화

A: 你好!
Nǐ hǎo!
안녕!

B: 你好!
Nǐ hǎo!
안녕!

A: 再见!
Zàijiàn!
잘 가!

B: 再见!
Zàijiàn!
잘 가!

A: 谢谢!
Xièxie!
고마워!

B: 不客气!
Bú kèqi!
천만에!

A: 对不起!
Duìbuqǐ!
미안해!

B: 没关系!
Méi guānxi!
괜찮아!

인사

1. 인사 책 만들기

활동목표

▶ 언어기능: 듣기, 말하기, 읽기

▶ 학습내용: 문장, 담화

▶ 교과 간의 연계: • 외국어/ 의사소통 – 듣기와 말하기
– 읽기와 쓰기에 관심 가지기
• 예술/ 예술경험 – 창의적으로 표현하기

활동자료

❶ 그림카드, 한자카드

❷ 책 기본 틀(기차 도안, 색상지)

❸ 그림 스티커 , 한자 스티커

❹ 색연필, 풀

활동소개

중국어를 듣고 책 기본 틀에 그림 스티커와 한자 스티커를 붙인 후, 기차 도안을 색칠하여 인사 책을 만든다. 친구들 앞에서 자신의 책을 보여주며 책의 내용을 중국어로 말한다.

중국어 수업 진행

도입 > 전개 > 정리

1. 인사말을 사용하는 상황을 제시하고 학생들이 중국어로 인사말을 할 수 있도록 유도한다. 학생이 정답을 말하면 융 칠판에 해당하는 그림카드와 한자카드를 붙인다.

2. 오늘 학습할 내용에 대해 이야기한다.

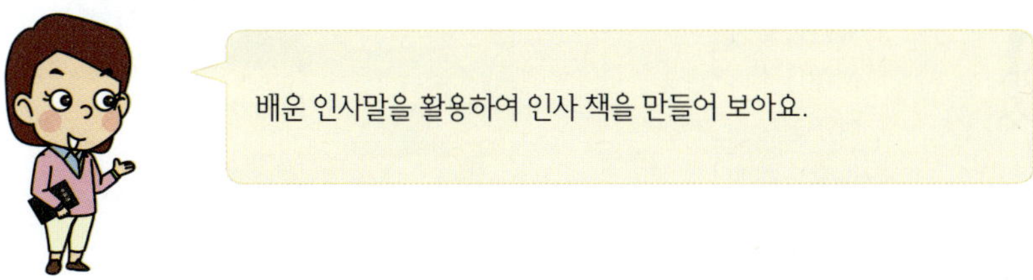

도입 > 전개 > 정리

3. 샘플 책을 보여주며 책을 만드는 방법을 설명한다.

선생님이 말하는 중국어를 잘 듣고 기차의 각 칸에 알맞은 그림과 한자 스티커를 붙여 보세요.

스티커를 다 붙인 후, 기차를 예쁘게 색칠해 보세요.

4. 책 기본 틀, 그림 스티커, 한자 스티커를 나누어 준다.

5. 중국어로 인사말을 말한 후, 학생들이 이에 해당하는 그림 스티커와 한자 스티커를 찾아 붙이게 한다.

6. 학생들이 책 표지인 기차 도안을 색칠하게 한다.

도입 > 전개 > 정리

7. 한 명씩 앞으로 나와 자신의 책을 보여주며 중국어로 책의 내용을 말하게 한다.

你好!, 你好!
谢谢!, 不客气!
对不起!, 没关系!
再见!, 再见!

활동 tip

▶ 활동 전

- 어린 연령(5,6세) 학생은 한자를 구분하기 힘들고 작은 글씨 스티커를 조작하는 데 어려움이 있으므로 책 기본 틀에 미리 한자 스티커를 붙여서 제공한다.

▶ 활동 중

- 도입에서 이야기를 들려줄 때는 주인공의 이름을 반 학생의 이름으로 선택한다. 반 학생의 이름을 활용하면 학생의 흥미를 이끌 수 있고 수업에 대한 집중력이 높아진다. 또한 주인공의 이름을 바꾸어 여러 번 반복하면서 상황 대화 연습을 할 수 있다.
- 책 만들기에 대한 설명을 할 때는 말로만 하는 것보다 책 만드는 순서를 처음부터 천천히 직접 시범을 보이고 완성품을 보여주어 학생이 정확히 인지하도록 돕는다.
- 학생은 자신이 만든 책을 친구들 앞에서 발표하며 성취감과 자신감을 얻을 수 있으므로 모든 학생이 한 번씩 발표할 수 있도록 시간을 잘 조절한다.

▶ 응용

- 기차 도안 외에 학생이 좋아하는 캐릭터, 과일, 동물 등 다양한 도안을 활용하여 만들 수 있다.

활동 자료 만들기

❶ 그림카드, 한자카드

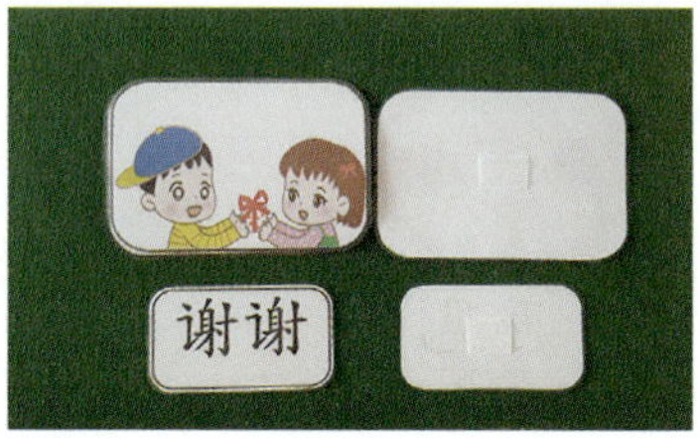

1. 그림카드, 한자카드를 인쇄하여 오린다.
2. 코팅한 후, 뒷면에 까슬이를 붙인다.

❷ 책 기본 틀 (기차 도안, 색상지)

1. 기차 앞부분 도안을 프린트 한다. 기차 뒤에 색상지를 붙일 공간을 생각하여 여백을 두고 오린다.
2. 색상지를 직사각형으로 자른 후, 4등분으로 나누어 지그재그로 접는다.
3. 기차 앞부분 도안과 색상지를 붙인다.

❸ 그림 스티커, 한자 스티커

1. 라벨지에 상황 그림과 한자를 프린트 한다.
2. 그림과 한자를 오린다.

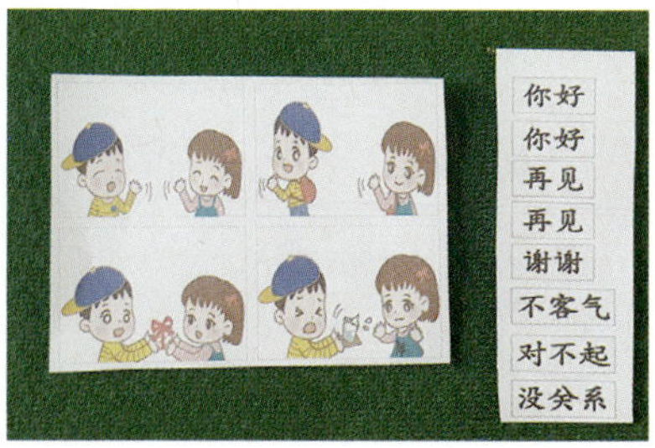

인사 2

2. 길을 잃었어요

활동목표

- 언어기능: 듣기, 말하기
- 학습내용: 문장, 담화
- 교과 간의 연계: • 외국어/ 의사소통 – 듣기와 말하기
  – 읽기와 쓰기에 관심 가지기
  • 예술/ 예술경험 – 창의적으로 표현하기

활동자료

1. 동화 속 등장인물 3개 – **토끼, 고양이, 강아지**
2. 배경(갈림길, 버섯, 집) 및 소품(비, 우산)
3. 한자 말풍선 8개 – **你好**(2개)，**再见**(2개)，**谢谢，不客气，对不起，没关系**
4. 동극용 머리띠 3개

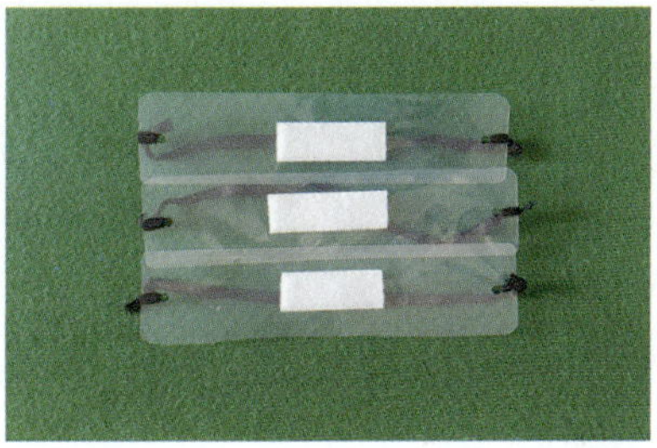

활동소개

- '길을 잃었어요' 동화를 듣고 상황에 맞는 인사말을 연습한 후, 등장 인물 중에서 각각 역할을 맡아 동극을 한다.

중국어 수업 진행

도입 〉 전개 〉 정리

1. 각각의 인사말을 사용하는 상황을 설명하고 이에 해당하는 인사말이 무엇인지 질문한 후, 학생이 답하게 한다.

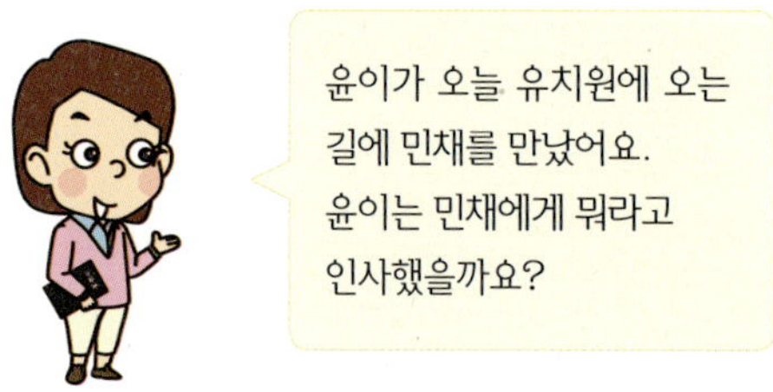

2. 오늘 학습할 내용에 대해 이야기 한다.

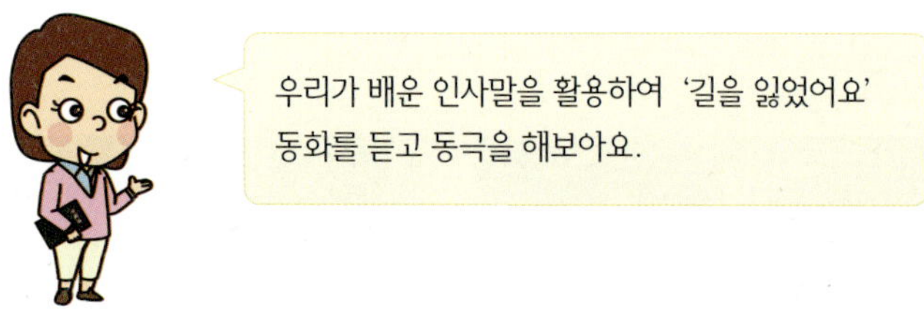

3. 융 칠판에 배경(갈림길, 버섯, 집)을 붙인다.

도입 > 전개 > 정리

4. 동화를 들려주며 등장인물, 소품, 말풍선 등을 출현 순서에 따라 차례대로 붙인다. ('길을 잃었어요' 구연동화 대본 참고)

5. 동화를 모두 들려주고 나면 등장인물, 소품, 말풍선 등을 모두 융 칠판에서 떼어낸다.

6. 동화를 다시 들려주며 인사말을 질문한 후, 학생들이 답하게 한다.

7. 학생이 등장인물 머리띠를 쓰고 동극을 하게 한다. 이 때 교사는 해설 부분을 이야기해 주고, 학생이 그에 해당하는 인사말을 말하게 한다.

너무 어두워서 집으로 돌아가는 길이 보이지 않자, 토끼는 주저앉아 엉엉 울었어요.

그때, 저 멀리서 '터벅터벅' 발자국 소리가 들렸어요. 강아지 친구가 다가와 인사했어요.

你好!

你好!

토끼는 길을 잃어버렸다며 강아지에게 토끼마을로 가는 길을 알고 있는지 물었지만 강아지는 잘 모른다고 했어요.

对不起!

没关系!

도입 > 전개 > **정리**

8. 오늘 활동에 대해 이야기를 나눈다. 인사말을 말하면 학생들이 중국어로 답하게 한다. 이때, 중국어로 랩을 하듯이 리듬감 있게 주고 받는다.

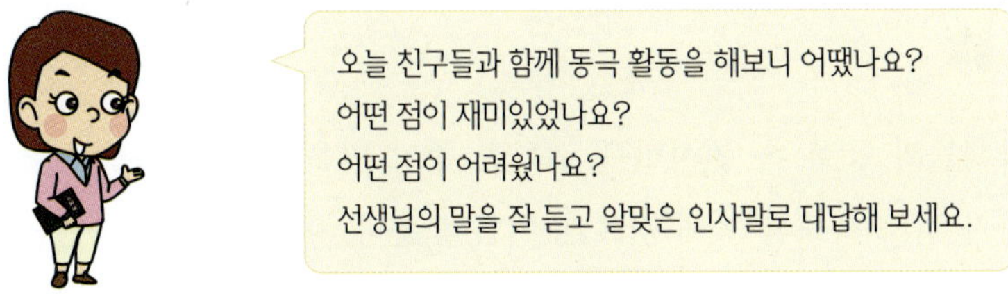

활동 tip

▶ 활동 전

- 동화책과 같은 평면자료가 아닌 입체적인 교구를 활용한 동화이므로, 교사는 동화의 내용과 대사를 정확히 알고 있어야 하며, 교구 조작이 숙달되도록 충분히 연습한 후 수업을 진행한다.

▶ 활동 중

- 동화를 들려주고 난 후에는 다시 한번 동화의 장면을 처음부터 보여줌으로써 학생이 스스로 내용을 회상하고 상황에 맞는 인사말도 상기할 수 있도록 한다.
- 생동감있는 동극 활동을 위해 동극을 진행하기 전에 학생들이 자신의 동물 역할에 맞는 동작을 스스로 생각하여 표현할 수 있도록 하고 등장할 때 그 동작을 하게 한다.

토끼 역할을 하는 친구는 어떤 동작을 하면 좋을까요?

• 학생들과 동화 속 인사말을 랩처럼 주고 받을 때는 처음엔 천천히 진행하다가 점차 속도를 높여 빠르게 변화를 준다. 이 과정에서 학생들은 배운 인사말을 여러 번 반복하여 말하게 되므로 내용을 복습 할 수 있으며, 속도에 변화를 줌으로써 지루하지 않게 흥미를 지속시킬 수 있다.
• 동극을 진행할 때, 학생이 대사를 잊어버리거나 모르는 경우가 생기면 바로 답을 알려주기보다 앉아있는 다른 학생들에게 질문하여 도와줄 수 있도록 한다.

예준이가 잘 생각이 나지 않는 것 같은데 우리가 함께 말해볼까요?

고양이에게 도와줘서 고맙다고 어떻게 말해야 할까요?

▶ 응용

• 이 활동은 원활한 동극에 중점을 두기보다 학생들이 상황에 맞는 인사말을 동화 내용을 통해 익힐 수 있도록 하는 것이므로 차시를 확장시켜 각 역할에 대한 충분한 연습을 한 후에 배경음악과 소품 등을 추가하여 실제 한편의 동극으로 활동할 수 있다.

활동 자료 만들기

❶ 동화 속 등장인물 – 토끼, 고양이, 강아지

1. 동화 속에 등장하는 등장인물 강아지, 고양이, 토끼를 인쇄하여 오린다.
2. 코팅한 후 뒷면에 까슬이를 붙인다.

❷ 배경(갈림길, 버섯, 집) **및 소품**(비, 우산)

1. 집, 버섯, 우산은 그림을 인쇄하여 오린다. 코팅한 후, 뒷면에 까슬이를 붙인다.
2. 갈림길은 갈색 색상지를 융 칠판 크기를 고려하여 길 모양으로 그린 후, 오린다. 코팅한 후 뒷면에 까슬이를 붙인다.
3. 비는 구름과 빗방울 그림을 인쇄하여 오린다. 코팅지 속에 비가 내리는 것처럼 구름과 빗방울을 배치하여 코팅하고, 뒷면에 까슬이를 붙인다.

❸ 한자 말풍선 8개

– 你好(2개), 再见(2개), 谢谢, 不客气, 对不起, 没关系

1. 동화 속 대화를 색상지에 인쇄한다.
2. 말풍선 모양으로 오린 후 코팅하여 뒷면에 까슬이를 붙인다.

❹ 동극용 머리띠 3개

1. 동극용 머리띠는 먼저 A4 코팅지만 코팅한 후 직사각형으로 자른다. 이 때 모서리 부분이 뾰족하지 않도록 둥글려서 오린다.
2. 양 끝에 펀치로 구멍을 뚫고, 그 구멍에 고무줄을 연결한다.
3 직사각형 코팅지 가운데에 보슬이를 붙인다.

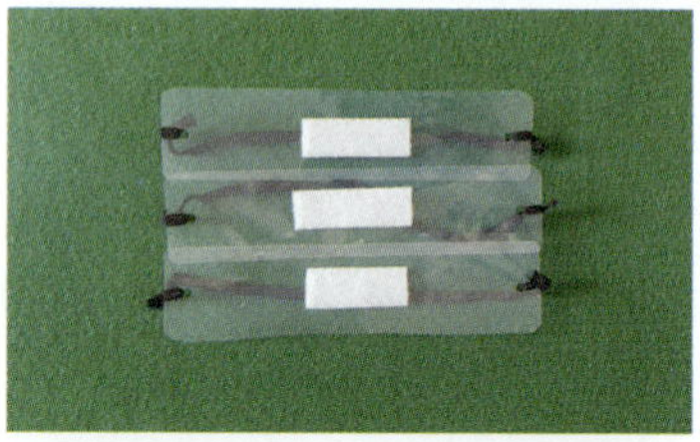

'길을 잃었어요' 구연 동화 대본

(융 칠판에 갈림길과 버섯, 집을 붙인다.)

숲속 토끼 마을에 버섯을 아주 좋아하는 토끼가 살고 있었어요. (토끼를 집 앞에 붙인다.)

어느 날, 토끼는 옆 동네 산 속에 아주 맛있는 버섯이 있다는 소문을 들었어요. 그래서 엄마에게 말하지 않고 혼자 몰래 산으로 올라갔어요. (토끼를 갈림길 아래쪽으로 이동시킨다).

토끼는 이리저리 버섯을 찾아보았지만, 버섯이 보이지 않자 점점 더 깊은 산속으로 들어갔어요. (토끼를 버섯이 있는 쪽으로 이동시킨다.)

토끼: " 와! 버섯이다." (토끼를 점프하듯이 위 아래로 움직인다.)

버섯을 발견한 토끼는 허겁지겁 버섯을 따 먹었어요. (토끼 손에 버섯을 붙인다.)
배가 부르자 너무 졸려서 그만 잠이 들어버렸어요. (교사가 잠자는 시늉을 한다.)
토끼가 한참을 자고 일어나보니 (기지개를 편다.) 깜깜한 밤이 되어버렸어요. (기지개를 폈던 두 손을 내려 두 눈을 가린다.)

토끼는 깜짝 놀라 버섯을 가지고 산 밑으로 내려갔어요. (토끼를 갈림길 아래쪽으로 이동시켜 붙인다.) 그런데 너무 어두워서 집으로 돌아가는 길이 보이지 않자, 토끼는 주저앉아 엉엉 울었어요. (교사가 우는 흉내를 낸다.)

그때, (두 손으로 무릎을 '탁' 소리 나게 친다.) 저 멀리서 '터벅터벅'(손바닥으로 무릎을 차례대로 치며 발자국 소리를 낸다.) 발자국 소리가 들렸어요.

강아지 친구가 다가와 인사했어요. (강아지를 토끼 옆에 붙인다.)

강아지: "你好!"
토끼: "你好!"

강아지가 토끼에게 물었어요.

강아지: " 왜 울고 있니?"
토끼: "토끼마을 가는 길을 잃어버렸어."
"너는 가는 길을 알고 있니?"

강아지가 고개를 갸우뚱하며 말했어요. (교사가 고개를 갸우뚱한다.)

강아지: "나도 잘 모르겠어."
"对不起!"
토끼 : "没关系!"

그러자 강아지가 토끼에게 인사하며 떠났어요.

강아지: "再见!"
토끼: "再见!"
(강아지를 떼어낸다.)

이 때, 갑자기 비가 오기 시작했어요. (토끼 위에 비를 붙인다.)

토끼는 옷도 다 젖어버리고 너무 무서워서 더욱 서럽게 울기 시작했어요. (교사가 우는 시늉을 낸다.)

그런데 저 멀리서 '喵喵' 소리가 들렸어요. 노란 우산을 쓴 고양이가 토끼에게 걸어와 인사했어요. (고양이 손에 우산을 붙여서 토끼 옆에 붙인다.)

고양이: "你好!"
토끼: "你好!"

고양이: "왜 울고 있니?"
토끼: "토끼마을 가는 길을 잃어버렸어."
"너는 가는 길을 알고 있니?"

그러자 고양이가 말했어요.

고양이: "응, 알고 있어."
"나도 지금 친구 만나러 토끼마을에 가는 중이야."
"그럼 나랑 같이 갈래?"

토끼는 너무 기뻐서 고양이를 껴안았어요.
그리고 고맙다고 인사했어요.

토끼: "谢谢! 谢谢!"

그러자 고양이가 대답했어요.

고양이: "不客气!"

토끼와 고양이는 함께 우산을 쓰고 걸어갔어요. (토끼와 고양이를 함께 길을 따라 이동시킨다)

저 멀리서 반짝반짝 불빛이 보이기 시작했어요.

토끼: "와~ 우리 집이다!"

(집 앞에 고양이와 토끼를 붙인다.)

무사히 집에 도착한 토끼는 고양이에게 고맙다는 인사를 했어요.

토끼: "谢谢!"

고양이가 대답했어요.

고양이: "不客气!"

고양이가 토끼에게 인사하며 떠났어요.

고양이: "再见!"

토끼: "再见!"

토끼는 이렇게 고양이의 도움으로 무사히 집으로 돌아올 수 있었답니다.

주제

신체

1. 다양한 얼굴 만들기
2. 친구 눈은 어디에

회화

A: 眼睛在哪儿?
Yǎnjing zài nǎr?
눈은 어디 있니?

B: 眼睛在这里。
Yǎnjing zài zhèlǐ。
눈은 여기 있어.

A: 你的眼睛真漂亮!
Nǐ de yǎnjing zhēn piàoliang!
네 눈은 정말 예쁘구나!

신체

1. 다양한 얼굴 만들기

활동목표

- ▶ 언어기능: 듣기, 말하기
- ▶ 학습내용: 단어, 문장
- ▶ 교과 간의 연계: • 외국어/ 의사소통 – 듣기와 말하기

  – 읽기와 쓰기에 관심 가지기

  • 예술/예술경험 – 창의적으로 표현하기

활동자료

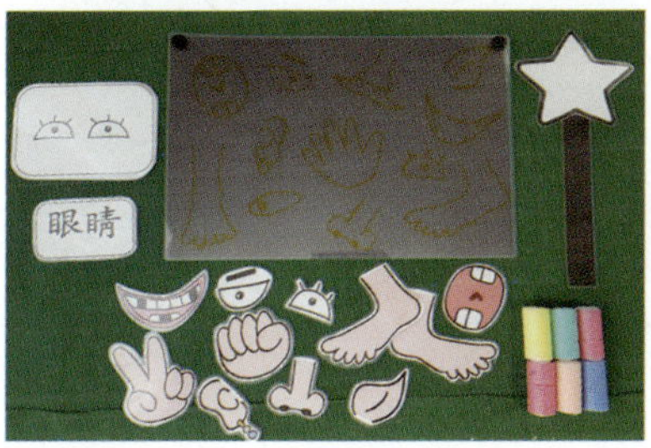

❶ 그림카드, 한자카드

❷ 숨은 그림 찾기 판
(OHP 필름, 매직, 검정 도화지)

❸ 요술 거울

❹ 여러 형태의 신체 부위 그림
(눈, 귀 4쌍/ 코, 입 각 4개/ 손, 발 3쌍)

활동소개

• 중국어를 듣고 신체 부위 그림을 찾는다. 자신의 얼굴에 신체 부위 그림을 가져다 대어 다양한 얼굴을 만든 후, 중국어로 신체 부위의 위치를 설명한다.

중국어 수업 진행

도입 › 전개 › 정리

1. 융 칠판에 '숨은 그림 찾기 판'을 붙이고 활동 방법을 설명한 후, 시범을 보인다.

이 '숨은 그림 찾기' 판 안에는 다양한 모양의 '眼睛, 鼻子, 耳朵, 嘴巴, 手, 脚' 가 있어요. 그런데 이 요술 거울로 비춰보면 "짜잔!" 그림이 나타나요. 이제부터 선생님 발음을 잘 듣고, 요술 거울을 이리저리 비춰서 선생님이 말하는 알맞은 신체 부위를 찾아보세요.

2. 학생이 나와서 교사의 중국어를 듣고 요술 거울을 사용하여 해당 신체 부위를 찾아보게 한다.

鼻子在哪儿?

3. 오늘 학습할 내용에 대해 이야기 한다.

지금까지 배운 내용을 활용하여 선생님의 질문을 잘 듣고 알맞은 대답을 한 후, 다양한 얼굴을 만들어 보아요.

도입 > 전개 > 정리

4. 학생들에게 신체 부위 그림과 한자카드를 하나씩 보여주고 학생들이 중국어로 말하게 한 후, 융 칠판에 붙인다.

선생님이 보여주는 신체부위를 중국어로 말해 보세요.

眼睛

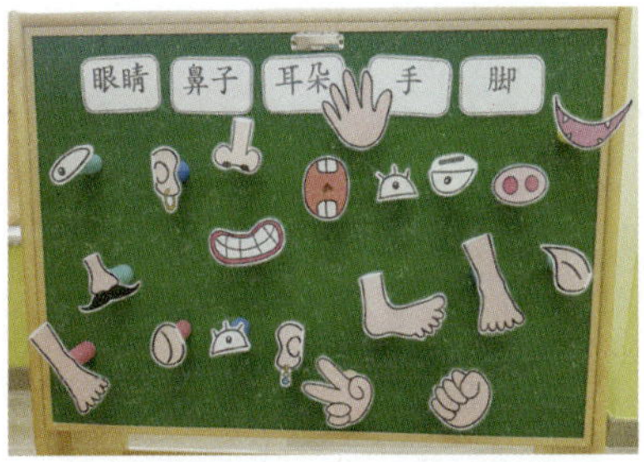

5. 학생들에게 활동 방법을 설명한다.

우리가 아까 숨은 그림 찾기로 찾았던 신체 부위를 선생님이 모두 칠판에 붙였어요.
"耳朵在哪儿?" 이라고 물으면 어떻게 해야 할까요?

귀를 찾아요.

마음에 드는 귀 모양을 골라 "耳朵在这里。" 라고 말한 후 자신의 얼굴에 대어 보세요.

6. 학생이 나와 교사의 질문을 듣고 알맞은 신체 부위 그림을 찾아 자신의 얼굴에 가져다 대고 중국어로 답하게 한다.

眼睛在哪儿?

眼睛在这里。

도입 전개 **정리**

7. 한자카드를 한 장씩 보여주며 질문한 후, 학생들이 답하고 손으로 가리키게 한다. 학생들의 발음이 부정확할 경우 교사를 따라 말하게 하여 이를 교정한다.

오늘은 숨은 그림 찾기도 하고, 다양한 얼굴도 만들며
어디 있는지 묻고 답하는 활동을 했어요.
선생님이 한자카드를 보여주며 물으면 대답하면서
손으로 가리켜 보세요.
鼻子在哪儿?

활동 tip

▶ 활동 전

- 코팅판의 그림이 잘 안보일 경우에는 검정색 매직을 사용하여 그림을 그린다.

▶ 활동 중

- 도입의 '숨은 그림 찾기' 활동은 학생이 스스로 교구를 조작해야 하므로 활동 전에 교사가 충분한 설명과 시범을 보인다.

• 학생들이 '눈, 귀, 손, 발' 의 한 쌍으로 된 신체 부위를 찾을 때, 같은 그림을 고르기보다 서로 다른 모양을 선택하여 자신이 원하는 다양한 모습을 꾸밀 수 있도록 격려한다.

▶ 응용

• 이 활동은 반 학생 모두를 대상으로 하는 대집단 활동으로 계획되었으나 미술 활동(만들기, 그리기)으로 연계하여 진행할 수 있다.

① 여러 가지 신체 부위 그림을 프린트하여 나누어주고 학생들이 색칠하여 오린다.

② 발음을 들려주면 학생들이 해당 신체 부위를 종이에 붙인다.

③ 학생들이 얼굴 모양과 머리카락, 몸 등을 자유롭게 그려 다양한 형태의 신체를 완성하게 한다.

④ 자신이 완성한 작품을 다른 친구들 앞에서 발표하게 한다.

이때, 학생이 종이를 오려 붙이고, 색칠하고, 그리며, 자신의 생각과 느낌을 마음껏 표현할 수 있도록 격려하고, 활동 중간중간 중국어로 물으며 상호작용을 한다.

활동 자료 만들기

❶ 그림카드, 한자카드

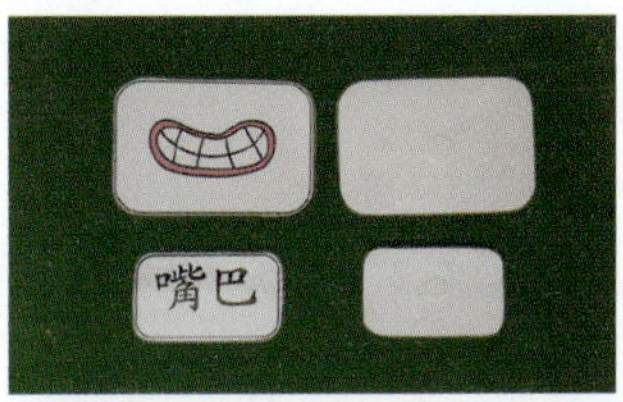

1. 그림카드, 한자카드를 인쇄하여 오린다.
2. 코팅한 후, 뒷면에 까슬이를 붙인다.

❷ 숨은 그림 찾기 판(OHP필름, 매직, 검정 도화지)

1. A3 크기의 OHP 필름에 매직으로 다양한 모양의 신체 부위를 그린다.
2. OHP 필름 뒷면 양쪽 위에 까슬이를 붙인다.
3. 검정 도화지를 코팅하고 뒷면에 까슬이를 붙인다.
4. 검정 도화지 앞면 양쪽 위에 보슬이를 붙인다.(요술 거울이 움직일 수 있어야 하므로 양옆과 아래쪽은 붙이지 않는다)

❸ 요술 거울

1. 검은색 도화지를 별 막대 모양으로 오린다.
   (별과 손잡이 부분까지 포함하여 오린다)
2. 하얀색 도화지를 별 모양으로 오려 검은색 도화지 안에 붙인다.
3. 2를 코팅한다.

❹ 여러 형태의 신체 부위 그림, 백업(눈, 귀 4쌍/ 코, 입 각 4개/ 손, 발 3쌍)

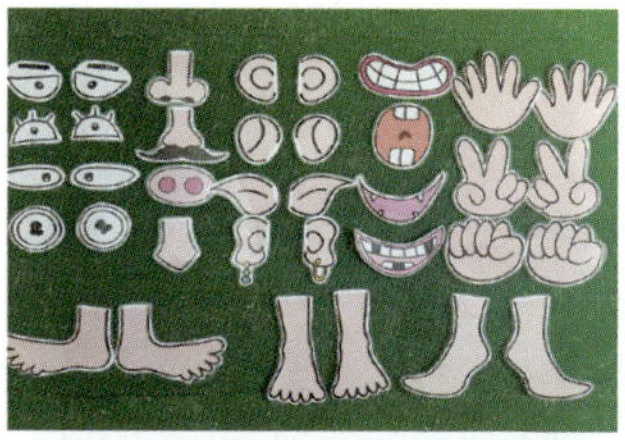

1. 신체 부위 그림을 인쇄한 후, 오려서 코팅 한다.
2. 1 뒤에 까슬이를 붙인다.

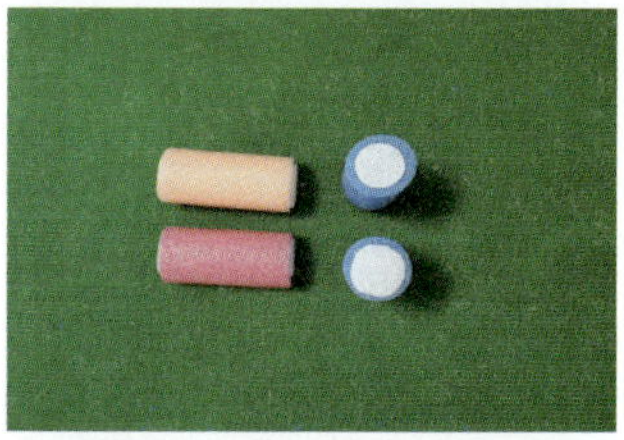

3. 백업을 5센티로 자른 후, 글루건으로 한 쪽 은 보슬이, 다른 한 쪽은 까슬이를 붙인다.

4. 2(신체 부위 그림)를 3(백업)에 붙인다.

신체 2. 친구 눈은 어디에

활동목표

- 언어기능: 듣기, 말하기
- 학습내용: 단어, 문장, 담화
- 교과 간의 연계: • 체육 / 신체운동 – 신체활동 즐기기
  • 외국어/ 의사소통 – 듣기와 말하기
  • 사회/ 사회관계 – 더불어 생활하기
  • 예술/ 예술경험 – 아름다움 찾아보기

활동자료

❶ 그림카드
❷ 돋보기

활동소개

친구가 말하는 중국어를 듣고 친구의 얼굴에서 해당 신체 부위를 찾아 손가락으로 가리킨다. 중국어로 예쁘다고 칭찬한다.

중국어 수업 진행

도입 〉 전개 〉 정리

1. 그림카드를 한 장씩 보여주며 단어를 말한 후, 학생이 따라 말하게 한다.

2. 돋보기로 교사 자신의 눈, 코, 입, 귀, 손, 발을 차례로 보여주며 학생들이 중국어로 해당 신체 부위를 말하게 한다.

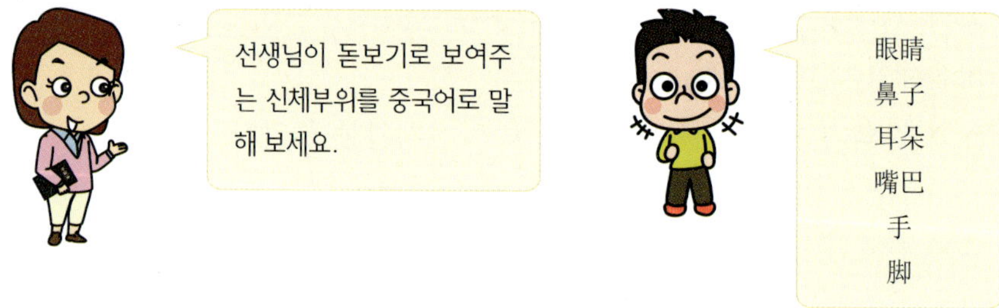

3. 교사 자신의 얼굴 중에 가장 예쁜 부위를 물어본 후, 학생들이 중국어로 칭찬하는 표현을 따라 말하게 한다.

4. 오늘 학습할 내용에 대해 이야기 한다.

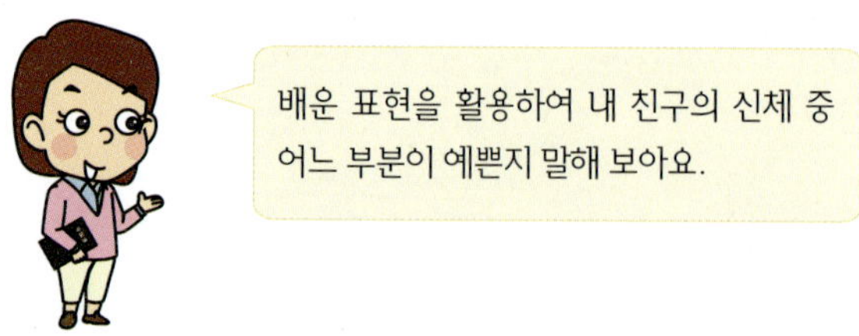

도입 **전개** 정리

5. 학생들에게 활동 방법을 설명한 후, 시범을 보인다.

> 먼저 친구와 마주보고 앉은 후에, 선생님이 중국어로 말하는 신체 부위를 친구 얼굴에서 찾아 손가락으로 가리켜 보세요. 그리고 친구에게 예쁘다고 말해주세요.

> 그럼 윤이가 나와서 선생님이랑 한번 같이 해볼까요?

6. 학생들이 2명씩 짝을 지어 서로 마주보며 앉게 한다.

7. 중국어로 질문한다. 학생들이 친구의 얼굴에서 해당 신체 부위를 찾아 손으로 가리키며 중국어로 대답한 후, 예쁘다고 칭찬하게 한다.

> 眼睛在哪儿?

> 眼睛在这里。

> 你的眼睛真漂亮!

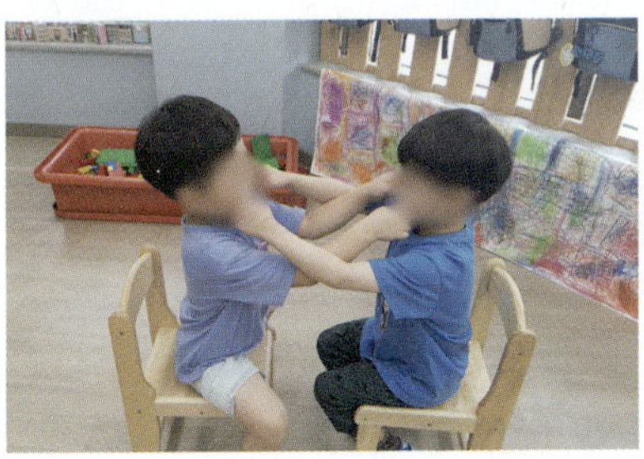

도입 》 전개 》 **정리**

8. 그림카드를 한 장씩 보여주며 중국어 문장을 말한 후, 학생이 따라 말하게 한다. 학생들의 발음을 주의 깊게 듣고 부정확할 경우 다시 따라 말하게 하여 잘못된 발음을 교정한다.

활동 tip

▶ 활동 전

- 학생들이 친구의 신체 부위를 손가락으로 가리킬 때, 너무 세게 누르거나 찌르지 않도록 활동 전 유의 사항에 대해서 시범을 보인다.

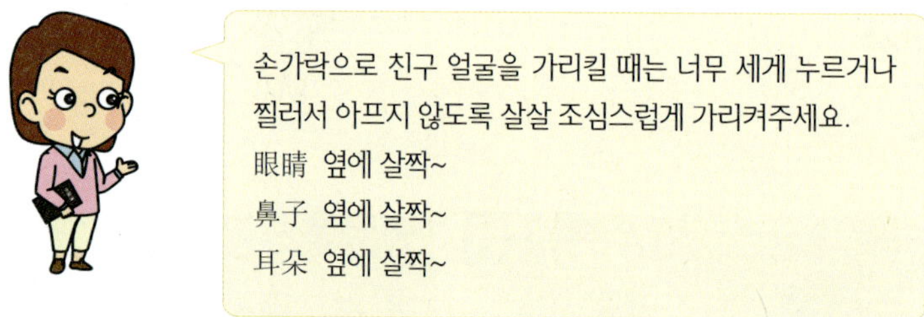

▶ 활동 중

- 만약 학생들이 '你的眼睛真漂亮!' 전체 문장을 발음하기 어려워한다면 '真漂亮!'의 간단한 표현으로 바꾸어 말할 수 있도록 지도한다.
- 가능하면 반 친구와 한번 씩은 다 활동할 수 있게 짝을 바꾸어 반복적으로 활동하여 학생이 신체 명칭을 정확히 이해하고 자연스럽게 문장으로 묻고 답할 수 있도록 지도한다.

활동 자료 만들기

❶ 그림카드

1. 그림카드를 인쇄하여 오린다.
2. 코팅한 후, 뒷면에 까슬이를 붙인다.

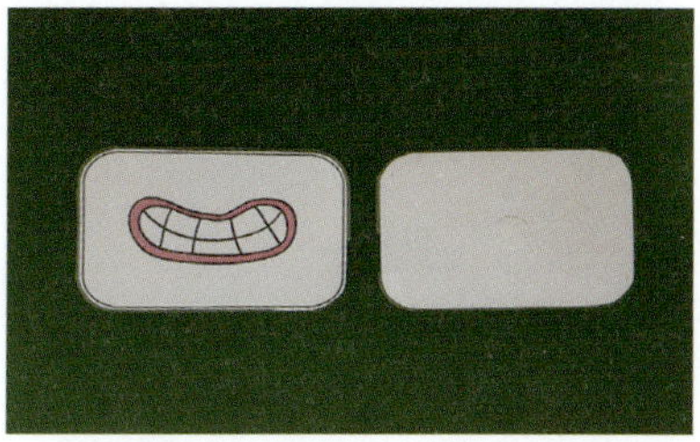

주제

가족

1. 소중한 가족
2. 사랑해요

회화

A: 他是谁?
Tā shì shéi ?
그는 누구니?

B: 他是我爸爸。
Tā shì wǒ bàba.
그는 우리 아빠야.

A: 她是谁?
Tā shì shéi ?
그녀는 누구니?

B: 她是我妈妈。
Tā shì wǒ māma.
그녀는 우리 엄마야.

A: 爸爸，我爱你。
Bàba， wǒ ài nǐ.
아빠, 사랑해요.

B: 我也爱你。
Wǒ yě ài nǐ.
나도 사랑한단다.

가족

1. 소중한 가족

활동목표

▶ 언어기능: 듣기, 말하기, 읽기

▶ 학습내용: 단어, 문장

▶ 교과 간의 연계: • 외국어/ 의사소통 – 듣기와 말하기
– 읽기와 쓰기에 관심 가지기
• 사회/ 사회관계 – 더불어 생활하기

활동자료

❶ 그림카드, 한자카드

❷ 다양한 형태의 가족사진(대가족, 핵가족, 한 부모 가족, 조손 가족, 다문화 가족)

❸ 액자 틀

❹ 각 가족 구성원 그림

❺ 삼각주사위

❻ 통

활동소개

주사위를 던져 나온 수만큼 선택한 한자카드에 따라 가상의 가족을 만들어 액자에 붙인다. 중국어로 가상의 가족을 소개한다.

중국어 수업 진행

도입 > 전개 > 정리

1. 다양한 형태의 가족 사진을 보여주고 학생들과 이야기를 나눈다. 중국어로 질문한 후, 학생들이 대답하게 한다.

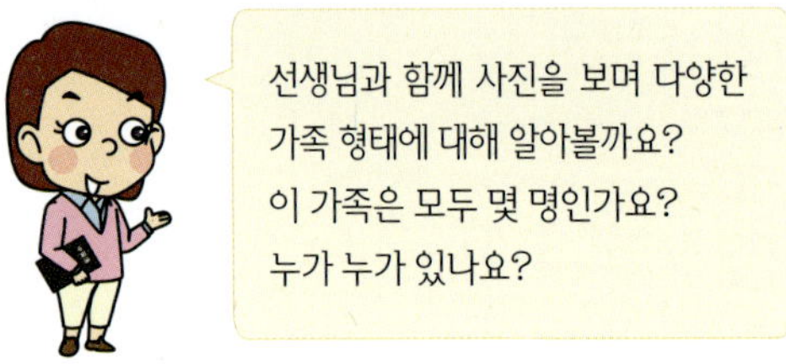

2. 오늘 학습할 내용에 대해 이야기한다.

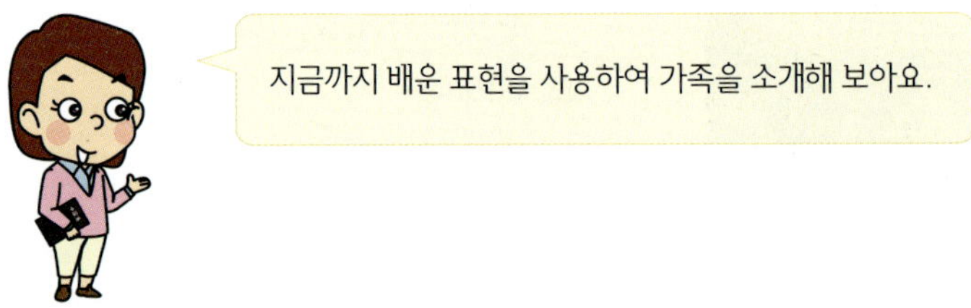

도입 > 전개 > 정리

3. 융 칠판의 왼편에 그림카드를 붙이고, 오른편에는 액자 틀을 붙인다. 통 안에는 한자카드를 넣는다.

우리가 사진으로 본 것처럼
다양한 가족의 사진을
만들어 보세요.

4. 학생이 나와 주사위를 던지고 나온 수만큼 통 안에서 한자카드를 꺼내어 칠판에 붙이게 한다.

5. 한자카드를 하나씩 가리키며 모든 학생들이 소리 내어 읽게 한다.

선생님이 가리키는
한자카드를 읽어볼까요?

爸爸
妈妈
姐姐

6. 발표 학생은 그에 해당하는 가족 구성원 그림을 찾아 액자 틀에 붙인 후, 액자를 보면서 중국어로 가족을 소개하게 한다.

윤이가 이 가족이 되어
누가 누가 있는지
소개해주세요.

他是我爸爸。
她是我妈妈。
她是我姐姐。
我。

도입 〉 전개 〉 **정리**

7. 학생들과 다양한 가족 형태에 대해 다시 한 번 이야기를 나눈다. 학생들이 친구의 다름을 이해해 줄 수 있는 공감 능력을 키울 수 있도록 유도한다.

오늘 우리는 다양한 가족에 대해 배웠어요.
우리가 모두 다르게 생긴 것처럼 가족도 매우 다양해요.
어떤 가족들이 있었나요?

활동 tip

▶ 활동 전

- 이 활동은 현대 사회에서 볼 수 있는 다양한 가족 형태를 이해하고 이를 중국어로 표현해 볼 수 있도록 계획한 활동으로 언어 교육뿐만 아니라 인성 교육까지 통합적으로 다룰 수 있도록 하였다. 따라서 가족 사진을 준비할 때 이를 고려하여 (대가족, 핵가족, 한 부모 가족, 조손 가족, 다문화 가족) 다양한 가족 사진을 준비한다.

• 다양한 가족 사진은 (대가족, 핵가족, 한 부모 가족, 조손 가족, 다문화 가족) 학생이 알고 있는 연예인 가족 사진이나 만화 캐릭터 등 학생의 흥미를 끌 수 있는 매력적인 것도 포함하여 준비한다.

• 활동 자료 중에 통은 카드가 들어갈 만한 크기의 주머니나 상자로 대체할 수 있다.

활동 자료 만들기

❶ 그림카드, 한자카드

1. 그림카드, 한자카드를 인쇄하여 오린다.
2. 코팅한 후, 뒷면에 까슬이를 붙인다.

❷ 다양한 형태의 가족사진(대가족, 핵가족, 한 부모 가족, 조손 가족, 다문화 가족)

1. 인터넷에서 다양한 형태의 가족 사진을 찾아 인쇄하여 오린다.
2. 코팅한 후, 뒷면에 까슬이를 붙인다.

❸ 액자 틀

1. 색상지를 직사각형으로 오린 후(A3 크기), 가장자리를 3cm씩 남기고 가운데를 오린다.
2. 코팅한 후, 액자 가운데를 오려내고 뒷면에 까슬이를 붙인다.

❹ 가족 구성원 그림

1. 가족 구성원 그림을 인쇄하여 오린다.
2. 코팅한 후, 뒷면에 까슬이를 붙인다.

❺ 삼각 주사위

1. 사진과 같은 모양으로 하드보드지를 오린 후, 안의 선 위에 살짝 칼집을 내어 접는다.

2. 삼각형 모양으로 접은 후, 떨어지지 않도록 글루건으로 붙인다.
3. 접착 융을 붙인다.

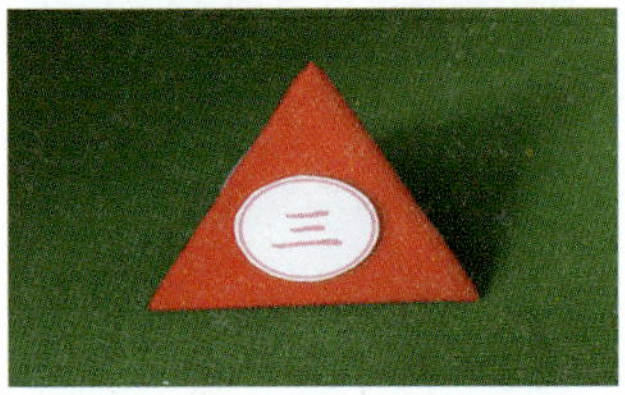

4. 三, 四, 五, 六 한자를 인쇄하여 오린 후, 코팅하고 뒤에 까슬이를 붙인다.
5. 코팅한 숫자를 주사위 각 면에 붙인다.

❻ 통

1. 플라스틱 원 형 통 겉면에 접착 융을 붙여 안이 보이지 않도록 한다.

가족

2. 사랑해요

활동목표

▶ 언어기능: 듣기, 말하기

▶ 학습내용: 단어, 문장, 담화

▶ 교과 간의 연계: • 외국어/ 의사소통 – 듣기와 말하기
– 읽기와 쓰기에 관심 가지기
• 사회/ 사회관계 – 더불어 생활하기

활동자료

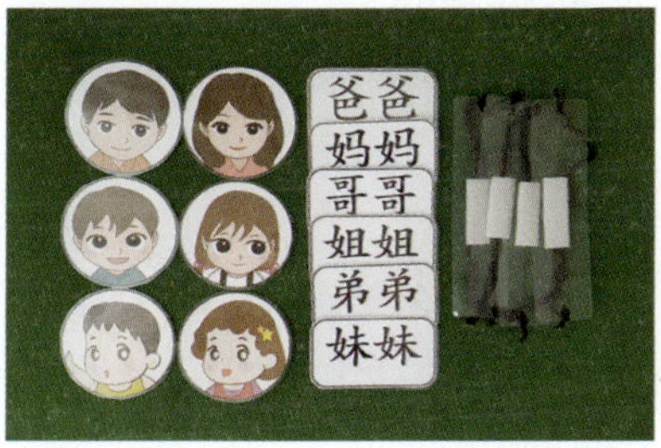

❶ 그림카드, 한자카드

❷ 머리띠 4개~6개

활동소개

가족 구성원에 대해 중국어로 질문과 대답을 한다. 머리띠를 착용해 가상의 가족 구성원이 되어 중국어로 호칭을 부르며 서로 사랑한다고 표현한다.

중국어 수업 진행

도입 〉 전개 〉 정리

1. 한자카드를 융 칠판에 붙여 놓는다. 그림카드를 하나씩 보여주며 질문한 후, 학생들이 대답하면 해당하는 한자카드 위에 그림카드를 붙인다.

선생님이 보여주는
그림을 잘 보고
누구인지 말해볼까요?

他是谁?

他是爸爸。

2. 오늘 학습할 내용에 대해 이야기한다.

배운 표현을 활용하여 중국어로 우리 가족에게
사랑한다는 말을 해 보아요.

도입 〉 전개 〉 정리

3. 학생이 한 명씩 나와 그림카드 중 하나를 골라 머리띠에 붙인 후, 머리띠를 쓰게 한다.

4. 교사가 발표 학생들을 한 명씩 가리키며 중국어로 질문한 후, 자리에 앉아 있는 학생들이 대답하게 한다.

5. 자리에 앉아 있는 학생들이 "你是谁?"라고 외치며 질문하고 머리띠를 쓴 학생들은 한 명씩 자기 소개를 하게 한다.

6. 자리에 앉아 있는 학생 중 한 명이 나와 발표 학생 중 한 명에게 다가가 가족 호칭을 부르며 "我爱你"라고 말하고 발표 학생은 "我也爱你"라고 대답하게 한다. 두 명의 학생들이 서로 포옹하게 한다.

도입 › 전개 › **정리**

7. 학생들과 친구나 가족 간의 사랑 표현이 중요하다는 것에 대해 이야기를 나눈다.

활동 tip

▶ 활동 전

- 이 활동은 가족을 사랑하는 마음을 사랑한다는 말과 안아주는 행동으로 표현해보는 활동으로 학생이 친구들과 몸을 맞대며 정서적 친밀감을 느끼고, 이를 통해 자연스럽게 언어표현을 익힐 수 있도록 계획하였다. 따라서 학생이 친구들과 서로 거부감 없이 활동할 수 있도록 교사가 격려하고 배려한다.

▶ 활동 중

- 앞에 나와 가족 머리띠를 쓰는 인원은 최대 4~5명을 넘지 않도록 한다. 인원이 많아지면 집중도가 떨어지고 자칫하면 소란스러워질 수 있다.
- 발표하는 학생이 가족을 뽑을 때 한 명에게만 집중되지 않고 가족 머리띠를 쓴 학생들 모두 한 번씩 활동할 수 있도록 교사가 배려한다.

어머, 妹妹는 아직 "我爱你" 라는 말을 듣지 못했네요.
누가 妹妹에게 사랑한다고 말해줄까요?

활동 자료 만들기

❶ 그림카드, 한자카드

1. 그림카드, 한자카드를 인쇄하여 오린다.
2. 코팅한 후, 뒷면에 까슬이를 붙인다.

❷ 머리띠 4개 ~ 6개

1. A4 코팅지를 코팅한 후, 직사각형으로 자른다. 이때 모서리 부분이 뾰족하지 않도록 둥글려서 오린다.
2. 1의 양 끝에 펀치로 구멍을 뚫고, 그 구멍에 고무줄을 연결한다.
3 직사각형 코팅지 가운데에 보슬이를 붙인다.

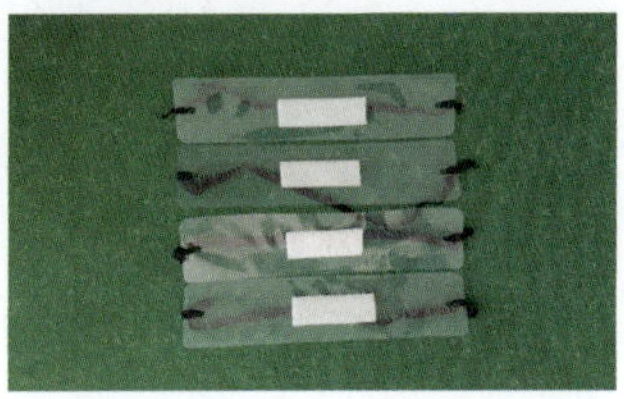

주제

장소

1. 나는 버스 운전사
2. 아빠 어디가?

회화

A: 你去哪儿?
Nǐ qù nǎr ?
너는 어디 가니?

B: 我去商店
Wǒ qù shāngdiàn.
나는 상점에 가.

A: 爸爸去哪儿?
Bàba qù nǎr?
아빠는 어디 가니?

B: 爸爸去医院。
Bàba qù yīyuàn.
아빠는 병원에 가.

장소 1. 나는 버스 운전사

활동목표

▶ 언어기능: 듣기, 말하기

▶ 학습내용: 단어, 문장, 담화

▶ 교과 간의 연계: • 체육 / 신체운동 – 신체활동 즐기기
• 외국어/ 의사소통 – 듣기와 말하기
– 읽기와 쓰기에 관심 가지기
• 사회/ 사회관계 – 더불어 생활하기
• 예술/ 예술경험 – 창의적으로 표현하기

활동자료

❶ 그림카드, 한자카드

❷ 집 모양 판

❸ 운전대, 버스 사진, 리본끈

활동소개

학생들 간에 버스 운전사와 손님을 정하여 서로 중국어로 가고자 하는 장소에 대해 질문과 대답을 한다. 버스 운전사는 손님을 태우고 목적지에 내려준다.

중국어 수업 진행

도입 > 전개 > 정리

1. "你去哪儿？"을 동작과 함께 질문한다. 그림카드를 보여준 후, 학생들이 동작을 하며 대답하게 한다.

你 (손으로 상대방을 가리킨다)
去 (걸어가는 동작을 한다)
哪儿? (검지 손가락을 머리에 대고, 생각하는 듯한 동작을 한다)

我 (손으로 자신을 가리킨다)
去 (걸어가는 동작을 취한다)
商店 (물건을 고르는 행동을 한다)

2. 오늘 학습할 내용에 대해 이야기한다.

지금까지 배운 표현을 사용하여 어디로 가는지 묻고 답하는 버스 운전사 놀이를 해 보아요.

도입 > **전개** > 정리

3. 한자카드는 집 모양 판의 지붕에, 그림카드는 벽면에 붙인다. 교실 곳곳(기둥, 벽, 책상 위 등)에 집 모양 판을 붙이고, 버스 운전사와 손님 역할을 할 학생들을 정한다.

4. 버스 운전사와 손님이 서로 인사한 후, 가고자 하는 장소에 대해 묻고 답하게 한다.

5. 버스 운전사가 손님을 태우고 해당 장소까지 이동하여 손님을 내려주게 한다.

6. 버스 운전사와 손님 역할을 바꾸어가며 여러 번 반복하여 활동한다.

도입 〉 전개 〉 **정리**

7. 그림카드와 한자카드가 붙어있는 집 모양 판을 한 장씩 보여주며 질문한 후, 학생들이 답하게 한다. 학생들의 발음을 주의 깊게 듣고 부정확할 경우 다시 따라 말하게 하여 잘못된 발음을 교정한다.

활동 tip

▶ 활동 전

- 학생의 동선을 고려하여 장소 카드를 붙이고, 이동 공간을 충분히 확보한다.
- 이 활동은 학생이 일상생활에서 접할 수 있는 친근한 상황을 통해 자연스럽게 회화를 배울 수 있도록 구성하였다. 따라서 반 전체 학생들이 버스 운전사와 손님 역할을 둘 다 경험할 수 있도록 배려한다.

▶ 활동 중

- 문장을 동작으로 표현할 때, 교사가 일방적으로 동작을 제시하기보다 학생과 함께 만들 수 있도록 한다.

동물원은 어떻게 표현하면 좋을까요?

'어흥' 사자 흉내를 내요.

▶ 응용

- "上车", "下车"의 표현은 학습 내용에 포함되어있지 않지만 자연스러운 극 놀이를 위해 추가할 수 있다.

활동 자료 만들기

❶ 그림카드, 한자카드

1. 그림카드, 한자카드를 인쇄하여 오린다.
2. 코팅한 후, 뒷면에 까슬이를 붙인다.

❷ 집 모양 판

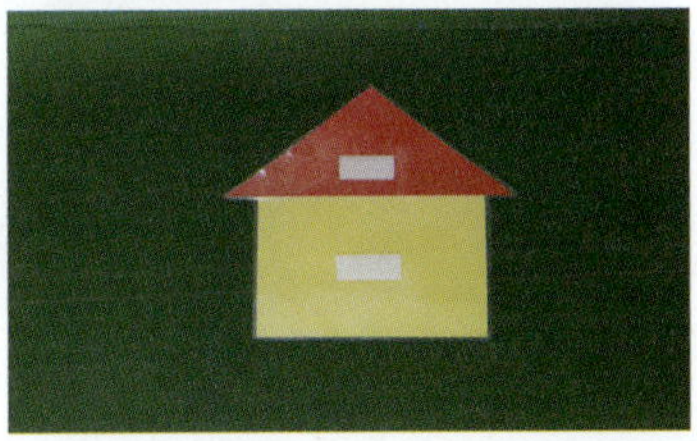

1. 색상지를 네모, 세모 모양으로 오린 후 집 모양으로 만들어 코팅한다.
2. 앞면 지붕과 집에 보슬이, 뒷면에 까슬이를 붙인다.

❸ 운전대, 버스 사진, 리본끈

1. 백업을 90cm로 잘라 동그랗게 만든 후, 글루건으로 붙인다.
2. 원 가운데 백업을 약간 구부려 붙이고 그 위에 보슬이를 붙인다.
3. 운전대 양 끝에 리본끈을 묶는다.
4. 버스 사진을 인쇄하여 코팅한 후, 뒤에 까슬이를 붙인다.

장소 2. 아빠 어디 가?

활동목표

- 언어기능: 듣기, 말하기
- 학습내용: 단어, 문장, 담화
- 교과 간의 연계: • 외국어/ 의사소통 – 듣기와 말하기
  – 읽기와 쓰기에 관심 가지기
  • 예술/ 예술경험 – 창의적으로 표현하기

활동자료

❶ 그림카드(장소), 한자카드(장소, 가족)
❷ 집 모양 판 (장소 그림카드, 한자카드 부착)
❸ 각 가족 구성원 그림
❹ 우리 동네 길
❺ 초시계
❻ 손가락 봉

활동소개

가상의 우리 동네를 꾸며서 중국어로 가족의 행선지를 질문하고 발표 학생은 봉을 움직여 원하는 장소로 이동한 후 대답한다.

중국어 수업 진행

도입 > 전개 > 정리

1. 학생들에게 스피드 게임 방법을 설명한다.

> 우리 친구들이 지난 시간에 배운 장소와 가족 명칭을 잘 기억하고 있는지 스피드 게임을 해 볼 거예요.
> 60초 동안 선생님이 보여주는 그림카드를 보고 중국어로 답하면 됩니다.
> 准备，开始！

2. 초시계를 작동시킨 후, 그림카드(장소와 가족)를 골고루 섞어 한 장씩 보여준다. 학생은 그림카드를 보고 중국어로 답한다.

3. 오늘 학습할 내용에 대해 이야기 한다.

> 우리 동네에는 어떤 장소들이 있나요?
> 오늘은 장소와 가족 단어를 활용하여 누가 어디에 가는지 묻고 답해 보아요.

도입 > 전개 > 정리

4. 융 칠판에 우리 동네 길을 붙이고 집 모양 판(한자카드와 그림카드 부착)은 손에 들고 있는다. 학생이 나와 자신이 원하는 장소의 집 모양 판을 골라 동네 길에 붙여서 우리 동네를 꾸미게 한다.

> 선생님이 칠판에 우리 동네 길을 붙여 놓았어요.
> 친구들이 나와서 원하는 곳에
> 学校，商店，医院，动物园，公园，幼儿园을 붙여 동네를 만들어보세요.

5. 활동 방법을 설명한다.

여기 봉에 가족 중 한 명을 붙이고 친구들이 '○○去哪儿?' 하고 질문하면 길을 따라 자신이 가고 싶은 장소로 이동한 후 어디로 갔는지 중국어 문장으로 말해보세요.

6. 발표 학생이 나와 가족을 한 명 골라 봉에 붙이게 한다.

7. 자리에 앉아있는 학생들이 가족 명칭을 넣어 행선지를 질문하고 발표 학생은 봉을 움직여 원하는 장소로 이동한 후 대답하게 한다.

姐姐去哪儿?

姐姐去医院。

도입 > 전개 > **정리**

8. 융 칠판에 가족과 장소를 한자카드로 붙인 후, 학생이 한자카드를 보고 누가 어디에 갔는지 문장을 만들어 읽게 한다. 학생들의 대답이 틀릴 경우 교사가 올바른 문장을 말한 후, 다시 따라 말하게 한다.

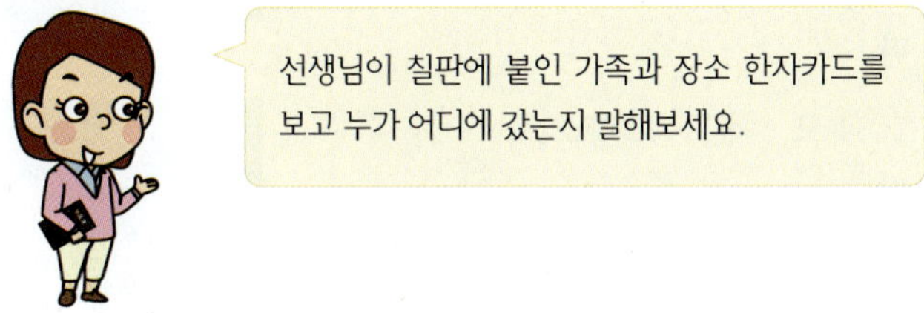

활동 tip

▶ 활동 중

- 스피드 게임 진행 시, 학생들이 직접 시간의 흐름을 눈으로 보게 되면 게임에 더욱 집중할 수 있으므로 초시계를 준비하는 것이 좋으나 상황에 따라 교사의 핸드폰으로 60초 타이머를 맞추어 대체할 수 있다.

▶ 응용

- 60초를 정해두고 몇 문제를 맞히는 것뿐만 아니라 정해진 단어를 다 말하기까지 몇 초가 걸리는지 재는 방식도 사용할 수 있고, 시간을 줄이거나 늘리면서 융통성 있게 활용한다.

활동 자료 만들기

❶ 그림카드, 한자카드

1. 그림카드, 한자카드를 인쇄하여 오린다.
2. 코팅한 후, 뒷면에 까슬이를 붙인다.

❷ 집 모양 판

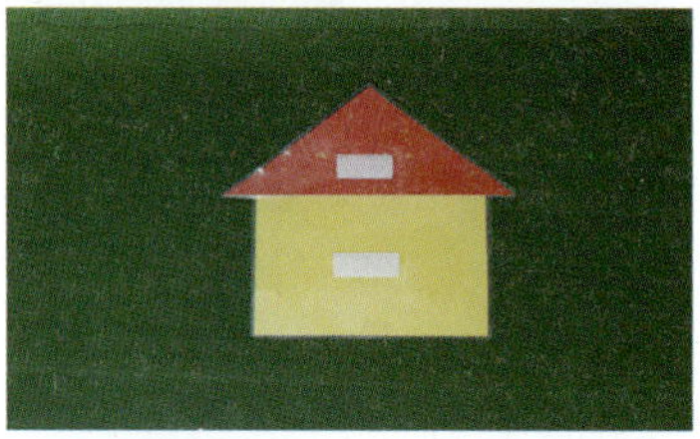

1. 색상지를 네모, 세모 모양으로 오린 후 집 모양으로 만들어 코팅한다.
2. 앞면 지붕과 집에 보슬이, 뒷면에 까슬이를 붙인다.

❸ 가족 구성원 그림

1. 가족 구성원 그림을 인쇄하여 오린다.
2. 코팅한 후, 뒷면에 까슬이를 붙인다.

❹ 우리 동네 길

1. 색상지를 직사각형으로 오리고 코팅한다.
   (큰 길 3개: 직사각형 40cmx15cm, 작은 길 4개: 직사각형 27cmx9cm)
2. 뒷면에 까슬이를 붙인다.

❺ 손가락 봉

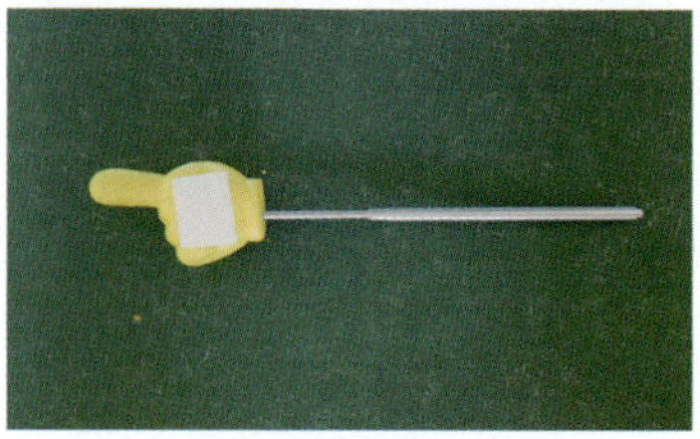

1. 손가락 봉에 보슬이를 붙인다.

주제

과일

1. 무슨 과일일까?
2. 빨간 망토와 늑대

회화

A: 这是什么?
Zhè shì shénme?
이건 뭐니?

B: 这是苹果。
Zhè shì píngguǒ.
이건 사과야.

A: 你喜欢什么水果?
Nǐ xǐhuan shénme shuǐguǒ?
너는 어떤 과일을 좋아하니?

B: 我喜欢香蕉和西瓜。
Wǒ xǐhuan xiāngjiāo hé xīguā.
나는 바나나와 수박을 좋아해.

과일

1. 무슨 과일일까?

활동목표

- ▶ 언어기능: 듣기, 말하기, 읽기
- ▶ 학습내용: 단어, 문장, 담화
- ▶ 교과 간의 연계: • 외국어/ 의사소통 – 듣기와 말하기
  – 읽기와 쓰기에 관심 가지기
  • 과학/ 자연탐구 – 탐구과정 즐기기
  – 생활 속에서 탐구하기

활동자료

❶ 그림카드, 한자카드

❷ 비밀 상자

❸ 과일 모형

활동소개

비밀 상자 안에 손을 넣어 과일 모형을 만져본 후, 어떤 과일인지 추측해본다. 친구들이 중국어로 질문하면 대답한 후, 과일을 꺼내어 정답을 확인한다.

중국어 수업 진행

도입 〉 전개 〉 정리

1. 융 칠판에 그림카드를 모두 붙인다. 그 아래에 한자카드를 하나씩 붙이며 중국어로 말한 후, 학생들이 따라 말하게 한다.
2. 한자카드를 모두 떼어낸다. 학생이 나와 한자카드를 한 장 골라 읽은 후, 해당 그림카드 밑에 붙이게 한다.

선생님이 가지고 있는 한자카드 중 하나를 뽑아 읽고 칠판에서 그 과일을 찾아 아래에 붙여 보세요.

3. 오늘 학습할 내용에 대해 이야기 한다.

우리가 배운 과일 명칭을 활용하여 무엇인지 묻고 답해보아요.

도입 〉 **전개** 〉 정리

4. 과일 모형을 보여주며 중국어로 질문한 후, 학생들이 대답하게 한다.

这是什么？

这是苹果。
따라 말해보세요.

苹果

这是苹果。

5. 비밀 상자 안에 과일 모형을 한 개 넣는다.
   학생이 나와 비밀 상자 안에 있는 과일 모형을 손으로 만져보고 무슨 과일인지 추측하게 한다.

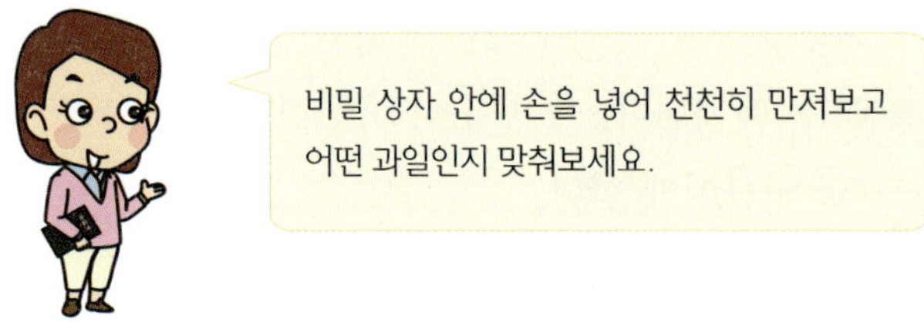

6. 학생들이 질문하면 발표 학생은 자신이 추측한 과일을 대답하게 한다. 정답이 아닐 경우 학생들이 동작으로 힌트를 주게 한다.

7. 발표 학생이 과일 모형을 꺼내면 모든 학생들이 그 과일이 무엇인지 말하게 한다.

도입 》 전개 》 **정리**

8. 그림카드와 한자카드를 한 장씩 보여주며 중국어 문장을 말한 후, 학생이 따라 말하게 한다. 학생들의 발음을 주의 깊게 듣고 부정확할 경우 다시 따라 말하게 하여 잘못된 발음을 교정한다.

활동 tip

▶ 활동 중

- 간혹 상자 안에 손 넣는 것을 무서워하는 학생들이 있으므로, 이런 경우에는 학생의 의사를 먼저 물어본 후 활동을 진행한다. 하지 않겠다고 하는 학생을 활동에서 배제하기보다 다른 학생이 하는 모습을 보여주고 난 후 다시 한번 물어 기회를 주는 것이 좋다.

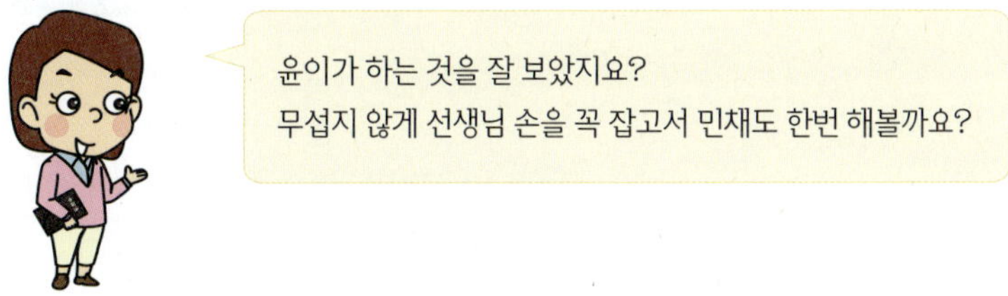

- 학생이 과일 모형을 만져본 후 과일 명칭을 말할 때, 답을 정확히 말하지 못하면 그 과일의 색깔, 모양, 맛에 관련된 힌트를 준다.

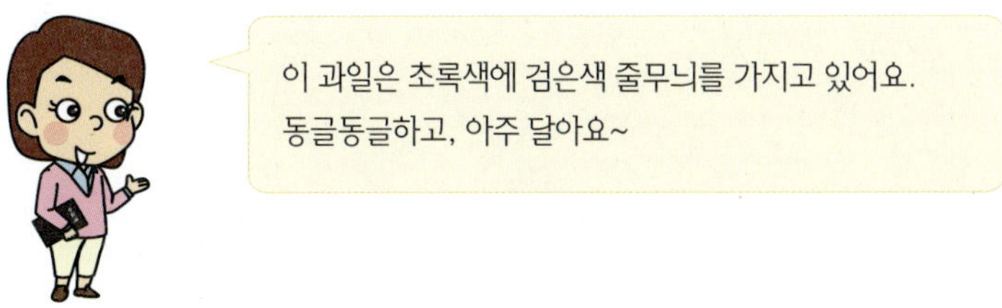

활동 자료 만들기

❶ 그림카드, 한자카드

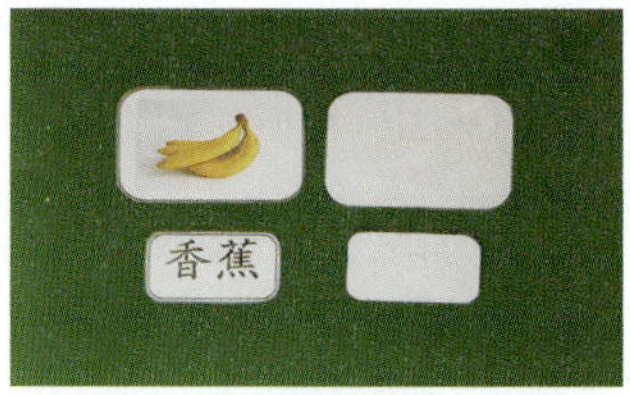

1. 그림카드, 한자카드를 인쇄하여 오린다.
2. 코팅한 후, 뒷면에 까슬이를 붙인다.

❷ 비밀 상자

1. 윗 면에 구멍이 뚫려있는 투명 아크릴 상자를 준비한다. (응모함 아크릴 상자)

2. 안이 보이도록 바닥과 세 옆면에만 검은색 접착 펠트지를 붙인다.

3. 윗면에 펠트지를 붙인 후, 동그란 구멍 크기에 맞게 십자로 자른다.

과일 2. 빨간 망토와 늑대

활동목표

- 언어기능: 듣기, 말하기
- 학습내용: 단어, 문장, 담화
- 교과 간의 연계: • 외국어/ 의사소통 – 듣기와 말하기
  • 사회/ 사회관계 – 더불어 생활하기
  • 예술/ 예술경험 – 창의적으로 표현하기

활동자료

❶ 그림카드, 한자카드
❷ 과일바구니, 과일
❸ 늑대 머리띠
❹ 빨간 모자 달린 망토

활동소개

빨간 망토 친구와 늑대 역할을 정한다. 빨간 망토 친구와 늑대는 서로 만나 인사 후, 좋아하는 과일에 대해 중국어로 묻고 대답한다. 과일을 주고 받은 후 인사하며 헤어진다.

중국어 수업 진행

도입 》 전개 》 정리

1. 그림카드를 한 장씩 융 칠판에 붙이면서 질문한다. 학생이 대답하면 해당 그림카드 밑에 한자카드를 붙인다.

这是什么?

葡萄

2. 그림카드 중 어떤 과일을 좋아하는지 질문하고 학생이 문장으로 답하게 한다.

你喜欢什么水果?

我喜欢草莓。

我喜欢西瓜。

我喜欢草莓和西瓜。
따라 말해보세요.

我喜欢草莓和西瓜。

3. 오늘 학습할 내용에 대해 이야기 한다.

배운 표현을 활용하여 좋아하는 과일을 묻고 답해보아요.

도입 > 전개 > 정리

4. 과일 바구니와 과일 그림, 빨간 망토와 늑대 머리띠를 보여주며 활동 방법을 설명한 후, 시범을 보인다.

(교사가 망토를 쓰고 과일 바구니를 손에 든다.)
빨간 망토 친구가 맛있는 과일을 바구니에 넣고 숲속 길을 걸어가고 있었어요. 그런데 가는 길에 늑대 친구를 만났어요. 늑대에게 뭐라고 인사하나요?

늑대가 빨간 망토 친구의 과일 바구니 속 맛있는 과일들을 보고 "이건 뭐니?" 라고 물어요. 뭐라고 할까요?

你好！

这是什么？

5. 학생 2명이 나와 한 명은 빨간 망토를, 다른 한 명은 늑대 머리띠를 쓰게 한다. 빨간 망토 친구와 늑대가 서로 인사를 한 후, 과일 명칭과 좋아하는 과일을 묻고 답하게 한다.

你好！

你好！

(과일바구니 속의 사과를 가리키며)
这是什么？

这是苹果。

(딸기를 가리키며)
这是什么？

这是草莓。

你喜欢什么水果？

我喜欢苹果和草莓。

6. 빨간 망토 친구가 과일 바구니에서 늑대가 좋아하는 과일들을 꺼내어 늑대에게 주게 한다. 서로 헤어질 때 인사말을 하게 한다.

谢谢！

不客气！

再见！

再见！

도입 > 전개 > 정리

7. 학생들과 오늘 활동에 대해 이야기를 나눈다. 이 때 인사 예절과 나눔의 미덕도 주지시킨다.

오늘 선생님과 함께 '빨간 망토와 늑대' 활동을 해 보았어요.
빨간 망토 친구는 길에서 누구를 만났어요? 어떻게 인사했나요?
늑대는 빨간 망토 친구가 가지고 있는 과일들을 보고 뭐라고 했나요?
빨간 망토 친구는 늑대에게 무엇을 물어보았어요?
늑대는 두 가지의 과일을 좋아했지요? 어떻게 말해야 할까요?
빨간 망토 친구는 왜 늑대에게 과일을 주었을까요?
친구와 만나고 헤어질 때 어떻게 해야 할까요?

활동 tip

▶ 응용

- 도입에서 그림카드를 가지고 과일 명칭 맞추기를 할 때, 학생의 수준에 따라 난이도를 조절하여 그림카드뿐만 아니라 교사가 한자카드를 보여준 후, 중국어로 말하면, 학생이 과일 명칭을 맞춰보는 활동으로 진행할 수 있다.

활동 자료 만들기

❶ 그림카드, 한자카드

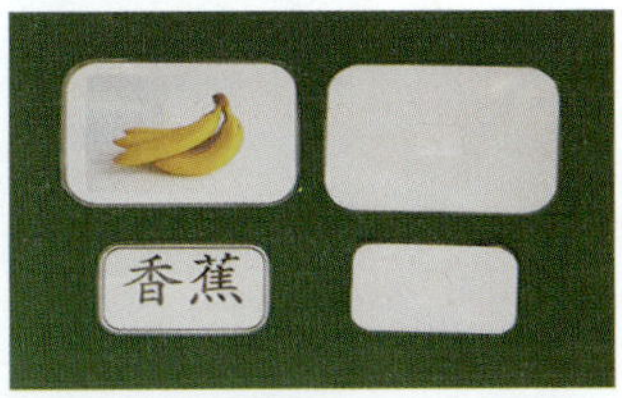

1. 그림카드, 한자카드를 인쇄하여 오린다.
2. 코팅한 후, 뒷면에 까슬이를 붙인다.

❷ 과일 바구니, 과일

1. 과일 바구니 그림을 인쇄하여 코팅한다.
2. 바구니 위에 보슬이를 붙인다.
3. 여러 가지 과일 그림을 인쇄하여 오린다.
   코팅한 후, 뒷 면에 까슬이를 붙인다.

❸ 늑대 머리띠

1. 늑대 그림을 인쇄하여 코팅하고 뒷면에 까슬이를 붙인다.
2. 머리띠 위에 늑대 그림을 붙인다.

주제

교통기관

1. 저건 뭐야?
2. 가위바위보

회화

A: 那是什么?
Nà shì shénme?
저건 뭐니?

B: 那是飞机。
Nà shì fēijī.
저건 비행기야.

A: 你坐什么去?
Nǐ zuò shénme qù ?
너는 무엇을 타고 가니?

B: 我坐汽车去。
Wǒ zuò qìchē qù.
나는 자동차를 타고 가.

교통기관

1. 저건 뭐야?

활동목표

- ▶ 언어기능: 듣기, 말하기
- ▶ 학습내용: 단어, 문장
- ▶ 교과 간의 연계: • 체육/ 신체운동 건강 – 신체활동 즐기기
  - • 외국어/ 의사소통 – 듣기와 말하기
  - • 사회 / 사회관계 – 더불어 생활하기
  - • 과학/ 자연탐구 – 생활 속에서 탐구하기

활동자료

❶ 그림카드, 한자카드

❷ 교통기관 퍼즐(각 2조각)2세트

❸ 팀 마크 (하트, 별)

❹ 플라스틱 바구니, 색 테이프

활동소개

- ▶ 학생들을 두 팀으로 나누어 앉힌다. 융 칠판에 각 팀별로 서로 다른 교통기관 퍼즐의 반쪽을 붙이고 바구니에 나머지 반쪽을 넣어 칠판과 출발선 사이 중앙에 둔다.
- ▶ 자리에 앉아있는 학생들이 "那是什么？" 하고 질문하면 칠판의 조각을 보고 어떤 교통기관인지 답한 후 출발한다. 바구니에서 나머지 조각을 찾아 붙이고 출발선으로 되돌아온다.

중국어 수업 진행

도입 > 전개 > 정리

1. 그림카드를 보여주며 질문한 후, 학생들이 답하게 한다. 학생이 정답을 말하면 융 칠판에 그림카드와 한자카드를 위 아래로 붙이고 해당 교통기관을 탔던 경험에 대해 이야기 나눈다.

2. 그림카드를 교실 뒤쪽 벽에 붙이고 질문한 후, 학생들이 답하게 한다.

3. 오늘 학습할 내용에 대해 이야기한다.

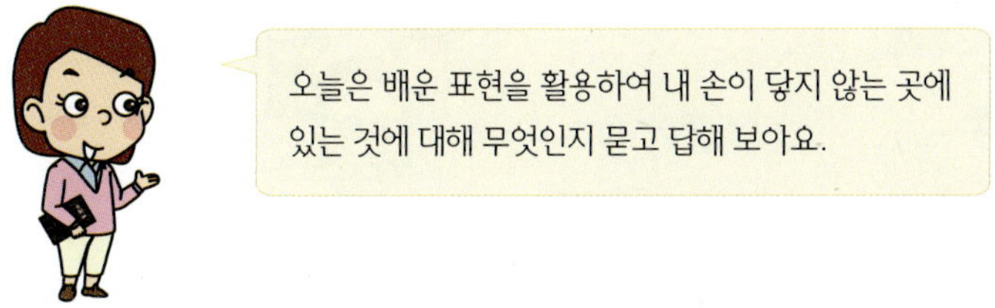

도입 전개 정리

4. 학생들을 두 팀으로 나누어 칠판을 중심으로 양쪽에 일렬로 앉게 한다. 교실 뒤쪽 바닥에 색 테이프를 붙여 출발선을 표시한다. 각 팀의 바구니에 모든 교통기관 퍼즐의 반쪽을 넣고 칠판과 출발선 사이 중앙에 둔다.

5. 융 칠판 상단에 각 팀을 표시하는 팀 마크를 붙인다. 팀 마크 밑에 서로 다른 교통기관 퍼즐의 반쪽을 각각 붙인다.

6. 각 팀에서 대표 학생이 한 명씩 나와 출발선에 서면 자리에 앉아있는 학생들이 질문하고 각 팀 대표 학생은 대답한다. '准备'라고 말하면 준비 자세를 취하게 하고 '开始' 하고 말하면 출발하게 한다.

那是什么？

(빨간팀)

那是汽车。

(노란팀)

那是飞机。

准备，开始！

7. 대표 학생이 바구니에서 퍼즐의 나머지 반쪽을 찾아 융 칠판에 짝을 맞추어 붙인 후 다시 출발선으로 돌아오게 한다.

도입 〉 전개 〉 정리

8. 오늘 활동에 대해 이야기를 나눈다.

내 손이 닿는 곳에 있는 것을 가리킬 때는 뭐라고 하나요?
내 손이 닿지 않는 곳에 있는 것을 가리킬 때는 뭐라고 하나요?
오늘 해 본 那是什么? 활동 중에 어떤 점이 재미있었나요?

활동 tip

▶ 활동 전

- 이 활동은 학생의 움직임이 많은 활동적인 게임 수업이므로 교실 안의 책상을 한 쪽으로 미리 치워두고 학생 모두가 활동에 집중할 수 있도록 팀별로 나누어 양쪽에 일렬로 앉힌다.
- 게임은 학생들이 가장 좋아하는 활동으로 쉽게 흥분하게 되므로 수업 통제가 어려워지거나 안전사고의 우려가 있다. 따라서 게임을 시작하기 전에 교사가 게임의 규칙과 활동 시 유의사항에 대해 충분히 설명하고 주의를 주어야 한다.

게임을 할 때는 너무 빨리 달려서 넘어지지 않도록 조심해야 해요.
또 옆의 친구와 부딪히면 다칠 수 있으니 주위를 잘 살피면서 활동하도록 해요.

활동 자료 만들기

❶ 그림카드, 한자카드

1. 그림카드, 한자카드를 인쇄하여 오린다.
2. 코팅한 후, 뒷면에 까슬이를 붙인다.

❷ 교통기관 퍼즐 2세트

1. 교통기관 그림을 각각 A4 용지 크기로 프린트한다.
2. 직선, 곡선 등을 활용하여 퍼즐 모양으로 2등분한 후, 오린다.
3. 코팅하여 뒷면에 까슬이를 붙인다.

❸ 팀 마크(하트, 별)

1. 2가지 색상지를 하트와 별 모양으로 각각 오린다.
2. 코팅한 후, 뒷면에 까슬이를 붙인다.

교통기관

2. 가위바위보

활동목표

▶ 언어기능: 듣기, 말하기

▶ 학습내용: 단어, 문장

▶ 교과 간의 연계: • 체육/ 신체운동 – 신체활동 즐기기
• 외국어/ 의사소통 – 듣기와 말하기
• 사회/ 사회관계 – 더불어 생활하기
• 예술/ 예술경험 – 창의적으로 표현하기

활동자료

❶ 교통기관 그림카드
❷ 집게 목걸이
❸ 색 테이프
❹ '우리 집에 왜 왔니' MR

활동소개

두 팀으로 나누어 '우리 집에 왜 왔니' MR에 맞추어 중국어로 노래를 부르며 한 팀은 전진, 다른 한 팀은 후퇴를 반복한다. 노래가 끝나면 각 팀의 대표 학생이 가위바위보를 겨루어 이긴 학생이 진 학생을 자기 팀으로 데리고 간다. 최종적으로 인원이 더 많은 팀이 승리한다.

중국어 수업 진행

도입 > 전개 > 정리

1. 융 칠판에 그림카드와 한자카드를 위 아래로 붙인 후, '변신 자동차' 이야기를 들려준다. 학생의 대답이 가장 많이 나온 장소로 목적지를 정한다.

우리 친구들이 제일 가보고 싶은 곳은 어디인가요? 오늘은 선생님과 우리 친구들이 '변신 자동차'를 타고 우리가 가고 싶은 곳으로 여행을 떠나요.

놀이동산에 가고 싶어요.

지금 우리는 어떤 것으로도 변할 수 있는 변신 자동차를 탔어요.
이제, 출발해 볼까요?
부릉 부릉~
我坐汽车去。
(자동차 운전하는 모습을 흉내 낸다)
왼쪽~ 오른쪽~
울퉁불퉁한 길이 나타났어요.
덜컹덜컹~
(과장된 몸짓으로 몸을 들썩인다)

(교사의 동작을 따라하며)
我坐汽车去。

어? 갑자기 몸이 지하로 슈욱~
(자리에 주저앉는다.) 지하에서는
汽车가 무엇으로 변신해야 할까요?

地铁

我坐地铁去。
(지하철 운전하는 모습을 흉내 낸다)

(교사의 동작을 따라하며)
我坐地铁去。

저 멀리 바다가 보이네요.
물에서 다니려면
地铁가 무엇으로 변신해야 하나요?

船

我坐船去。 (손으로 파도를 흉내 낸다.)
파도가 세게 치고 있어요. 배가 흔들려요

(교사의 동작을 따라하며)
我坐船去。

이번엔 기찻길이 나왔어요.
船은 무엇으로 변신할까요?

火车

我坐火车去。(기차가달리는 흉내를 낸다)
칙칙 폭폭 달려요. 빨리, 더 빨리
이제 기차역이 보이네요.
천천히~ 천천히 멈춰요.

(교사의 동작을 따라하며)
我坐火车去。

이제 다른 친구들과 함께 놀이동산으로 가야해요. 모두 다 함께 이동하려면
火车가 무엇으로 변신해야 할까요?

公共汽车

我坐公共汽车去。
(버스 손잡이를 잡는 흉내를 낸다)

(교사의 동작을 따라하며)
我坐火车去。

와~ 드디어 놀이동산에 도착했어요.
이제 신나게 놀아볼까요?

2. 오늘 학습할 내용에 대해 이야기한다.

오늘은 배운 표현을 활용하여 무엇을 타고 가는지 묻고 답해 보아요.

도입 > 전개 > 정리

3. '우리 집에 왜 왔니' MR을 들려준 후, 질문한다.

이 노래를 들어 본 적이 있나요?
어떻게 부르나요?

4. MR에 맞추어 '你坐什么去?', '我坐○○去。'로 가사를 바꾸어 불러주고, 학생이 한 소절씩 따라 부르게 한다.

你 坐 什~么, 什~么 去?　　我 坐 汽车, 汽车 去
你 坐 什~么, 什~么 去?　　我 坐 飞机, 飞机 去
你 坐 什~么, 什~么 去?　　我 坐 火车, 火车 去
你 坐 什~么, 什~么 去?　　我 坐 船, 船 去
你 坐 什~么, 什~么 去?　　我 坐 地铁, 地铁 去
你 坐 什~么, 什~么 去?　　我 坐 公共汽车, 公共汽车 去

5. 융 칠판에 붙였던 그림카드를 떼어낸 후, 활동 방법에 대해 설명한다.

'우리 집에 왜 왔니' 활동을 해본 적 있나요?
오늘은 아까 불러본 것처럼 '你坐什么去?',
'我坐 ○○去。' 로 가사를 바꾸어 활동해 볼 거예요.

6. 교통기관 중 하나를 정하여 그림카드를 칠판에 붙인다. 아이들이 전진할 때, 뒤로 물러날 때 어디까지 이동하는지 표시하기 위해 바닥에 색 테이프를 3줄 붙인다.

7. 학생 12명을 선발한다. 6명씩 A팀과 B팀으로 나누어 각 팀 학생들은 교통기관 목걸이를 하나씩 목에 걸게 한다. 두 팀이 서로 마주보고 선 후, 같은 팀끼리 양쪽으로 손을 잡게 한다.

8. A팀이 '你坐什~么 什~么 去?' 하고 노래를 부르며 전진하면 B팀은 이에 맞추어 뒤로 물러나게 한다. B팀은 칠판의 그림카드를 보고 '我坐○○去。' 하고 노래를 부르며 전진하면 A팀은 이에 맞추어 뒤로 물러나게 한다.

9. 양팀에서 각각 해당 교통기관 목걸이를 걸고 있는 학생이 나와서 '剪刀, 石头, 布'를 외치며 가위바위보를 하게 한다. 가위바위보에서 이긴 학생은 진 학생을 자기 팀으로 데리고 가게 한다.

10. 각각의 그림카드를 활용한 활동이 다 끝난 후, 양팀에서 가장 많은 인원이 모인 팀을 승리한 팀으로 발표한다.

도입 > 전개 > 정리

11. 그림카드를 보여 주며 학생들이 MR에 맞추어 노래를 부르게 한다.

선생님과 함께 칠판에 붙여진 교통기관 그림카드 순서대로 다시 한번 노래를 불러 보세요.

활동 tip

▶ 활동 중

- 도입 부분의 '변신 자동차' 활동을 할 때는 교사가 이야기의 내용과 흐름을 충분히 숙지하여 학생이 가고자 하는 장소에 따라 교통기관으로 변하는 순서를 융통성 있게 조절한다. 또한 교통기관으로 변신하여 동작으로 표현할 때, 움직임을 크게하고 다양한 효과음을 함께 사용하면 학생의 흥미를 이끌고 집중력을 높일 수 있다. 교사 스스로 자신감을 가지고 자연스럽게 표현할 수 있도록 충분히 연습한다.
- 교사가 게임 진행, 교구 조작, 음원까지 틀면서 수업을 진행하기에는 어려움이 있으므로 노래를 지도할 때는 음원을 사용하지만 게임 활동은 활동에 익숙해질 때까지 교사와 학생들이 직접 부르며 활동한다.
- '가위바위보'는 중국어로 알려주고 게임을 진행할 때마다 교사가 옆에서 함께 발음해주면서 지도한다.

▶ 응용

- 자료 중에 집게 목걸이는 시중에 판매하는 제품이지만 구입하기 어려울 경우에는 직접 만들어 사용할 수 있다.
  - 방법 1
    - 인쇄한 교통기관 그림 자료를 코팅한 후, 위쪽에 구멍을 뚫는다.
    - 구멍에 끈을 달아 목걸이를 만든다.
  - 방법 2
    - 색상지를 동그랗게 오려 코팅한 후, 위쪽에 구멍을 뚫는다.
    - 구멍에 끈을 달아 목걸이를 만든다.
    - 코팅된 색상지 가운데에 보슬이를 붙인다.
    - 교통기관 그림자료를 인쇄하여 코팅한 후, 뒷면에 까슬이를 붙인다.
    - 색상지 목걸이에 그림자료를 붙인다.

  ＊**방법** 2로 목걸이를 만들어 두면 다른 주제의 그림자료도 사용할 수 있다.

활동 자료 만들기

❶ 그림카드

1. 그림카드를 인쇄하여 오린다.
2. 코팅한 후, 뒷면에 까슬이를 붙인다.

❷ 교통기관 목걸이(총 12개)

1. 집게 목걸이에 그림카드를 매단다.

주제

세계 여러 나라

1. 어느 나라 사람이니?
2. 여러 나라 국기 만들기

회화

A: 你是哪国人?
Nǐ shì nǎ guó rén ?
너는 어느 나라 사람이니?

B: 我是韩国人。
Wǒ shì Hánguórén.
나는 한국 사람이야.

A: 你想去哪儿?
Nǐ xiǎng qù nǎr?
너는 어디에 가고 싶니?

B: 我想去中国。
Wǒ xiǎng qù Zhōngguó.
나는 중국에 가고 싶어.

세계 여러나라

1. 어느 나라 사람이니?

활동목표

- 언어기능: 듣기, 말하기
- 학습내용: 단어, 문장, 담화
- 교과 간의 연계: • 외국어/ 의사소통 – 듣기와 말하기
  – 읽기와 쓰기에 관심 가지기
  • 사회/ 사회관계 – 사회에 관심 가지기

활동자료

❶ 그림카드, 한자카드

❷ 세계 각국의 운동 선수 사진

(유니폼에 국기가 그려져 있는 사진)

❸ 운동복

활동소개

국제 경기 때 여러 나라 선수들이 서로 만나 인사하는 상황처럼 학생 두 명이 앞으로 나와 가슴에 국기를 부착한 운동복을 입고 서로 중국어로 인사하며 국적을 묻고 대답한다.

중국어 수업 진행

도입 〉 전개 〉 정리

1. 그림카드를 빠른 속도로 보여주고 학생들이 답하게 한다. 학생이 정답을 말하면 융 칠판에 그림카드와 한자카드를 위아래로 붙인다.

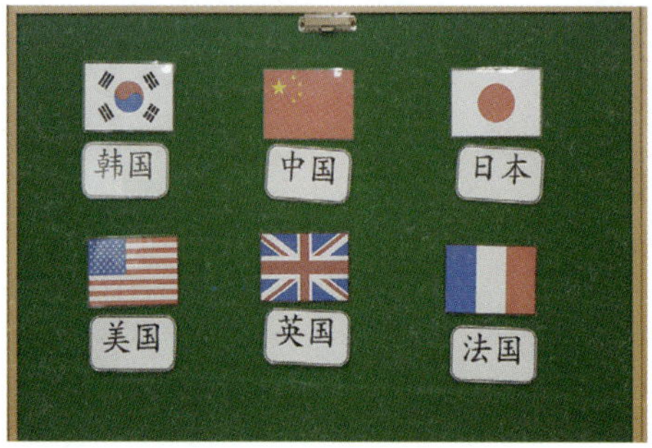

2. 세계 각국의 운동선수 사진을 보여주며 이야기를 나눈다.

3. 오늘 학습할 내용에 대해 이야기한다.

도입 〉 전개 〉 정리

4. 활동 방법을 설명한다.

경기장에서 여러 나라 선수가 서로 만나 인사하는 상황을 상상해 보세요.
우리가 각 나라의 대표 선수가 되어 다른 나라 선수와 인사도 나누고 서로 어느 나라 사람인지 묻고 답해 보아요.
자신의 가슴에 붙은 국기를 보고 대답하세요.

5. 학생 두 명이 앞으로 나와 각각 운동복을 입고 그림카드를 하나씩 골라 가슴에 붙이게 한다.

6. 서로 인사를 한 후, 국적을 묻고 대답하게 한다. 대답할 때는 자신의 운동복에 붙은 국기를 보고 이에 맞는 대답을 할 수 있도록 유도한다.

你好！
你是哪国人？
我是中国人。
加油！
再见！

你好！
我是韩国人。
你是哪国人？
加油！
再见！

도입 》 전개 》 정리

6. 오늘 활동에 대해 이야기를 나눈다. 학생들의 말한 문장이 틀릴 경우 교사가 올바른 문장을 말한 후, 다시 따라 말하게 한다.

오늘은 각 나라의 운동 선수가 되어서 다른 나라 사람과 인사를 나누고 어느 나라 사람인지 묻고 답하는 활동을 했어요. 어느 나라 선수인지 궁금하면 어떻게 물어야 할까요?

이제 선생님과 같이 그림카드와 한자카드를 보면서 다시 한번 묻고 답해보아요.

활동 tip

▶ 활동 중

- 학생들이 한 나라에 집중되지 않고 국기를 다양하게 선택할 수 있도록 지도한다.
- 加油！(힘 내!) 문장은 자연스러운 대화를 위해 추가한 것이므로 학생의 연령과 수준에 따라 가감하여 진행한다.

활동 자료 만들기

❶ 그림카드, 한자카드

1. 그림카드, 한자카드를 인쇄하여 오린다.
2. 코팅한 후, 뒷면에 까슬이를 붙인다.

❷ 세계 각국의 운동선수 사진

1. 인터넷에서 세계 각 국의 운동 선수 유니폼 사진을 인쇄하여 코팅한다.(국기가 잘 보이는 사진으로 선정)
2. 뒷면에 까슬이를 붙인다.

❸ 운동복

1. 펠트지를 반으로 접는다.
2. 접힌 부분이 어깨가 되도록 운동복을 그린 후, 오린다.
3. 앞면 안쪽의 양쪽 옆구리에 까슬이, 뒷면 안쪽의 양쪽 옆구리에 보슬이를 글루건으로 붙인다.

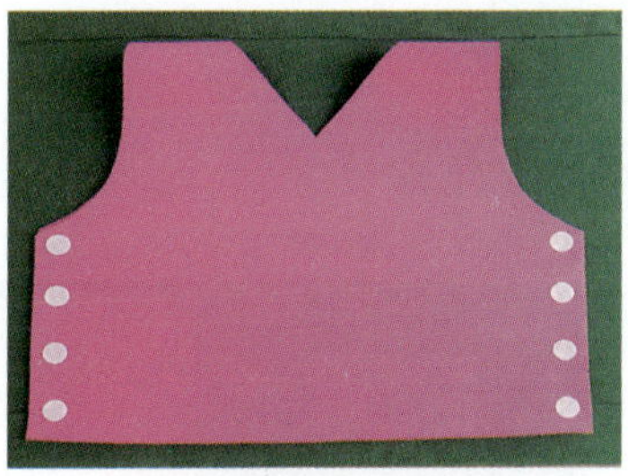

세계 여러나라

2. 여러 나라 국기 만들기

활동목표

- 언어기능: 듣기, 말하기, 읽기
- 학습내용: 단어, 문장, 담화
- 교과 간의 연계: • 외국어/ 의사소통 – 듣기와 말하기
  • 사회/ 사회관계 – 사회에 관심 가지기
  • 예술/ 예술경험 – 창의적으로 표현하기
  • 수학/ 자연탐구– 생활 속에서 탐구하기

활동자료

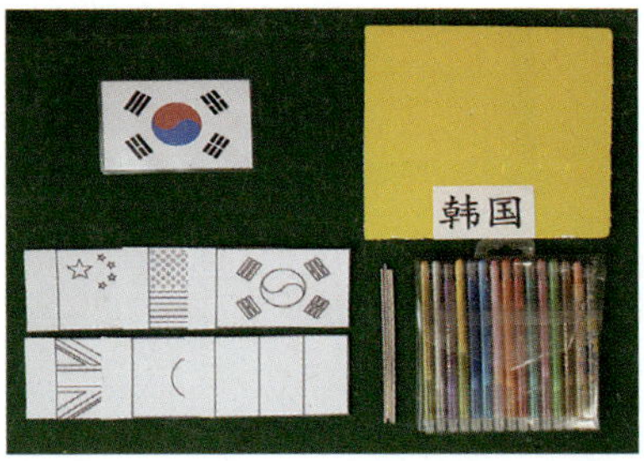

❶ 그림카드
❷ 세계 국기 도안
(여러 세트: 인원수에 맞추어 준비)
❸ 국가명 우드락판
❹ 막대(산적꼬지), 색연필

활동소개

학생들이 각자 가보고 싶은 나라의 국기 도안을 골라 색칠해서 막대에 붙여 국기 깃발을 만든다. 친구가 가보고 싶은 나라를 질문하면 국기 깃발을 우드락판에 꽂으며 대답한다.

중국어 수업 진행

도입 > 전개 > 정리

1. 그림카드를 융 칠판에 붙인 후, 학생들에게 각 나라의 명칭을 물어본다. 학생 한 명이 나와 그림카드를 하나씩 짚어가며 말하게 한다.

다음 국기를 보고 어느 나라인지 한번 발음해보세요.

韩国，中国，日本
美国，英国，法国

2. 융 칠판의 국기를 보며 가보고 싶은 나라에 대해 이야기를 나눈다.

우리 친구들은 이 중에 어떤 나라에 가 보았나요?

미국에서 엄마 아빠랑 디즈니랜드 갔어요.

또, 어느 나라에 가보고 싶나요?
你想去哪儿?

中国
중국에 가 보고 싶어요.

선생님을 따라 말해볼까요?
我想去中国。

我想去中国。

3. 오늘 학습할 내용에 대해 이야기한다.

오늘은 배운 표현을 활용하여 어느 나라에 가 보고 싶은지 묻고 답해 보아요.

도입 〉 전개 〉 정리

4. 학생에게 국기 만들기에 필요한 재료와 순서를 구체적으로 보여주며 활동 방법을 설명한다.

선생님 물음에 답한 후, 각자 가보고 싶은 나라의 국기 그림에 예쁘게 색칠하고 국기 깃발을 만들어 보아요.

5. 각 학생에게 어디로 가고 싶은지 질문한 후, 답하게 한다. 학생의 대답에 따라 해당 나라의 국기 도안과 막대를 나누어 준다.

你想去哪儿?

我想去中国。

6. 학생들이 도안을 색칠한 후, 막대에 붙여 국기 깃발을 완성하게 한다.

7. 나라 이름을 말하면 해당 국기를 가진 학생들이 나라 이름을 외치며 서로 모여 동그랗게 원을 만들게 한다.

8. 융 칠판에 우드락 판을 붙인다.

9. 각 학생에게 어느 나라에 가보고 싶은지 질문한다. 학생이 답한 후, 해당 우드락 판에 자신의 국기 깃발을 꽂게 한다.

你想去哪儿?

我想去法国。

10. 각 나라별로 꽂혀있는 깃발을 살펴보고 질문한 후, 학생들이 중국어로 세어 답하게 한다.

중국에 가보고 싶은 우리 반 친구들은 모두 몇 명일까요?

一，二，三，四，
四

우리 반 친구들이 제일 가보고 싶어하는 나라는 어디인가요?

中国，法国

도입 〉 전개 〉 정리

11. 각 2명씩 짝을 지어주고 가보고 싶은 나라에 대해 서로 묻고 답하게 한다. 학생들의 발음이 틀릴 경우 교사가 정확한 발음을 들려준 후, 학생들이 따라 말하게 하여 발음을 교정한다.

활동 tip

▶ 활동 전

- 어린 연령을 대상으로 수업을 할 때는 도안에 미리 막대를 붙인 후 제공한다.
- 막대(산적꼬지)의 날카로운 끝부분은 미리 가위로 잘라 학생이 다치지 않도록 배려한다.
- 개별에서 소그룹으로 또 대그룹으로 점차 확장되는 활동이므로 깃발을 만든 후, 활동을 시작하기 전에 교사의 지시에 따라 질서를 잘 지키도록 미리 약속을 정한다.

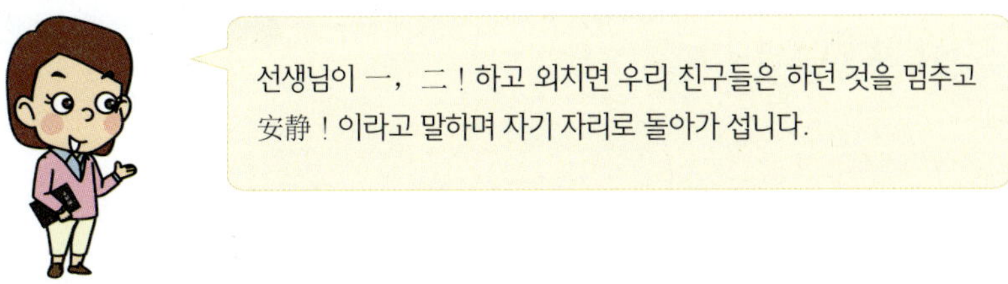

▶ 활동 중

- 국기 만드는 방법을 설명해 줄 때, 교사가 각각의 재료를 직접 보여주며, 만드는 순서를 학생들에게 구체적으로 보여준다.

도안 색칠 하기 ⇨ 막대 붙이기 ⇨ 국기 깃발 완성품

▶ 응용

- 반 인원이 많아 깃발 만들기에 시간이 많이 소요될 경우에는 무리하게 진행하지 않고, 차시를 늘려 2회에 걸쳐 융통성 있게 수업을 계획한다.

활동 자료 만들기

❶ 국기 그림카드

1. 그림카드, 한자카드를 인쇄하여 오린다.
2. 코팅한 후, 뒷면에 까슬이를 붙인다.

❷ 국기 도안

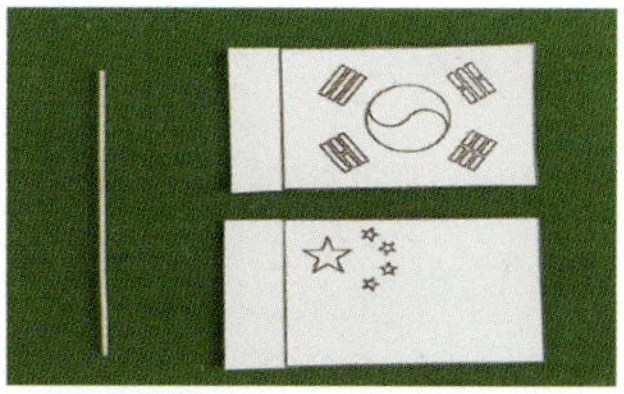

1. 세계 여러 나라 국기 도안을 인쇄한다.
2. 막대 붙일 자리를 고려하여 왼쪽에 여백을 주고 오린다.

❸ 국가명 우드락 판

1. 색깔 우드락을 직사각형으로 자른 후, 나라 이름을 한자로 프린트 하여 붙인다.
2. 우드락 뒤에 까슬이를 붙여 융 칠판에 붙일 수 있도록 만든다.

주제

숫자

1. 과자 목걸이 만들기
2. 벽돌 쌓기

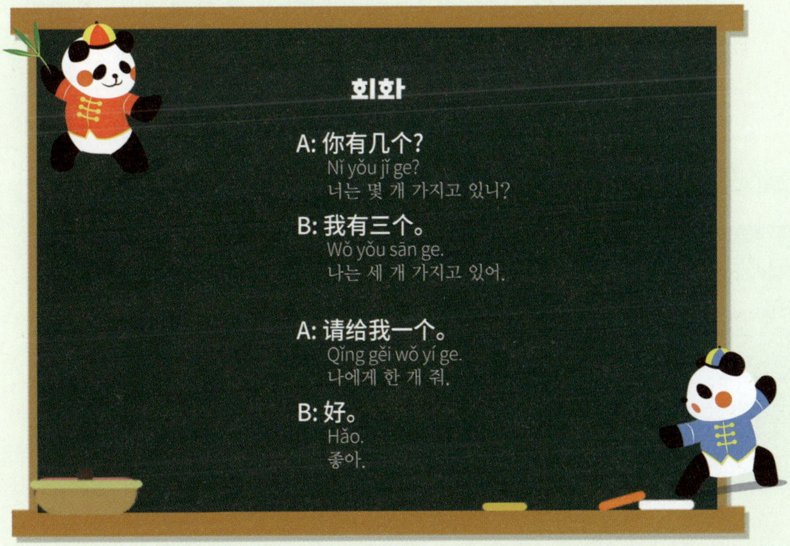

숫자

1. 과자 목걸이 만들기

활동목표

- 언어기능: 듣기, 말하기
- 학습내용: 단어, 문장, 담화
- 교과 간의 연계: • 외국어/ 의사소통 – 듣기와 말하기
  – 읽기와 쓰기에 관심 가지기
  • 예술/ 예술경험 – 창의적으로 표현하기
  • 수학/ 자연탐구 –생활 속에서 탐구하기

활동자료

❶ 그림카드, 한자카드
❷ 다양한 종류의 구멍 뚫린 과자
❸ 종이접시, 리본끈(각각 학생 인원수)

활동소개

중국어를 듣고 말한 수량만큼 과자를 리본 끈에 꿰어 과자 목걸이를 만든 후, 서로 과자의 개수에 대해 묻고 대답한다.

중국어 수업 진행

도입 〉 전개 〉 정리

1. 그림카드를 보여주며 질문한 후, 학생들이 답하게 한다. 학생이 정답을 말하면 융 칠판에 그림카드를 붙인다.

그림카드를 잘 보고 여기에 그려진 자동차가 모두 몇 대인지 중국어로 말해 보세요.

六

2. 한자카드를 한 장씩 보여주며 단어를 말한 후, 학생을 앞으로 나오게 하여 해당 그림카드 밑에 한자카드를 붙이게 한다.

선생님 발음을 잘 듣고 알맞은 그림카드 밑에 한자카드를 붙여 보세요.

四

3. 오늘 학습할 내용에 대해 이야기한다.

오늘은 친구가 과자를 몇 개를 가지고 있는지 묻고 답하면서 재미있게 과자 목걸이를 만들어 봐요.

도입 > 전개 > 정리

4. 학생들을 4~6명씩 책상에 둘러 앉게 한 후, 책상마다 과자가 담긴 접시를 놓는다. 모든 학생들에게 리본 끈, 종이접시, 종이를 나누어 준다.

5. 1~5까지의 수 중에서 하나를 중국어로 발음해주면 학생들이 따라 말하며 그 수만큼 리본 끈에 과자를 끼우게 한다.

6. 학생들이 각자 1~10까지의 수 중에서 숫자를 하나 정해 그 수만큼 리본 끈에 과자를 끼우게 한다.

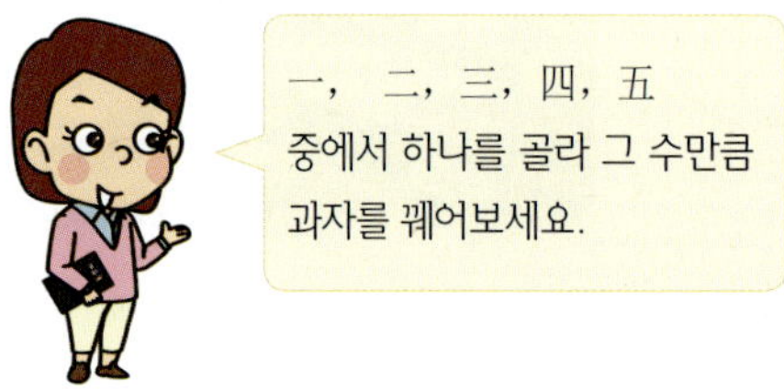

7. 학생들에게 각각 과자의 개수를 물어본 후, 대답하게 한다.

목걸이의 과자가 모두 몇 개인지 세어보고 선생님의 질문에 답해보세요.

你有几个?

一，二，三，四，五，六，七，八
我有八个。

8. 학생들이 서로 목걸이에 꿰어진 과자의 개수를 묻고 답하게 한다.

옆 짝꿍은 과자를 몇 개 가지고
있는지 묻고 대답해 볼까요?

你有几个?

一，二，三，四，五，六
我有六个。

9. 교사가 학생들의 목걸이를 매듭 지어 과자 목걸이를 만들어 준다.

도입 〉 전개 〉 정리

10. 오늘 활동에 대해 이야기를 나눈다. 학생들의 의견을 수렴하여 다음 활동 시 참고한다.

친구가 몇 개의 과자를 가지고 있는지 어떻게 물어볼까요?

你有几个?

오늘 과자 목걸이 만들기 활동 재미있었나요?
어떤 점이 좋았나요?
어떤 점이 어려웠나요?

활동 tip

▶ 활동 전

- 학생이 활동을 시작하기 전에 교사가 먼저 리본끈에 과자를 끼우는 모습을 먼저 시범 보이고 유의 사항을 전달한 후 활동을 진행한다.

과자를 리본끈 끝까지 밀어 넣으면 뒤로 다시 빠질 수 있으니 이 점에 유의해서 만들어 보세요.

▶ 활동 중

- 학생이 과자를 셀 때, '一' 부터 차례대로 수를 세어 본 후, 말하도록 지도한다.

▶ 응용

- 학생의 수준과 요구에 따라 10 이상의 수를 알려줄 수 있다.

활동 자료 만들기

❶ 그림카드, 한자카드

1. 그림카드, 한자카드를 인쇄하여 오린다.
2. 코팅한 후, 뒷면에 까슬이를 붙인다.

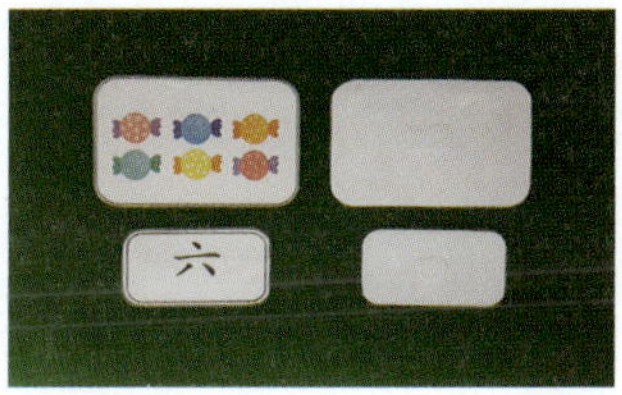

숫자 2. 벽돌 쌓기

활동목표

- 언어기능: 듣기, 말하기, 읽기
- 학습내용: 단어, 문장, 담화
- 교과 간의 연계: • 체육/ 신체운동 – 신체활동 즐기기
  • 외국어/ 의사소통 – 듣기와 말하기
  – 읽기와 쓰기에 관심 가지기
  • 수학/ 자연탐구 –생활 속에서 탐구하기

활동자료

❶ 한자카드

❷ 종이 벽돌

(교육기관의 쌓기 영역에 비치된 종이 벽돌을 사용한다)

❸ 통

활동소개

중국어 숫자를 듣고 해당 개수의 벽돌을 쌓은 후, 중국어로 수를 센다. 개수와 관련된 질문을 듣고 대답하거나 친구에게 벽돌을 요구하는 대화를 나눈다.

중국어 수업 진행

도입 > 전개 > 정리

1. 한자카드를 한 장씩 보여주며 숫자를 읽은 후, 학생들이 따라 읽게 한다.

2. 종이 벽돌을 위로 하나씩 쌓으면서 '一'부터 '十'까지 수를 세며 학생들이 따라 말하게 한다.

3. 임의대로 벽돌을 쌓고 개수에 대해 질문한 후, 학생들이 답하게 한다.

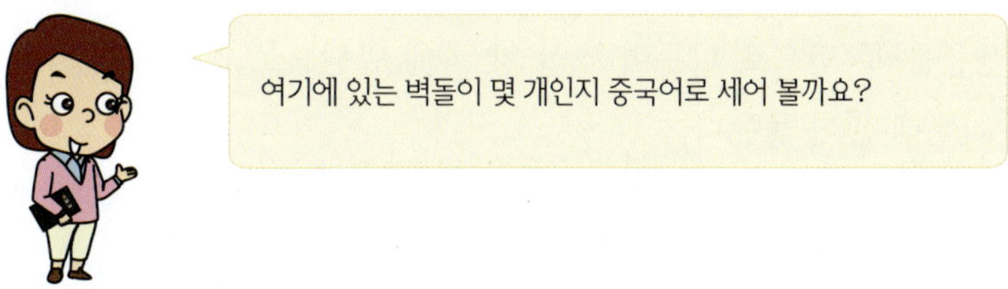

4. 오늘 학습할 내용에 대해 이야기 한다.

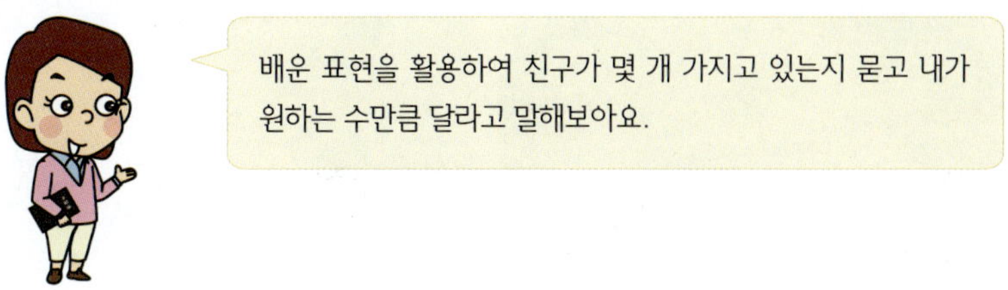

도입 > 전개 > 정리

【활동1】

5. 학생이 나와 교사가 말하는 숫자를 듣고 해당 개수의 벽돌을 쌓는다. 수를 센 후, 벽돌의 개수를 말하게 한다.
다음 학생은 교사가 말하는 숫자를 듣고 앞에 나온 학생이 쌓은 벽돌 위에 해당 개수의 벽돌을 쌓는다. 수를 센 후, 벽돌의 전체 개수를 세게 한다.

6. 벽돌이 쓰러질 때까지 활동을 계속한다.

【활동2】

7. 학생들을 두 팀으로 나누어 교실 양 쪽에 반원으로 앉힌 후, 종이 벽돌을 양 팀 가운데 쌓아 놓는다.
8. 각 팀의 학생이 한 명씩 나와 교사가 말하는 숫자를 듣고 해당 개수의 종이 벽돌을 쌓게 한다.

9. 다음 학생이 나와 교사가 말하는 숫자를 듣고 해당 개수의 종이 벽돌을 쌓게 한다. 지금까지 쌓인 벽돌이 총 몇 개인지 질문한 후, 학생이 답하게 한다.

10. 벽돌이 쓰러질 때까지 활동을 계속한다.

【활동 3】

11. 학생이 한 명씩 나와 통 속에 있는 쪽지를 하나 꺼내서 읽은 후, 그 수만큼 종이 벽돌을 쌓게 한다.

12. 자리에 앉아있는 학생들이 벽돌의 개수를 질문하고 발표 학생이 답하게 한다.

【활동 4】

13. 학생들을 두 팀으로 나누어 교실 양쪽에 반원 형태로 앉힌 후, 각 팀별 앞에 종이 벽돌을 10개씩 쌓아 놓는다..

14. 학생이 나와 쪽지를 뽑은 후, 상대팀에게 해당 숫자만큼 요구하면 상대팀이 그 해당 개수만큼 벽돌을 건네주게 한다.

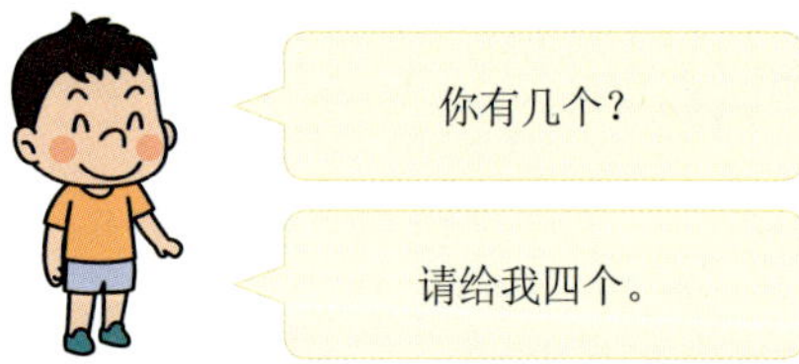

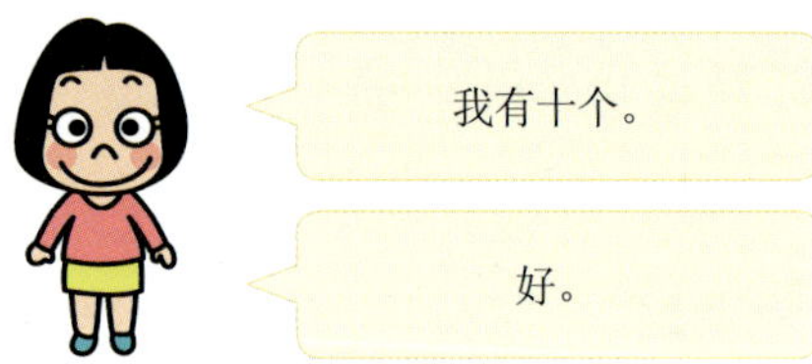

15. 각 팀에게 벽돌의 개수를 질문한 후, 학생들이 답하게 한다.

상대팀보다 벽돌이 적거나 벽돌을 쓰러뜨리는 팀이 진다.

도입 》 전개 》 **정리**

16. 그림카드와 한자카드를 한 장씩 보여주며 중국어 문장을 말한 후, 학생이 따라 말하게 한다. 학생들의 발음을 주의 깊게 듣고 부정확할 경우 다시 따라 말하게 하여 잘못된 발음을 교정한다.

활동 tip

▶ 활동 전

- 교실의 크기와 학생의 활동 반경을 고려하여 게임 대형을 구상한다. 일렬로 앉거나 반원, 혹은 팀별로 마주보고 앉는 형태로 진행할 수 있다.
- 게임을 진행하기 전에 게임 규칙과 질서 지키기에 대한 내용을 충분히 설명해 준다.

▶ 활동 후

- 학생이 이기고 지는 승부보다는 다 함께 즐겁게 활동하는 것에 대해 중점을 둘 수 있도록 게임에 이긴 팀이나 진 팀 서로 격려할 수 있게 지도한다.

▶ 응용

- 모두 같은 벽돌 쌓기지만 각각의 활동이 진행되면서 배운 문장과 새로운 문장을 모두 사용할 수 있도록 진행되는 활동이므로 교사는 위에 소개한 활동을 한 번에 모두 진행하려고 하기보다 수업 시간, 학생의 인원수와 반응을 고려하여 융통성 있게 활동 수와 방식을 조절한다.

활동 자료 만들기

❶ 한자카드

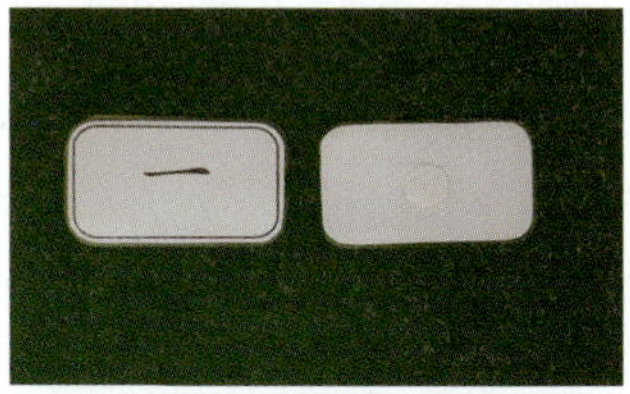

1. 한자카드를 인쇄하여 오린다.
2. 코팅한 후, 뒷면에 까슬이를 붙인다.

❷ 통

1. 플라스틱 원형통 겉면에 접착 융을 붙여 안이 보이지 않도록 한다.

주제

색깔

1. 나는 나는 마법사
2. 알록달록 색깔 옷

회화

A: 这是什么颜色?
Zhè shì shénme yánsè?
이건 무슨 색이니?

B: 这是红色。
Zhè shì hóngsè.
이건 빨간색이야.

A: 你最喜欢什么颜色?
Nǐ zuì xǐhuan shénme yánsè?
너는 무슨 색을 가장 좋아하니?

B: 我最喜欢黄色。
Wǒ zuì xǐhuan huángsè.
나는 노란색을 가장 좋아해.

색깔

1. 나는 나는 마법사

활동목표

▶ 언어기능: 듣기, 말하기

▶ 학습내용: 단어, 문장, 담화

▶ 교과 간의 연계: • 외국어/ 의사소통 – 듣기와 말하기
– 읽기와 쓰기에 관심 가지기
• 예술/ 예술 경험 – 창의적으로 표현하기
• 과학/ 자연탐구 – 탐구과정 즐기기
– 생활 속에서 탐구하기

활동자료

❶ 그림카드, 한자카드

❷ 색깔 원(빨강, 노랑, 파랑)

❸ 마법사 모자

활동소개

마법사 모자를 쓰고 색깔 원(빨강, 노랑, 파랑) 중에 2개를 고른다. 주문을 외우며 색깔 원 2개를 천천히 겹쳐서 어떤 색으로 변했는지 관찰한다. 색에 대하여 서로 질문하고 대답한다.

중국어 수업 진행

도입 > 전개 > 정리

1. 학생들에게 그림카드를 한 장씩 보여주면서 챈트로 색깔 명칭을 질문한 후, 학생들이 정답을 말하면 한자카드를 그림카드 밑에 붙인다. 학생들에게 각 색깔을 몸으로 표현하게 한다.

红色 – 손을 머리 위로 올려 동그랗게 만든다. (해님)

黄色 – 바나나를 손에 들고 껍질을 벗긴다. (바나나)

绿色 – 두 손을 모아 세모 모양을 만든다. (푸른 산)

蓝色 – 두 손을 파도가 물결치듯이 움직인다. (바다)

橙色 – 양손 엄지와 검지를 맞닿게 하여 작은 원을 만든다. (귤)

黑色 – 손바닥을 핀 상대로 두 눈을 가린다. (어두운 밤)

紫色 – 한 손으로 포도 꼭지를 들고 다른 한 손으로 포도를 한 알씩 따먹는 흉내를 낸다.(포도)

2. 오늘 학습할 내용에 대해 이야기한다.

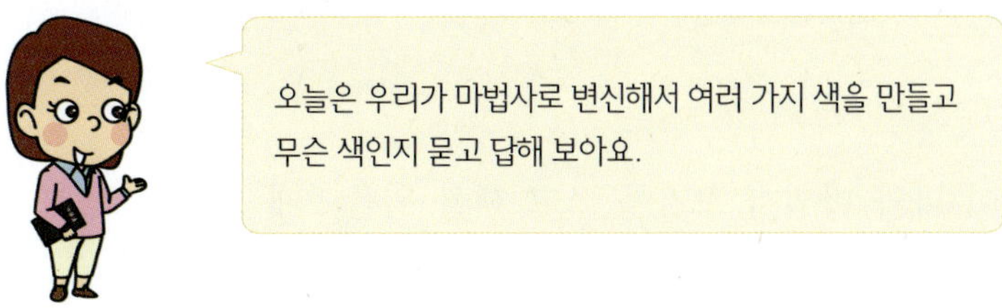

도입 전개 정리

3. 학생들에게 색깔 원을 하나씩 보여주며 중국어로 색을 물어본 후, 답하게 한다.

4. 마법사 모자를 쓰고 색깔 원 2개를 들어 학생에게 보여주며 질문한다.

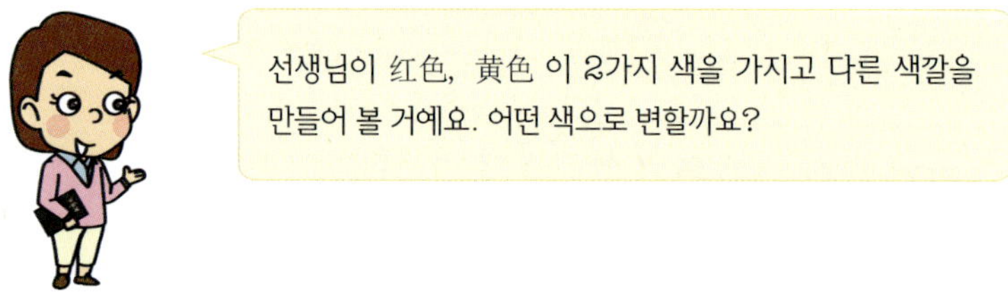

5. 마치 마법사가 된 것처럼 주문을 외우며 색깔 원 2개를 천천히 겹쳐서 어떤 색으로 변하는지 학생에게 보여주며 질문한 후, 답하게 한다.

6. 학생이 나와 마법사 모자를 쓰고 색깔 원을 2개 고른다. 발표 학생이 색깔 원을 겹쳐서 보여주며 앉아있는 다른 학생들에게 무슨 색인지 질문하면 학생들이 대답하게 한다.

这是什么颜色？

这是紫色。

7. 색깔을 하나 정하여 말한 후, 학생들에게 2개의 배합 색을 답하게 한다.

선생님이 말하는 색을 만들려면
어떤 색들이 필요할까요?
绿色

선생님이 말한 색을 누가
나와서 한 번 만들어 볼까요?

黄色，蓝色

8. 학생이 나와 마법사 모자를 쓰고 두 개의 색깔 원을 서로 겹쳐서 보여주며 색깔을 말하게 한다.

(색깔 원을 하나씩 보여주며)
黄色，蓝色

(겹쳐진 색을 확인한 후)
这是绿色。

도입 〉 전개 〉 정리

9. 오늘 활동에 대해 이야기를 나눈다. 학생들에게 색의 변화를 다시 한 번 주지시킨다.

这是什么颜色?
红色와 蓝色가 만나면 어떤 색으로 변하나요?
橙色를 만들려면 어떤 어떤 색이 필요한가요?

활동 tip

▶ 활동 중

- 학생에게 마술을 시범 보일 때는 교사가 교구 사용을 충분히 숙지하고, 진짜 마법사인 것처럼 과장된 연기를 선보이는 것이 좋다. 교사가 자신감 있게 활동을 소개하면 학생들은 더욱 재미있게 느끼고 수업에 집중할 수 있다.
- 마법 주문을 외울 때, 주문은 교사가 미리 정해주어도 되지만 학생들과 함께 서로 의견을 나누며 정하는 것도 좋다. 또 주문을 외울 때는 마법사 학생 혼자서 하는 것보다 반 전체 학생이 다 함께 주문을 외우면 수업에 대한 집중도가 더 높아진다.

▶ 응용

- 교사와 학생이 서로 챈트를 주고받을 때, 가사가 없는 일정한 리듬을 가진 음악을 활용하여 진행할 수 있다. 또한 처음엔 천천히 진행하다가 점차 속도를 높여 빨리 말할 수 있게 변화를 주면 여러 번 반복하더라도 학생들이 지루하지 않게 말하기를 할 수 있다.

활동 자료 만들기

❶ 그림카드, 한자카드

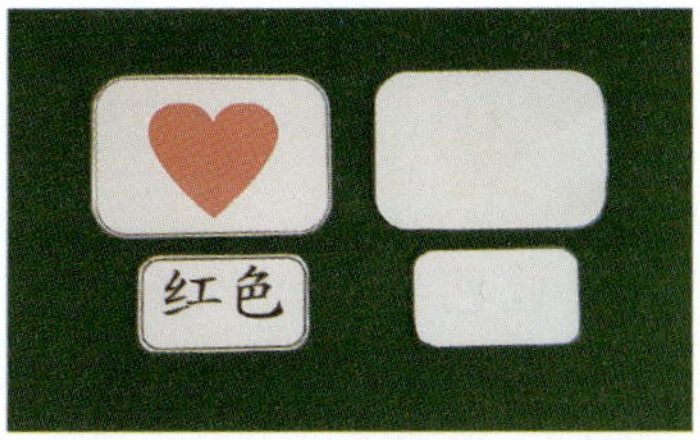

1. 그림카드, 한자카드를 인쇄하여 오린다.
2. 코팅한 후, 뒷면에 까슬이를 붙인다.

❷ 색깔 원

1. 빨강, 노랑, 파랑 색상지를 원 모양으로 오린 후, 테두리만 남겨두고 다시 가운데를 오린다. (각 색깔당 2개씩 만든다.)
2. 셀로판지를 원으로 오린다.
3. 테두리 원 2장 사이에 셀로판지를 넣고 코팅한다.

색깔

2. 알록달록 색깔 옷

활동목표

▶ 언어기능: 듣기, 말하기, 읽기

▶ 학습내용: 단어, 문장, 담화

▶ 교과 간의 연계: • 외국어/ 의사소통 – 듣기와 말하기
– 읽기와 쓰기에 관심 가지기
• 예술/예술경험– 창의적으로 표현하기

활동자료

❶ 한자카드

❷ 7가지 색깔 장식(다양한 모양)

❸ 펠트 옷

활동소개

좋아하는 색을 묻는 친구의 질문에 대답하며, 칠판에서 해당 색깔의 장식을 찾아 친구의 펠트 옷에 자유롭게 붙여서 알록달록 색깔 옷을 완성한다.

중국어 수업 진행

도입 > 전개 > 정리

1. 융 칠판에 색깔 장식을 붙인 후, 한자카드를 하나씩 보여주며 질문하고, 학생들이 답하게 한다. 학생들이 답을 말하면 나와서 해당 색깔 장식 아래에 한자카드를 붙이게 한다.

2. 발표하는 학생에게 어떤 색을 좋아하는지 질문하고 해당 색깔 장식을 손으로 가리키게 한다.

3. 학생들에게 선생님을 어떤 색을 좋아하는지 물어보게 한다.

선생님은 어떤 색을 좋아할까요?
우리 친구들이 질문해 볼까요?

你喜欢什么颜色？

(융 칠판의 색깔 장식을 가리키며)
我喜欢黄色。
我喜欢黑色。

(노란색 장식을 떼어내어 학생들에게 보여주며 엄지 손가락을 올린다)
我最喜欢黄色。

따라서 말해볼까요?
我最喜欢黄色。

我最喜欢黄色。

4. 오늘 학습할 내용에 대해 이야기한다.

배운 표현을 활용하여 어떤 색을 가장 좋아하는지 묻고 답해 보아요.

도입 〉 전개 〉 정리

5. 발표 학생이 나와 펠트 옷을 입은 후, "你最喜欢什么颜色?"라고 질문하게 한다.

6. 7명의 학생이 차례대로 나와 대답을 한 후, 해당 색깔 장식을 찾아 발표 학생의 펠트 옷에 해당 색깔 장식을 붙여 색깔 옷을 완성하게 한다.

7. 다음 발표 학생이 나와 한자카드가 붙어있는 펠트 옷을 입은 후, "你最喜欢什么颜色?"라고 질문하게 한다.

8. 7명의 학생이 차례대로 나와 대답을 한 후, 해당 색깔 장식을 찾아 발표 학생의 펠트 옷에 해당 색깔 장식을 붙여 색깔 옷을 완성하게 한다.

도입 › 전개 › **정리**

9. 오늘 활동에 대해 이야기를 나눈다. 학생들의 대답이 틀릴 경우 교사가 올바른 문장을 말한 후, 다시 따라 말하게 한다.

알록달록 색깔 옷을 만들어 입어보니 어땠나요?
가장 좋아하는 색이 무엇인지 중국어로 질문해 보고 선생님이 보여주는 색깔 카드를 보며 질문에 답해 보세요.

활동 tip

▶ 활동 중

- 학생이 질문에 답을 하지 못할 경우, 색깔 동작을 보여주어 힌트를 준다.
  (색깔 – 1.나는 나는 마법사 활동 참고)

这是什么颜色?
(바나나 껍질을 까는 흉내)

- 펠트 옷 위에 색깔 장식을 붙일 때는 위, 아래, 대각선 등 학생이 원하는 다양한 위치, 다양한 방식으로 자유롭게 표현할 수 있도록 지도한다.
- 한자카드를 읽기 어려워하는 학생은 교사가 옷에 붙여져 있는 한자카드를 하나씩 읽어주고 난 후, 다시 기회를 주어 색깔 장식을 붙일 수 있도록 격려한다.

활동 자료 만들기

❶ 한자카드

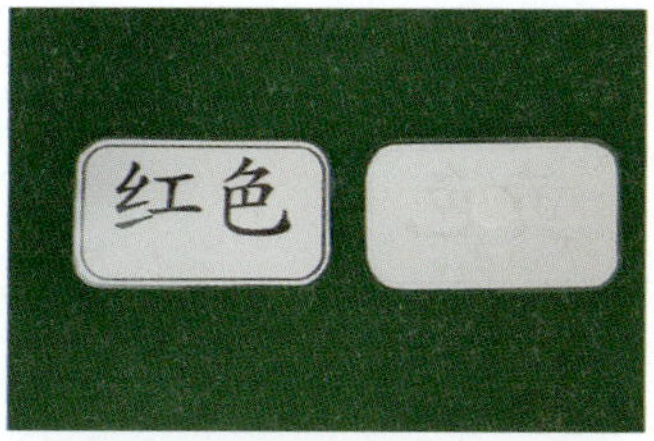

1. 한자카드를 인쇄하여 오린다.
2. 코팅한 후, 뒷면에 까슬이를 붙인다.

❷ 7가지 색깔 장식(红色, 橙色, 黄色, 绿色, 蓝色, 紫色, 黑色)

1. 7가지 색상지를 여러 가지 모양으로 오린다.
   (하트, 별, 동그라미, 네모, 세모, 마름모, 직사각형)
2. 코팅한 후, 뒷면에 까슬이를 붙인다.

❸ 펠트 옷

1. 펠트지를 정사각형(가로x세로)으로 자른다.
2. 대각선으로 반을 접어 세모 모양을 만든다.
3. 접은 상태에서 접혀진 부분 가운데에 반원을 그려 오려낸다.

주제

동물

1. 딩동댕 게임
2. 엄마를 찾아서

회화

A: 这是狗吗?
Zhè shì gǒu ma?
이것은 강아지니?

B: (긍정)是，这是狗。
Shì, zhè shì gǒu.
그래. 이것은 강아지야.

(부정)不是，这是猴子。
Bú shì，zhè shì hóuzi.
아니야. 이것은 원숭이야.

A: 妈妈，妈妈!
Māma, māma!
엄마. 엄마!

B: 我不是你的妈妈。
Wǒ bú shì nǐ de māma.
나는 네 엄마가 아니란다.

A: 你是谁?
Nǐ shì shéi?
당신은 누구세요?

B: 我是猫。
Wǒ shì māo.
나는 고양이란다.

동물 1. 딩동댕 게임

활동목표

- 언어기능: 듣기, 말하기
- 학습내용: 단어, 문장, 담화
- 교과 간의 연계: • 외국어/ 의사소통 – 듣기와 말하기
  – 읽기와 쓰기에 관심 가지기
  • 예술/예술경험– 창의적으로 표현하기
  • 과학/ 자연탐구 – 자연과 더불어 살기

활동자료

❶ 그림카드, 한자카드
❷ 고깔모자
❸ 동물 사진
❹ 동물 울음소리 음원

활동소개

발표 학생이 고깔모자를 쓰면 발표 학생이 볼 수 없게 고깔모자 위에 동물 사진을 붙인다. 학생들 간에 서로 질문과 대답을 하여 발표 학생이 어떤 동물인지 추측하여 답을 맞힌다.

중국어 수업 진행

도입 〉 전개 〉 정리

1. 동물 사진을 하나씩 보여주며 질문한 후, 학생들이 답하게 한다. 해당 동물에 대해 이야기를 나눈다.

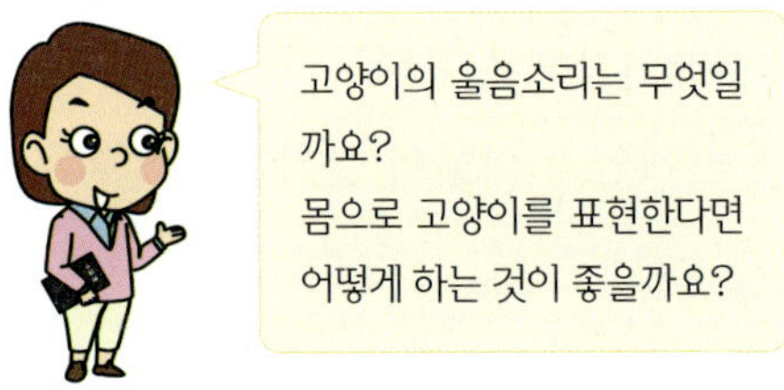

2. 오늘 학습할 내용에 대해 이야기한다.

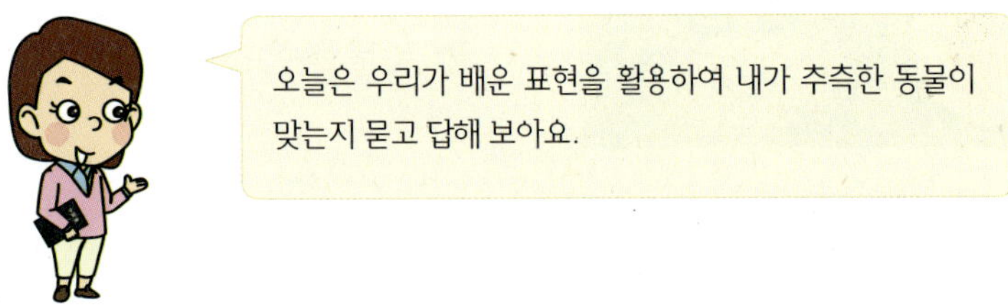

도입 > 전개 > 정리

3. 동물 울음소리 음원을 하나씩 들려주며 질문한 후, 학생들이 답하게 한다. 학생들이 정답을 말하면 융 칠판에 해당 한자카드를 붙인다.

지금부터 선생님이 동물 울음소리를 들려줄 거예요. 귀를 쫑긋 세워 잘 듣고 선생님이 말한 동물이 맞으면 '是', 아니면 '不是' 이라고 말해요.

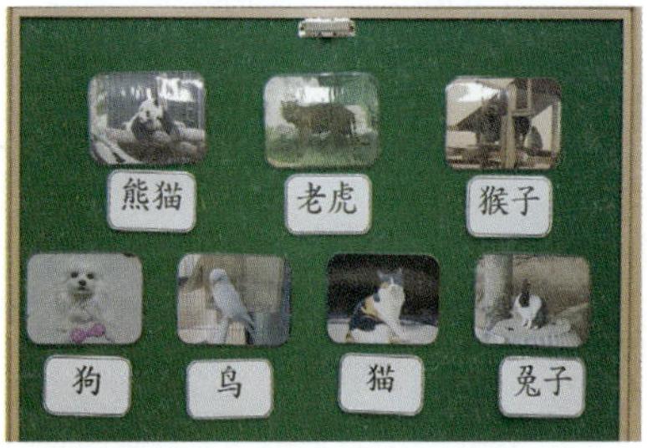

这是狗吗？

是。

是，这是狗。
따라서 말해볼까요?

是，这是狗。

3. 발표 학생이 나와 고깔모자를 쓰면 교사가 동물 사진 한 장을 고깔모자 위에 붙인다.

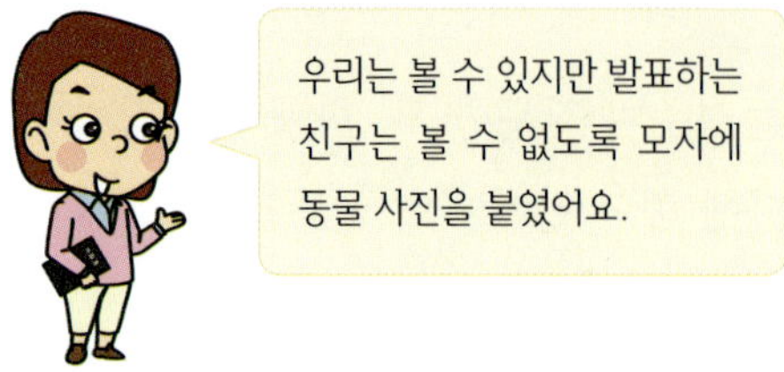

4. 발표 학생이 무엇인지 질문하고 앉아있는 학생들은 발표 학생의 고깔모자에 붙어있는 사진을 보고 "是" 혹은 "不是"로 답하게 한다.

5. 학생들 간의 질의 응답을 반복하여 발표 학생이 고깔모자에 붙어있는 동물을 맞히게 한다. 발표 학생이 맞히지 못할 경우 첫 번째는 교사가 동물 울음소리 음원을 들려주고, 두 번째는 앉아있는 학생들이 해당 동물의 흉내를 내 힌트를 준다.

(앉아 있는 학생들이 손으로 토끼귀를 만들어 흉내를 낸다)

도입 > 전개 > 정리

6. 칠판의 그림, 한자카드를 가리키며 질문한 후, 학생들이 답하게 한다. 학생들의 발음을 주의 깊게 듣고 부정확할 경우 다시 따라 말하게 하여 잘못된 발음을 교정한다.

활동 tip

▶ 활동 중

- 동물을 동작으로 표현할 때는 교사가 일방적으로 동작을 정해주기보다 학생에게 어떻게 표현하면 좋을지 묻고 학생과 함께 만든다.

▶ 응용

- 동물 울음소리 힌트를 줄 때, 음원을 사용하는 방법 외에 앉아있는 학생들이 해당 동물의 울음소리를 흉내 내게 할 수 있다. 이 경우 발표하지 않는 다른 학생들의 수업 참여도를 높이고 흥미를 유지시키는 장점이 있다.
- 이 활동에서는 7가지 동물을 제시하고 있지만 학생이 관심 있어 하거나 궁금해하는 다른 동물들(사자, 토끼, 코끼리 등)을 추가하여 활동할 수 있다.

활동 자료 만들기

❶ 그림카드, 한자카드

1. 그림카드, 한자카드를 인쇄하여 오린다.
2. 코팅한 후, 뒷면에 까슬이를 붙인다.

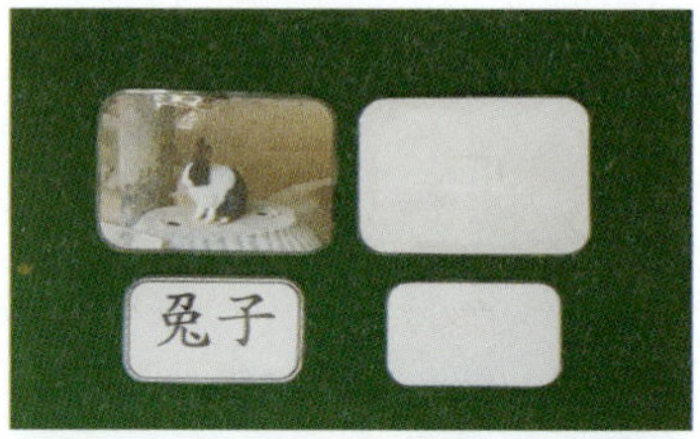

❷ 고깔 모자

1. 시중에서 판매하는 고깔모자를 구입한다.
2. 고깔모자 앞면에 접착 융을 동그랗게 오려 붙인다.

❸ 동물 사진

1. 동물 사진을 인쇄하여 오린다.
2. 코팅하여 뒷면에 까슬이를 붙인다.

동물 2. 엄마를 찾아서

활동목표

▶ 언어기능: 듣기, 말하기기

▶ 학습내용: 단어, 문장, 담화

▶ 교과 간의 연계: • 외국어/ 의사소통 – 듣기와 말하기
– 책과 이야기 즐기기
• 예술/ 예술경험 – 창의적으로 표현하기

활동자료

❶ 그림카드
❷ 배경판, 동물 사진
❸ 동물 가면

활동소개

'엄마를 찾아서' 동화를 들은 후, 동화 속에서 반복적으로 나오는 문장과 각 등장 인물의 표현 방식 등, 동극하는 방법에 대해 이야기 나눈다. 역할을 맡은 등장 인물에 따라 동물 가면을 쓰고 동극을 한다.

중국어 수업 진행

도입 > 전개 > 정리

1. 그림카드를 한 장씩 보여주며 질문한 후, 학생들이 답하게 한다.

这是什么?

这是猫。

2. 오늘 학습할 내용에 대해 이야기 한다.

오늘은 동화를 듣고 나서 우리가 배운 표현을 활용하여
재미있는 동극을 해 보아요.

도입 > **전개** > 정리

3. 융 칠판에 배경판을 붙인다.

4. 동화를 들려주며 등장인물 출현 순서에 따라 동물 그림을 차례대로 붙인다.

새는 숲속에서 만난 토끼를
보고 이렇게 외쳤어요.
妈妈，妈妈！
그러자 토끼가 말했어요.
我不是你的妈妈。

5. 동화를 모두 들려주고 나면 등장 인물을 모두 융 칠판에서 떼어낸다.

6. 다시 동화의 등장인물 출현 순서에 따라 동물 그림을 차례대로 붙이며 동화 내용을 질문한 후, 학생들이 답하게 한다.

(주인공인 새를 보여주며)
这是什么？

새가 토끼를 보고 뭐라고 말했나요? 왜 그랬을까요?

그런데 토끼는 뭐라고 대답했나요?

这是鸟。

妈妈，妈妈 라고 외쳤어요.
토끼가 자기 엄마라고 생각해서요.

我不是你的妈妈。

7. 동화 속에서 반복적으로 출현하는 문장들을 한 문장씩 말한 후, 학생들이 따라 말하게 한다.

妈妈，妈妈

我不是你的妈妈。

你是谁？

我是猫。

妈妈，妈妈

我不是你的妈妈。

你是谁？

我是猫。

8. 학생들과 동극하는 방법에 대해 이야기를 나눈다.

고양이 역을 하는 친구는 등장할 때, 어떤 동작과 소리를 내면 좋을까요?

손가락으로 고양이 수염을 만들어서 야옹, 야옹 소리를 내며 걸어요.

9. 학생들에게 배역을 정해준 후, 각 학생마다 해당 동물 가면을 쓰고 동극을 하게 한다.

도입 》 전개 》 **정리**

10. 동극을 마치고 난 후, 학생들과 이야기를 나눈다. 학생들의 발음을 주의 깊게 듣고 부정확할 경우 다시 따라 말하게 하여 잘못된 발음을 교정한다.

동극 활동을 해보니 어떤 점이 재미있었나요?
새는 어떤 동물들을 만났나요?
동물들에게 뭐라고 했나요?

활동 tip

▶ 활동 중

- 배역을 정할 때, 학생들이 서로 자기가 하겠다고 다투는 경우가 있으므로 교사가 잘 중재하여 배역을 정하는 데 시간을 많이 쓰지 않도록 조절한다.
- 교사는 동극을 시작하기 전에 학생들이 대화문을 충분히 익힐 수 있도록 여러 번 반복하여 연습할 수 있게 한다.
- 학생이 대사를 정확히 말하지 못하면 교사가 옆에서 도와주고, 자신감 있게 극에 집중할 수 있도록 격려한다.

▶ 응용

- 교사가 각 장면에 어울리는 배경음악을 준비하여, 학생이 더욱 생동감 있는 동극을 할 수 있도록 돕는다.

'엄마를 찾아서' 구연 동화 대본

숲속 커다란 나무 위, 노란 새의 둥지 안에(손으로 동그란 알 모양을 만들며) 작고 동그란 알이 하나 있었어요. 그런데 갑자기 어디선가 세찬 바람이 불어와(바람 부는 시늉을 하며) 둥지를 흔들더니 (몸을 흔들흔들 움직인다.) 작고 동그란 알이 아래로 떨어지고 말았어요. 알은 숲속 길옆의 풀숲까지 '데굴데굴, 데굴데굴' 한참을 굴러가서 멈추더니 (손으로 데굴데굴 구르는 시늉을 한다.) '탁' 하고 알이 깨지면서 아기 새가 태어났어요.

(아기 새를 배경판 풀숲에 붙인다.)

아기 새: 妈妈, 妈妈!

아기 새는 주위를 둘러보았지만 아무도 보이지 않았어요.

그때, 토끼가 숲속 길로 걸어왔어요.

(토끼를 길 위에 붙인 후, 손을 머리 위로 올려 토끼 귀를 만든다.)

아기 새는 토끼에게 다가가 말했어요. (아기 새를 토끼 쪽으로 이동시켜 붙인다.)

아기 새: 妈妈，妈妈！ (입 가에 두 손을 올려 외치듯이)

토끼: 我不是你的妈妈。(손으로 x자 표시를 한다.)

아기 새: 你是谁? (검지 손가락을 머리에 대고 생각하는 시늉을 한다.)

토끼 : 我是兔子。(손을 머리 위로 올려 토끼 귀를 만든다.)

토끼는 아기 새의 머리를 쓰다듬어주고는 가던 길을 다시 걸어갔어요.
(토끼를 배경판 밖으로 이동시킨다.)
아기 새는 다시 엄마를 찾기 위해 날아갔어요. (아기 새를 이리저리 움직인다.)
그때, 고양이가 숲속 길로 걸어왔어요.
(고양이를 길 위에 붙인 후, 손으로 고양이 수염을 만든다.)
아기 새는 고양이에게 다가가 말했어요.

아기 새: 妈妈，妈妈！ (입 가에 두 손을 올려 외치듯이)

고양이: 我不是你的妈妈。(손으로 x자 표시를 한다.)

아기 새: 你是谁? (검지 손가락을 머리에 대고 생각하는 시늉을 한다.)

고양이 : 我是猫。(손으로 고양이 수염을 만든다.)

고양이는 아기 새의 머리를 쓰다듬어주고는 가던 길을 다시 걸어갔어요.
(고양이를 배경판 밖으로 이동시킨다.)
아기 새는 다시 엄마를 찾기 위해 날아갔어요. (아기 새를 이리저리 움직인다.)
그때, 원숭이가 숲속 길로 걸어왔어요.
(원숭이를 길 위에 붙인 후, 한 손은 머리 위에 다른 한 손은 턱 밑을 긁으며 원숭이 흉내를 낸다.)
아기 새는 원숭이에게 다가가 말했어요. (아기 새를 원숭이 쪽으로 이동시켜 붙인다.)

아기 새: 妈妈，妈妈！ (입가에 두 손을 올려 외치듯이)

원숭이: 我不是你的妈妈。 (손으로 x자 표시를 한다.)

아기 새: 你是谁? (검지 손가락을 머리에 대고 생각하는 시늉을 한다.)

원숭이 : 我是猴子。 (한 손은 머리 위에 다른 한 손은 턱 밑을 긁으며 원숭이 흉내를 낸다.)

원숭이는 아기 새의 머리를 쓰다듬어주고는 가던 길을 다시 걸어갔어요.

(원숭이를 배경판 밖으로 이동시킨다.)

아기 새는 다시 엄마를 찾기 위해 날아갔어요. (아기 새를 이리저리 움직인다.)

그때, 호랑이가 숲속 길로 걸어왔어요.

(호랑이를 길 위에 붙인 후, 두 손을 머리 위로 올리고 '어흥'하는 흉내를 낸다.)

아기 새는 호랑이에게 다가가 말했어요. (아기 새를 호랑이 쪽으로 이동시켜 붙인다.)

> 아기 새: 妈妈，妈妈！ (입가에 두 손을 올려 외치듯이)
>
> 호랑이: 我不是你的妈妈。 (손으로 x자 표시를 한다.)
>
> 아기 새: 你是谁? (검지 손가락을 머리에 대고 생각하는 시늉을 한다.)
>
> 호랑이 : 我是老虎。(두 손을 머리 위로 올리고 '어흥'하는 흉내를 낸다.)

호랑이는 아기 새의 머리를 쓰다듬어주고는 가던 길을 다시 걸어갔어요.

(호랑이를 배경판 밖으로 이동시킨다.)

아기 새는 다시 엄마를 찾기 위해 날아갔어요. (아기 새를 이리저리 움직인다.)

그때, 강아지가 숲속 길로 걸어왔어요.

(강아지를 길 위에 붙인 후, 두 손을 턱 밑에 대고 '멍멍' 소리를 낸다.)

아기 새는 강아지에게 다가가 말했어요. (아기 새를 강아지 쪽으로 이동시켜 붙인다.)

> 아기 새: 妈妈，妈妈！ (입가에 두 손을 올려 외치듯이)
>
> 강아지: 我不是你的妈妈。 (손으로 x자 표시를 한다.)
>
> 아기 새: 你是谁? (검지 손가락을 머리에 대고 생각하는 시늉을 한다.)
>
> 강아지 : 我是狗。(두 손을 턱 밑에 대고 '멍멍' 소리를 낸다.)

강아지는 아기 새의 머리를 쓰다듬어주고는 가던 길을 다시 걸어갔어요.

(강아지를 배경판 밖으로 이동시킨다.)

아기 새는 다시 엄마를 찾기 위해 날아갔어요. (아기 새를 이리저리 움직인다.)
그때, 판다가 숲속 길로 걸어왔어요.
(판다를 길 위에 붙인 후, 손가락으로 눈에 안경을 만든다.)
아기 새는 판다에게 다가가 말했어요. (아기 새를 판다 쪽으로 이동시켜 붙인다.)

> 아기 새: 妈妈, 妈妈! (입가에 두 손을 올려 외치듯이)
> 판다: 我不是你的妈妈。(손으로 x자 표시를 한다.)
> 아기 새: 你是谁? (검지 손가락을 머리에 대고 생각하는 시늉을 한다.)
> 판다: 我是熊猫。(손가락으로 눈에 안경을 만든다.)

판다는 아기 새의 머리를 쓰다듬어주고는 가던 길을 다시 걸어갔어요.
(판다를 배경판 밖으로 이동시킨다.)
아기 새는 너무 실망했지만 다시 씩씩하게 엄마를 찾아보기로 했어요.
그때, 푸드득 소리가 들리더니 아기 새와 생김새가 비슷한 동물이 날아왔어요.
(엄마 새를 길 위에 붙인 후, 날개 짓을 한다.)

> 아기 새: 妈妈, 妈妈! (입 가에 두 손을 올려 외치듯이)
> 엄마 새: 我是你的妈妈。(날갯짓을 한다.)

아기 새와 엄마 새는 너무 기뻐서 서로를 껴안고 이렇게 말했어요.

> 엄마 새 : 我爱你!
> 아기 새: 我也爱你。

아기 새는 엄마를 만나 너무 행복했어요.
아기 새와 엄마 새는 함께 날아서 집으로 돌아갔답니다.

활동 자료 만들기

❶ 그림카드

1. 그림카드를 인쇄하여 오린다.
2. 코팅한 후, 뒷면에 까슬이를 붙인다.

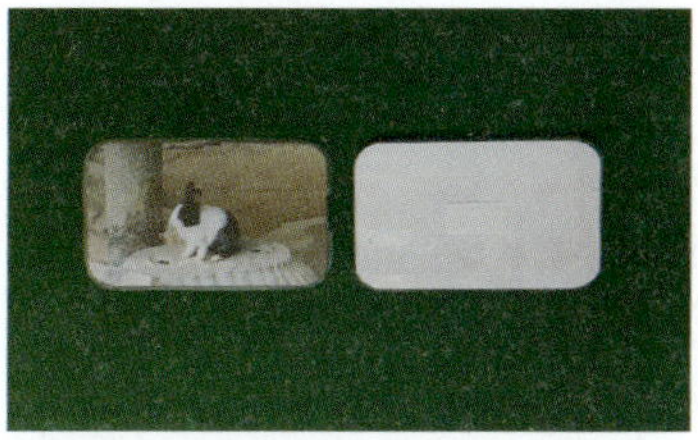

❷ 배경판, 동물 사진

1. 배경 그림을 인쇄하여 코팅한 후, 등장 인물 동선 위에 보슬이를 붙인다.
2. 동물 그림을 인쇄하여 코팅하고 뒷 면에 까슬이를 붙인다.

❸ 동물 가면

1. 학생의 얼굴 크기에 맞게 동물 그림을 인쇄한 후, 눈 부분을 오리고, 코팅한다.
2. 가면 양 옆에 펀치로 구멍을 뚫어 고무줄을 단다.

주제

사물

1. 책가방 어디 있니?
2. 있니, 없니?

회화

A: 书包在哪儿?
Shūbāo zài nǎr?
책가방 어디 있니?

B: 书包在那里。
Shūbāo zài nàlǐ.
책가방 여기 있어.

A: 你有铅笔吗?
Nǐ yǒu qiānbǐ ma?
너 연필 가지고 있니?

B: (긍정)我有。
Wǒ yǒu.
있어.

(부정)我没有。
Wǒ méiyǒu.
없어.

사물

1. 책가방 어디 있니?

활동목표

- 언어기능: 듣기, 말하기
- 학습내용: 단어, 문장
- 교과 간의 연계: • 체육 / 신체운동 건강 – 신체활동 즐기기
  • 외국어/ 의사소통 – 듣기와 말하기
  – 읽기와 쓰기에 관심 가지기
  • 예술/예술경험– 창의적으로 표현하기

활동자료

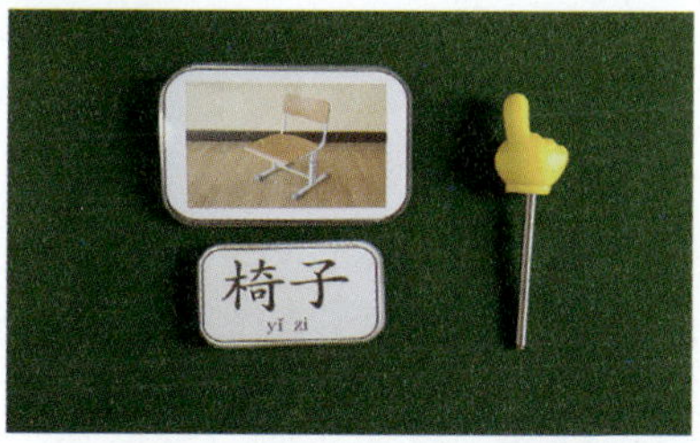

1. 그림카드 2세트 , 한자카드
2. 손가락 봉
3. Are you sleeping MR

활동소개

교실 곳곳에 사물 그림카드를 붙여 놓는다. 앉아있는 학생들이 'Are you sleeping' MR에 맞추어사물 "ㅇㅇ在哪儿?"찾아 노래를 부르면 발표 학생은 그 노래에 맞추어 교실 안에서 해당 하는 그림카드를 손가락 봉으로 가리킨다.

중국어 수업 진행

도입 > 전개 > 정리

1. 그림카드를 보여주며 질문한 후, 학생들이 답하게 한다. 학생이 정답을 말하면 융 칠판에 그림카드와 한자카드를 위 아래로 붙인다.

这是什么?

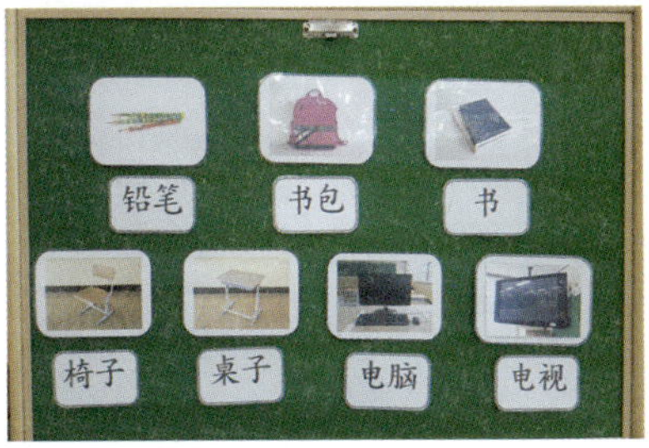

铅笔

2. 사물의 위치를 질문한 후, 학생들이 해당 사물을 찾아 손으로 가리키게 한다.

선생님의 발음을 잘 듣고 우리 교실에서 해당하는 물건을 찾아 손으로 가리켜보세요.

书在哪儿?

在那里。

3. 오늘 학습할 내용에 대해 이야기한다.

배운 표현을 활용하여 물건이 어디에 있는지 노래를 부르며 묻고 답해 보아요.

도입 > **전개** > 정리

4. 융 칠판에 그림카드를 4장 붙이고 학생들에게 'Are you sleeping' MR을 들려준다. MR에 맞추어 가사를 바꾸어서 불러준다.

이 노래를 들어본 적이 있나요?
오늘은 이 노래의 가사를 바꿔서 불러볼게요.
칠판에 붙여놓은 그림카드의 순서를 잘 보고 선생님이 불러주는 노래를 들어 보세요.

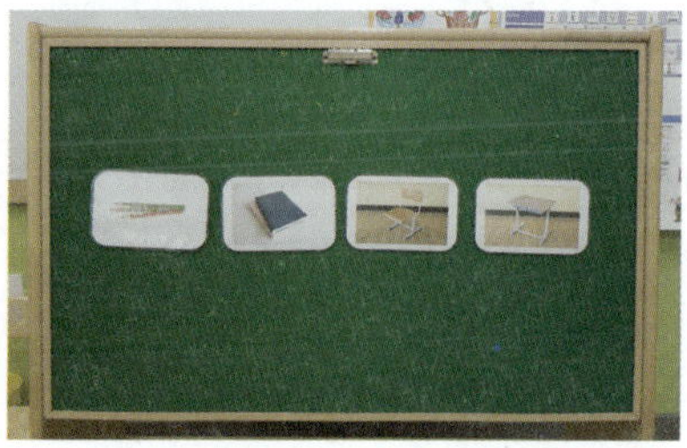

5. 학생들이 융 칠판에 붙여져 있는 그림카드 순서에 따라 'Are you sleeping' MR에 맞추어 가사를 바꾸어 불러보게 한다.

이번엔 우리 친구들이 불러볼까요?

铅笔在哪儿？铅笔在哪儿？ 在那里 在那里
书在哪儿？书在哪儿？ 在那里 在那里
椅子在哪儿？椅子在哪儿？ 在那里 在那里
桌子在哪儿？桌子在哪儿？ 在那里 在那里

6. 질문과 대답을 남학생과 여학생, 앞줄과 뒷줄 등 다양한 방법으로 나누어 노래를 불러 보게 한다.

7. 교실 곳곳에 그림카드를 붙여놓는다.

8. 발표 학생이 나와 자리에 앉아있는 학생들이 불러주는 노래에 맞추어 교실 안에서 해당하는 사물을 손가락 봉으로 가리키게 한다.

선생님이 교실 곳곳에 우리가 배운 사물 그림카드를 붙여 놓았어요. 앉아있는 친구들이 칠판에 붙여진 그림카드 순서대로 노래를 부르면 발표하는 친구가 손가락 봉으로 교실 안의 그림카드를 찾아보세요.

椅子在哪儿？椅子在哪儿？

在那里，在那里。

书在哪儿？书在哪儿？

在那里，在那里。

도입 〉 전개 〉 정리

9. 그림카드와 한자카드를 한 장씩 보여주며 질문한 후, 학생들이 답하게 한다. 학생들의 발음을 주의 깊게 듣고 부정확할 경우 다시 따라 말하게 하여 잘못된 발음을 교정한다.

활동 tip

▶ 활동 중

- 노래를 천천히 혹은 빠르게 부르며 변화를 주어 활동하는 동안 학생이 흥미를 유지할 수 있도록 한다.

▶ 응용

- 융 칠판에 붙인 그림카드의 순서대로 노래에 대입해서 부르는 활동이므로 자유롭게 순서를 바꾸거나 새로운 사물 그림카드를 추가하여 부를 수 있다.
- 학생들이 사물 명칭을 아직 다 외우지 못했거나 어려워하는 경우에는 순서를 자주 바꾸지 않고 1~2회로 제한하여 활동한다.

활동 자료 만들기

❶ 그림카드, 한자카드

1. 그림카드(2세트), 한자카드를 인쇄하여 오린다.
2. 코팅한 후, 뒷면에 까슬이를 붙인다.

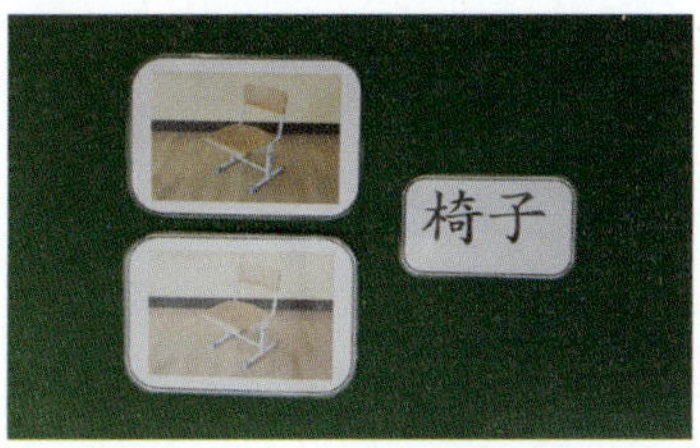

사물 2. 있니, 없니?

활동목표

- 언어기능: 듣기, 말하기, 읽기
- 학습내용: 단어, 문장, 담화
- 교과 간의 연계: • 외국어/ 의사소통 – 듣기와 말하기
  – 읽기와 쓰기에 관심 가지기
  • 사회/ 사회관계 – 더불어 생활하기

활동자료

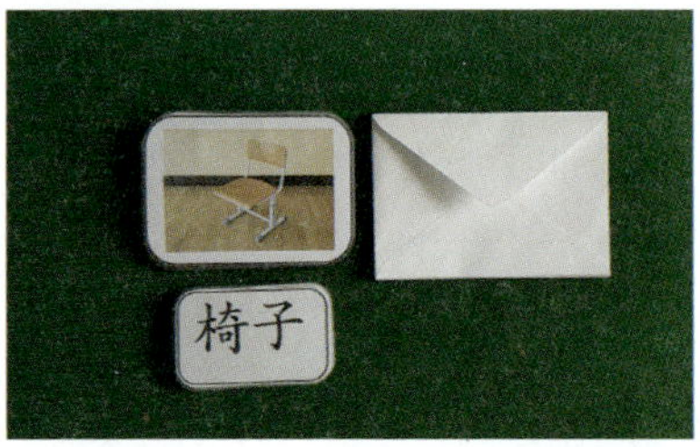

1. 그림카드, 한자카드
2. 편지봉투 7개
3. 책상

활동소개

7개의 편지봉투에 그림카드를 1개씩 넣고, 1개의 편지봉투는 빈 봉투로 바구니에 담는다. 융 칠판에 한자카드를 1장 붙이면 학생이 나와 바구니에서 편지봉투를 하나 골라 그림카드를 꺼내본 후, 친구들의 질문에 답한다.

중국어 수업 진행

도입 > 전개 > 정리

1. 그림카드와 한자카드를 한 장씩 보여주며 질문한 후, 학생들이 답하게 한다.

这是什么?

铅笔

2. 7개의 편지봉투에 그림카드를 1개씩 넣는다.

3. 그림카드가 있는 편지봉투를 하나씩 차례로 열어 그림카드를 꺼내어 보여주며 문장을 말한 후, 학생들이 따라 말하게 한다.

선생님이 이 봉투 속에 우리가 배운 여러 가지 사물 그림카드를 넣어 놓았어요. 선생님이 어떤 물건을 가지고 있는지 한번 살펴볼까요?
我有书。

我有书。

4. 오늘 학습할 내용에 대해 이야기한다.

배운 표현을 활용하여 친구의 물음에 내가 가지고 있는 물건인지 아닌지 답해 보아요.

도입 > 전개 > 정리

5. 활동 방법에 대해 설명한다.

지금부터 '있다, 없다' 게임을 한번 해 볼게요.
선생님이 칠판에 '铅笔' 한자카드를 붙이면 발표하는 친구는 '铅笔'가 들어있을 것 같은 편지봉투 하나를 골라요.
자리에 앉아있는 친구들이 '你有铅笔吗?'라고 질문하면 발표하는 친구는 봉투 안의 그림카드를 꺼내어 '铅笔' 가 있으면 '有', 없으면 '没有' 라고 대답하는 거예요.

6. 융 칠판에 한자카드를 1장 붙인 후, 학생이 나와 책상 위의 편지봉투 중에 하나를 고르게 한다.

7. 자리에 앉아있는 학생들이 질문하면 발표 학생은 편지봉투 안을 꺼내서 본 후, 답하게 한다.

你有铅笔吗?

我没有。

8. 정답 그림카드를 찾을 때까지 3회의 기회를 준다.

도입 › 전개 › **정리**

9. 그림카드와 한자카드를 한 장씩 보여주며 질문한 후, 학생들이 답하게 한다. 학생들의 대답이 틀릴 경우 교사가 올바른 문장을 말한 후, 다시 따라 말하게 한다.

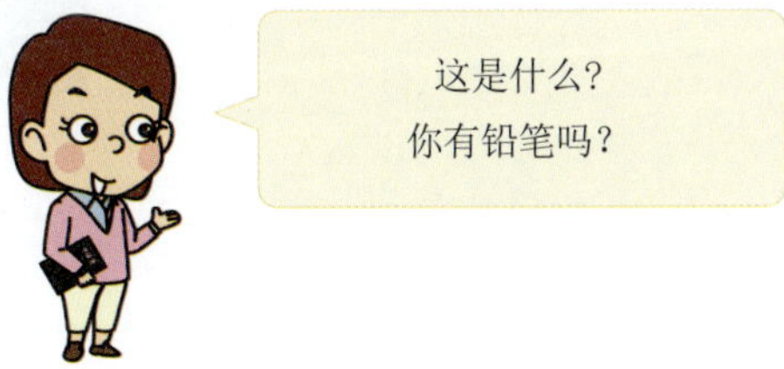

활동 tip

▶ 활동 중

- 도입 부분에서 그림카드 또는 한자카드를 활용하여 단어를 확인할 때, 그림카드를 먼저 보여주며 질문하고 능숙하게 답하게 되면 한자카드로 바꾸어 진행한다.
  학생의 학습 수준에 따라 그림카드를 생략하고 한자카드만을 활용할 수 있다.
  학생에게 충분히 시간을 주고 답할 수 있게 배려하며, 학생이 잘 모를 경우에는 앉아 있는 친구들에게 다시 질문하거나 교사가 정확한 발음을 들려준다.

• 시간의 제약이 있거나 더 많은 학생들을 발표시키고자 한다면 정답을 찾을 때까지의 기회를 1~2회로 줄인다.

▶ 응용

• 반 아이들 또는 개별 학생의 학습 수준을 고려하여 활동을 한자카드로 진행하기 어려울 경우에는 그림카드를 2세트 준비하여 융 칠판, 편지봉투 속 둘 다 그림카드를 사용하여 진행한다.

활동 자료 만들기

❶ 그림카드, 한자카드

1. 그림카드, 한자카드를 인쇄하여 오린다.
2. 코팅한 후, 뒷면에 까슬이를 붙인다.

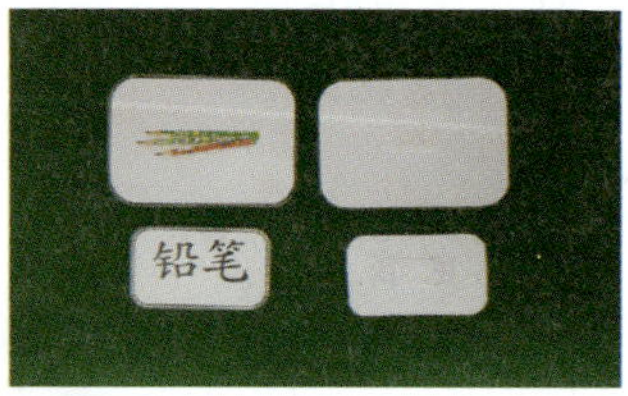

주제

음식

1. 먹고 마시고
2. 배고픈 판다

회화

A: 他吃什么?
Tā chī shénme?
그는 무엇을 먹고 있니?

B: 他吃米饭。
Tā chī mǐfàn.
그는 쌀밥을 먹고 있어.

A: 她喝什么?
Tā hē shénme?
그녀는 무엇을 마시고 있니?

B: 她喝牛奶。
Tā hē niúnǎi.
그녀는 우유를 마시고 있어.

A: 我饿了。
Wǒ è le.
배고파.

B: 吃包子!
Chī bāozi.
만두를 먹어!

A: 好吃，好吃。
Hǎochī, hǎochī.
맛있다. 맛있다.

A: 我饿了。
Wǒ è le.
배고파.

B: 喝牛奶!
Hē niúnǎi.
우유를 마셔!

A: 好喝，好喝。
Hǎohē, hǎohē.
맛있다. 맛있다.

음식

1. 먹고 마시고

활동목표

▶ 언어기능: 듣기, 말하기

▶ 학습내용: 단어, 문장, 담화

▶ 교과 간의 연계: • 체육/ 신체운동 건강 – 신체활동 즐기기
• 외국어/ 의사소통 – 듣기와 말하기
– 읽기와 쓰기에 관심 가지기
• 사회 / 사회관계 – 더불어 생활하기

활동자료

❶ 그림카드(음식)

❷ 한자카드(음식, '吃', '喝')

❸ 각 가족 구성원 그림

❹ 동서남북 교구, 가족 원형 그림

활동소개

학생 두 명이 나와 한 명은 지시어를 말하고 다른 한 명은 지시어를 듣고 교구를 움직여 음식카드를 보여 준다. 음식카드를 본 친구는 가족이 무엇을 먹고 있는지 중국어로 말한다.

중국어 수업 진행

도입 › 전개 › 정리

1. 융 칠판에 그림카드와 한자카드(음식)를 위 아래로 붙이며 질문한 후, 학생들이 답하게 한다.

선생님은 오늘 맛있는 국수를 먹었어요.
우리 친구들은 무엇을 먹었나요?
선생님이 우리가 배운 다양한 음식 사진을 보여주면 중국어로 대답해 보세요.

这是什么?

牛奶

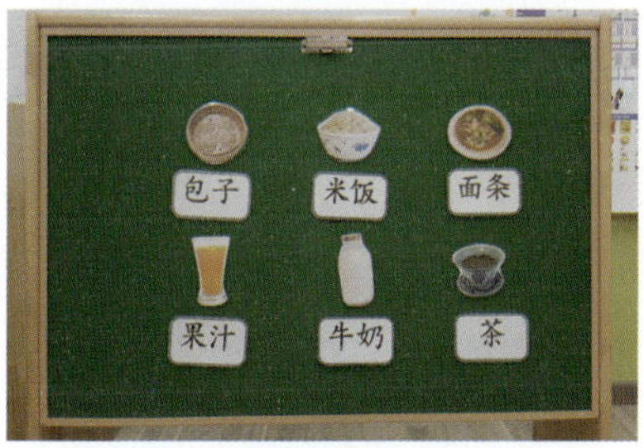

2. 가족 구성원 그림을 한 장씩 보여주며 질문한 후, 학생들이 답하게 한다.

他是谁?

他是爸爸。

3. 교사는 그림카드(음식) 왼편에 가족 구성원 그림과 '吃', '喝' 한자카드를 붙이며 질문한 후, 학생들이 답하게 한다.

妈妈吃什么?
(먹는 흉내를 낸다)

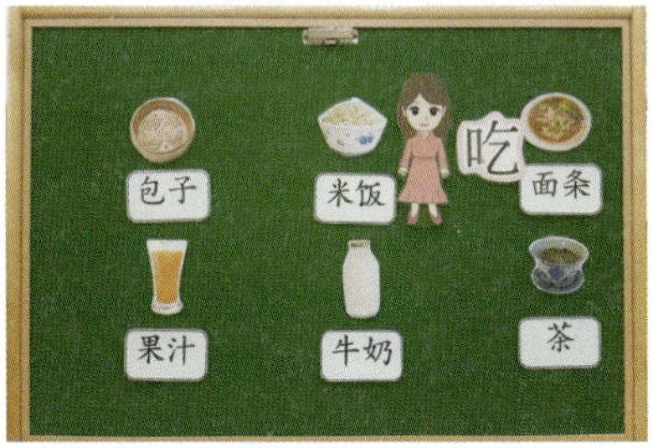

她吃面条。

4. 오늘 학습할 내용에 대해 이야기한다.

배운 표현을 활용하여 가족 중 누가 무엇을 먹고, 마시는지 묻고 답해보아요.

도입 〉 전개 〉 정리

5. 동서남북 교구를 보여주며 활동 방법에 대해 설명한다.

이 교구의 바깥쪽에는 가족카드가 붙어있고, 안쪽에는 음식카드가 붙어 있어요.
예를 들어 우리 친구들이 "爸爸, 三" 이라고 말하면 선생님이 교구를 3번 움직일 거예요.
그러면 우리 친구들이 '爸爸' 자리에 있는 음식 카드를 보고 답하면 됩니다.

6. 동서남북 교구를 3번 움직여 爸爸 자리에 있는 그림카드(음식)을 보여준 후, 앉아 있는 학생들이 답하게 한다.

爸爸吃什么?

他吃米饭。

7. 학생 2명을 나오게 한다. 학생 A의 요청에 맞추어 학생 B가 교구를 조작하여 그림카드(음식)을 보여준 후, 답하게 한다.

姐姐，四

她吃什么?

(교구를 4번 움직여 姐姐 자리의 음식을 본다.)
她吃包子。

8. 학생 B가 말한 문장을 학생 A가 그림카드로 칠판에 만들어 본 후, 다시 말하게 한다.

她吃包子。

도입 》 전개 》 정리

9. 가족 구성원 그림과 '吃', '喝' 한자카드를 칠판에 붙여 질문한 후, 학생들이 답하게 한다. 학생들의 대답이 틀릴 경우 교사가 올바른 문장을 말한 후, 다시 따라 말하게 한다.

활동 tip

▶ 활동 전

- 동서남북 교구의 안쪽은 모두 8칸이므로 나머지 2칸은 그림카드 중 2개를 더 만들어 붙인다. 또는 '꽝', '한번 더' 등의 재미있는 명령 카드를 만들어 붙여 활용할 수도 있다.

▶ 응용

- 음식 그림카드를 한국 제품, 중국 제품 2종류로 제작하여 한국 음식과 중국 음식의 공통점과 차이점을 서로 비교하며 활동할 수 있다.
- 학생의 수준에 따라 난이도를 달리하여 교구 안쪽의 음식카드를 한자카드로 바꾸어 진행할 수 있다.

활동 자료 만들기

❶ 그림카드(음식), 한자카드(음식, '吃', '喝')

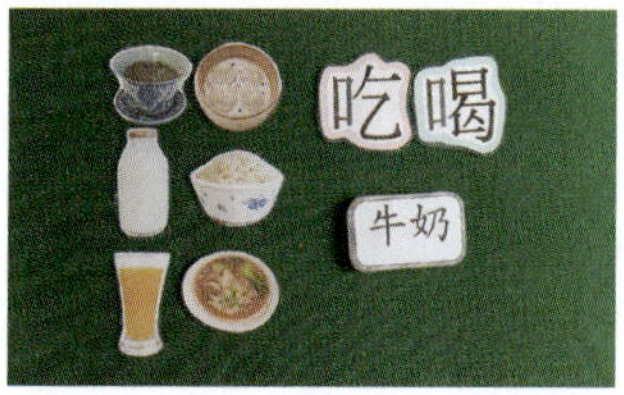

1. 그림카드(음식), 한자카드(음식)를 인쇄하여 오린다.
2. 코팅한 후, 뒷면에 까슬이를 붙인다.
3. '吃' 와 '喝' 한자를 인쇄하여 색상지 위에 붙인 후 오린다. 코팅하여 뒷면에 까슬이를 붙인다.

❷ 가족 구성원 그림

1. 가족 구성원그림을 인쇄하여 오린다.
2. 코팅한 후, 뒷면에 까슬이를 붙인다.

❸ 동서남북 교구, 가족 원형 그림

1. 펠트지를 정사각형으로 오린다.(가로 50cm, 세로 50cm)
2. 동서남북 종이접기를 한다.
3. 접은 부분이 떨어지지 않도록 가운데 모서리를 글루건으로 붙인다.
4. 가족 그림을 인쇄하여 오린다. 코팅하여 뒷면에 까슬이를 붙인다.
5. 교구 안쪽에 음식을, 바깥쪽에 가족을 각각 붙인다.

음식

2. 배고픈 판다

활동목표

- ▶ 언어기능: 듣기, 말하기
- ▶ 학습내용: 단어, 문장, 담화
- ▶ 교과 간의 연계: • 체육/ 신체운동 건강 – 신체활동 즐기기
  - • 외국어/ 의사소통 – 듣기와 말하기
  - • 사회/ 사회관계 – 더불어 생활하기
  - • 예술/ 예술경험– 창의적으로 표현하기

활동자료

1. 그림카드(음식), 한자카드('吃' '喝')
2. 냉장고
3. 판다가 부착된 앞치마

활동소개

그림카드를 냉장고에 넣고 학생 2명을 뽑는다. 팬더 역할을 하는 학생은 앞치마를 착용하고 두 학생이 역할극을 한다.

중국어 수업 진행

도입 》 전개 》 정리

1. 융 칠판에 냉장고를 붙인다.

2. 냉장고 문을 열어 학생들에게 음식을 하나씩 떼어 보여주며 질문한 후, 학생들이 답하게 한다.

짠~ 오늘은 선생님이 냉장고를 가지고 왔어요.
냉장고 안에 어떤 음식이 있는지 우리 한번 살펴볼까요?
친구들이 큰소리로 一, 二, 三 을 외치면 냉장고가 열릴 거예요.
자, 다같이 크게 외쳐볼까요? 一, 二, 三 짜잔~!

这是什么?

米饭

3. 냉장고 오른편에 한자카드(吃, 喝)를 위, 아래로 붙인 후, 발표 학생을 나오게 한다.

4. 특정 음식을 먹는 동작을 하면 발표 학생이 해당 그림카드(음식)를 냉장고에서 꺼내어 해당 한자카드(吃, 喝) 오른쪽에 붙이고 말하게 한다.

선생님의 동작을 잘 보고 무엇을 먹는지 또는 마시는지 중국어로 말해보세요.
(우유 뚜껑을 따서 마시는 흉내를 낸다.)

喝牛奶。

5. 오늘 학습할 내용에 대해 이야기한다.

배운 표현을 활용하여 배고픈 판다 친구에게 맛있는 음식을 나누어 주고 대화해 보아요.

도입 전개 정리

6. 판다가 부착된 앞치마를 착용한 후, 학생들에게 활동 방법을 설명한다.

판다는 오늘 아침을 먹지 못해서 배가 너무 고프데요.
"我饿了。"

어떻게 하면 좋을까요?

어떤 음식을 주고 싶나요?

우리가 판다에게 맛있는 음식을 줘요.

판다에게 국수를 주고 싶어요.

판다에게 국수를 먹으라고 어떻게 말해야 할까요?

"吃面条!"

그럼 이제 냉장고에서 맛있는 국수를 꺼내어 판다 뱃속으로 쏘~옥! 국수를 먹은 판다는 너무 맛있어서 "好吃, 好吃。" 라고 말해요.

7. 그림카드(음식)를 모두 냉장고에 넣은 후, 학생 두 명을 나오게 한다. 판다 역할을 할 학생은 앞치마를 착용하게 한 후, 두 학생이 역할극을 하게 한다.

이제부터 우리 친구들이 판다와 판다 친구가 되어 역할극을 해 보세요.

我饿了。

吃面条!
(냉장고에서 국수를 꺼내어 판다 입에 넣어준다)

好吃，好吃。

도입 〉 전개 〉 정리

8. 학생들과 오늘 배운 내용을 복습한다. 학생들의 대답이 틀릴 경우 교사가 올바른 문장을 말한 후, 다시 따라 말하게 한다.

판다는 오늘 아침을 먹지 못해서 뭐라고 말했나요?
우리 친구들은 어떻게 했나요?

활동 tip

▶ 활동 전

- 냉장고를 열고 닫거나, 판다 입에 음식을 넣어주는 등, 교구를 사용할 때는 교사가 먼저 시범을 보여주어 학생이 교구 사용법을 익힐 수 있도록 한다.
- 시범을 정확하게 보여주지 않으면 학생이 잘못된 방식으로 사용할 수 있고 교구를 훼손할 수 있으며 활동 시간이 지체된다.

▶ 활동 중

- 역할극을 하는 동안 학생이 문장으로 말하지 못할 경우에는 바로 답을 알려주는 것보다 힌트를 주거나 앉아있는 친구들에게 물어보아 학생이 스스로 해결할 수 있도록 돕는다.

활동 자료 만들기

❶ 그림카드, 한자카드('吃', '喝')

1. 그림카드를 인쇄하여 오린다.
2. 코팅한 후, 뒷면에 까슬이를 붙인다.
3. '吃'와 '喝' 한자를 인쇄하여 색상지 위에 붙인 후 오린다. 코팅하여 뒷면에 까슬이를 붙인다.

❷ 냉장고

1. 냉장고 앞, 뒤, 안의 모습을 각각 인쇄하여 오린다.
2. 코팅한 후, 양쪽 문이 열리도록 테이프로 붙여 냉장고를 만든다.
3. 냉장고 안에 음식이 들어갈 부분에 보슬이를 붙인다.
4. 냉장고의 문을 여닫을 수 있도록 냉장고 겉면 손잡이 부분에 글루건으로 폼폼이(칼라솜)를 붙인다.

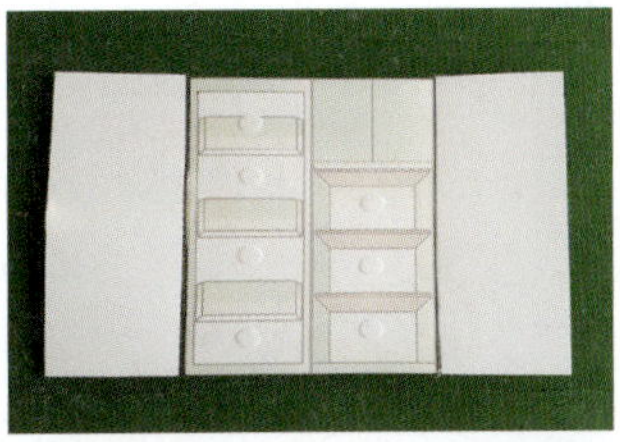

❸ 판다가 부착된 앞치마

1. 판다 전신 그림(A3 사이즈)을 인쇄하여 입과 배 부분을 오린 후, 코팅한다.
2. 배 윗부분을 칼집을 내어 음식이 들어갈 공간을 만든다.
3. 판다 뒷면의 머리와 발 쪽에 까슬이를 붙인다.
4. 접착 색 펠트지를 앞치마에 맞게 잘라 붙인다.
5. 판다를 앞치마에 붙인다.

참고문헌

교육과학기술부·보건복지부(2013). 3~5세 연령별 누리과정 해설서.

_______________(2019a). 개정 누리과정 고시문.

_______________(2019b). 개정 누리과정 교사 연수자료.

_______________(2019c). 개정 누리과정 공청회 자료집.

교육부(2015). 초등학교 교육과정 교육부고시 제2015-80호[별책 2].

_____(2015). 중등학교 제2외국어과 교육과정 교육부고시 제2015-74호 [별책16].

권옥자(2004). (유아를 위한) 교수공학과 매체. 서울: 형설출판사.

김광웅·방은령(1992). 兒童發達. 서울: 螢雪出版社.

김미순(2017). 현행 어린이 중국어 교재의 텍스트 편찬에 관한 제고-대화체 텍스트를 중심으로. 중국학연구, 82, 173-200.

_____(2017). 현행 어린이 중국어 교사용 지도서에 관한 고찰-2종 지도서 비교 분석을 중심으로. 중국연구, 73, 17-45.

_____(2020). 아동 중국어 교육의 역할과 목적에 관한 논의 - 학령전기 아동을 중심으로. 외국어교육연구, 34(2), 133-154.

_____(2022). 아동 발달학 관점에서 바라본 중국어 교재의 교수·학습 활동. 중국학연구, 101, 221-244.

김미순·백지연(2022). 아동 중국어 교재 속 사회성 발달 요인 분석. 중국어문학지, 80, 221-244.

김상윤·최진원·조채영·권미량·조정아·차영숙·최숙연(2007). 유아 교수매체 및 교수공학. 서울: 청목출판사.

김숙희(2004). 어린이 영어 엄마가 가르쳐라 : 엄마가 직접 가르치는 어린이 영어 교육 비법. 서울: 조선일보사.

김신옥·민혜영·엄덕실(2007). 유아 교수 매체. 서울: 창지사.

김정원·김유정·박현미(2008). (영유아를 위한) 교재·교구 연구 및 지도법. 파주: 양서원.

김진철·고경석·박약우·이재희·김혜련(2000). 초등 영어 교재론. 서울: 학문출판.

김혜리(2015). 아동 문학과 영어 교육. 서울: 한국문화사.

박배식(1991). 아동 언어 교육. 서울: 學文社.

박선희·김은심(2018). 유아언어교육. 서울: Knou Press: 한국방송통신대학교출판문화원.

배두본(2000). 초등학교 영어 교육: 이론과 적용. 서울: 한국문화사.

변지원·구경숙·김석영·손정애·송지현·신미경·오문의·전용진·최성은(2018). 수업이 즐거워지는 어린이 중국어 교사 지침서. 서울: 시사중국어사.

안영진·이영미(2015). 유아발달. 파주: 정민사.

이차숙·노명완(2002). 幼兒言語敎育論. 서울: 東文社.

오연주·이지영·손진실(2015). 교재·교구의 이론과 실제. 서울: 창지사.

오은순·소향심·김윤자·김경남·김미경(2010). 유아영어교육: 이론과 실제. 파주: 양서원.

이미현(2021). 영유아 언어교육. 서울: 어가.

이영자·이기숙·이정옥(2017). 유아교수·학습방법. 서울: 창지사.

이정희·신현숙(2005). 어린이 중국어 교육의 이론과 실제. 서울: 선학사.

이지성(2016). 내 아이를 위한 인문학 교육법: 부모가 물려줄 수 있는 가장 위대한 유산. 서울: 차이정원.
이차숙(2005). 유아언어교육의 이론과 실제. 서울: 학지사.
임은숙(2010). (유아교사를 위한) 교과교재연구 및 지도법. 서울 : 태영출판사.
전선영(2003). (유아교사를 위한) 교수매체의 이론과 실제. 서울: 창지사.
정동빈(1999). 조기영어교육론: 어린이에게 영어를 어떻게 가르칠 것인가. 서울: 한국문화사.
조정숙·유향선·김은심(2007). 유아 언어 교육의 이론과 실제. 서울: 파란마음.
조형숙·박은주·강현경·김태인·배정호(2013). 유아 발달. 서울: 학지사.
주영주·곽은순(2003). 유아교육과 교수매체. 서울: 남두도서.
진현정(2020). 아동영어교육 교수자 개발서. 서울: 퍼플.
황희숙·이희영·이경화·이정화·권연희·이연우(2018). 아동발달의 이해와 교육. 서울. 학지사.
허용·오문경(2005). 즐거운 한국어 수업을 위한 교실 활동 100. 서울: 박이정.

陈昌来(2005). 对外汉语教学概论. 上海: 复旦大学出版社。

国家汉办、孔子学院(2009a). 新中小学生汉语考试大纲YCT一级. 北京: 商务印书馆。

________________(2009b). 新中小学生汉语考试大纲YCT二级. 北京: 商务印书馆。

________________(2009c). 新中小学生汉语考试大纲YCT三级. 北京: 商务印书馆。

________________(2009d). 新中小学生汉语考试大纲YCT四级. 北京: 商务印书馆。

李泉(2006). 对外汉语教材研究. 北京: 商务印书馆.

刘珣(2006). 对外汉语教育学教育学引论. 北京: 北京语言大学出版社.

刘月华等(2005). 实用现代汉语语法. 北京: 商务印书馆.

吕必松(2005). 语言教育與对外汉语教学. 北京: 外语教学與研究出版社.

杨永青(2015). 小蝌蚪找妈妈. 北京: 清华大学出版社.

王钟华(1999). 对外汉语教学初级阶段课程规范. 北京: 北京语言文化大學出版社.

趙金铭(2006a). 汉语可以这样教. 北京: 商务印书馆.

______(2006b). 汉语可以这样教——语言技能篇. 北京: 商务印书馆. 2006.

張和生(2006). 汉语可以这样教——语言要素篇. 北京: 商务印书馆. 2006.

赵连杰(2002). 幼儿园老师参考小班上. 北京: 教育科学出版社.

周小兵(2017). 现代汉语教学入门(第三版). 广州: 中山大学.

Bialystok, E. (1978). A theoretical model of second language learning 1. *Language learning*, *28*(1), 69–83.

_________ (1982). On the relationship between knowing and using linguistic forms1. *Applied linguistics*, *3*(3), 181–206.

_________ (1990). *Communication strategies: A psychological analysis of second-language use*. Oxford, UK : Basil Blackwell.

De Bot, K., Lowie, W., Verspoor, M., & Verspoor, M. H.(2005). *Second language acquisition : an advanced resource book*. 제2언어 습득: 심화자료집(최이정 옮김). 파주: 교육과학사.

Gestwicki, C. (2008). *Developmentally appropriate practice: curriculum and development in early education. 3rd Edition*. 발달에 적합한 실제: 유아교육과정과 발달(임부연, 장영숙, 최미숙, 최윤정, 최일선, 황윤세 옮김). 서울: 정민사.

Ginsburg, H. P., & Opper, S. (1987). *Piaget's theory of intellectual development. 3rd Edition*. 피아제의 인지발달이론(김정민 옮김). 서울. 학지사.

Herr, J., & Libby–Larson, Y.(2005). *Creative Resources for the Early Childhood Classroom . 4th Edition*. 창의적 활동을 위한 주제중심 통합교육과정(이연승, 이민정 옮김). 서울: 시그마프레스.

Krashen, S. (1981). *Second language acquisition and second language learning*. Oxford: Pergamon Press.

Lenneberg, E. (1967). *The biological foundations of language*. New York: Wiley.

Long, M. (1985). Input and second language acquisition theory. In S. Gass & C. Madden (Eds.), *Input in second language acquisition*(pp. 377–393). RowleyMA: Newbury House.

_______ (1996). The role of the linguistic environment in second language acquisition. In W. Ritchie & T. Bhatia(Eds.), *Handbook of second language acquisition*(pp.413–468). San Diego: Academic Press.

Mcloaughlin, B. (1990). "Conscious" versus "unconscious" learning. *TESOL Quarterly*, *24*, 617–634.

Piaget, J. (1972). *The principles of genetic epistemology*. New York: Basic Books.

Richard, Jack C., & Rodgers, Theodore S. (2014). *Approaches and methods in language teaching. 3rd Edition*. 언어 교육의 접근 방법과 교수법(전병만 외 옮김). 서울: 케임브리지.

Skinner, B. F. (1957). *Verbal behavior*. New York: Appleton–Century–Crofits.

Ur, P., & Wright, A. (2005). *Five-minute activities : a resource book of short activities*. 영어교실의 학습활동: 단시간 학습활동 핸드북(방영주 옮김) 서울: 동인.

Vygotsky, L. (1962). *Thought and language*. Cambridge, MA: Massachusetts Institute of Technology Press.

_________ (1978). *Mind in society: The development of higher psychological processes*. Cambridge, MA: Harvard University Press.

저자소개

김미순

[약력]

북경어언대학교 언어학 및 응용언어학과 중국어교육 및 문법전공 박사
국립대만사범대학교 중국어교육학과 석사

현)한국외국어대학교 교육대학원 중국어교육전공 교수
한국중국언어학회, 한국중국교육학회, 외국어교육학회 등 다수 학회 임원, 이사

[역서]

『현대중국어 문법항목 해설』(공저, 2021, 역락)
『汉语2008-体育篇』(2007, 중국 인민교육출판사)

서빛나래

[약력]

한국외국어대학교 교육대학원 중국어교육전공 석사
초등학교, 유치원 방과후학교 중국어 강사 역임

현)어린이 중국어 교사 양성 프로그램 초빙 강사

[자격사항]

중등학교 중국어 정교사 자격증(2급)
유치원 정교사 자격증(2급)
보육교사 자격증(1급)

[우리말 번역]

『동요로 배워요! 쑥쑥 어린이 중국어 1~4단계』(2019, 제이플러스)

아동발달을 위한 중국어 놀이 교육

– 아동 중국어 교육의 이론과 실제 –

초판 1쇄 인쇄 2022년 10월 11일
초판 1쇄 발행 2022년 10월 17일

지 은 이 | 김미순 · 서빛나래
펴 낸 이 | 김기섭
편 집 인 | 이상희
펴 낸 곳 | 창지사 www.changjisa.com
08589 서울시 금천구 가산디지털 1로 83 파트너스타워 1차 9층
전화 (02)719-2211~3
팩스 (02)701-9386
등 록 | 1977년 4월 28일 · 제1-421호

ISBN 978-89-426-1537-7 (03720)

값 25,000원